Mensch
Natur
Technik

Klasse 6
Thüringen

Cornelsen

Herausgegeben von: Engelhardt Göbel und Elke Göbel, Magdala; Dr. Volker Vopel, Oettersdorf

Beratung: Dr. Günther Posse, Erfurt

Autorinnen und Autoren: Eckhard Bruns, Ebba Ehrnsberger, Thomas Freiman, Engelhardt Göbel, Elke Göbel, Bernd Heepmann, Dr. Christiane Högermann, Dr. Walter Kleesattel, Margo Lilienthal, Gabriele Menzel, Dr. Sabine Paul, Ute Püschel, Wolfgang Ruppert, Nicole Schaller-Picard, Dr. Philipp Schmiemann, Christina Schnelle, Dirk Schnelle, Wilhelm Schröder, Harald Seufert, Dr. Volker Vopel

Redaktion: Berit Klöppner, Leipzig

Bildredaktion: Kathrin Kretschmer

Illustrationen: Günther Biste, Ulrike Braun, diGraph, Gabriele Heinisch, Peter Hesse, Katharina Knebel, Yvonne Koglin, Kurt Krischke, Jörg Mair, Karin Mall, Heike Möller, Lutz-Erich Müller, Michael Schrörs, Karl-Heinz Wieland

Umschlaggestaltung: Ulrike Kuhr

Layoutkonzept: Wolfgang Lorenz

Layout und technische Umsetzung: Burkhard Kehl, Christian Seifert

Inhalt

Modul 6

Ich halte meinen Körper gesund

Wenn du deinen eigenen Körper kennst, kannst du besser auf deine Gesundheit achten und fit bleiben.

Dein ganzes Leben lang schlägt dein Herz. Du musst ständig atmen und Tag für Tag essen und trinken. Was die einzelnen Organe deines Körpers dabei leisten, ist erstaunlich. Noch viel erstaunlicher aber ist ihr perfektes Zusammenspiel.

Unser Körper bleibt nicht gleich; er durchläuft verschiedene Phasen der Entwicklung. Mit der Pubertät beginnt eine aufregende, manchmal auch schwierige Zeit.

1 Was passiert eigentlich bei einer Verstauchung und wie müssen wir uns bei Verletzungen verhalten?

2 Warum müssen wir beim Sport schneller atmen? Und warum schlägt unser Herz dann schneller?

3 Warum ist regelmäßige Bewegung so gesund?

4 Was steckt in unserer Nahrung drin? Und was macht eine gesunde Ernährung aus?

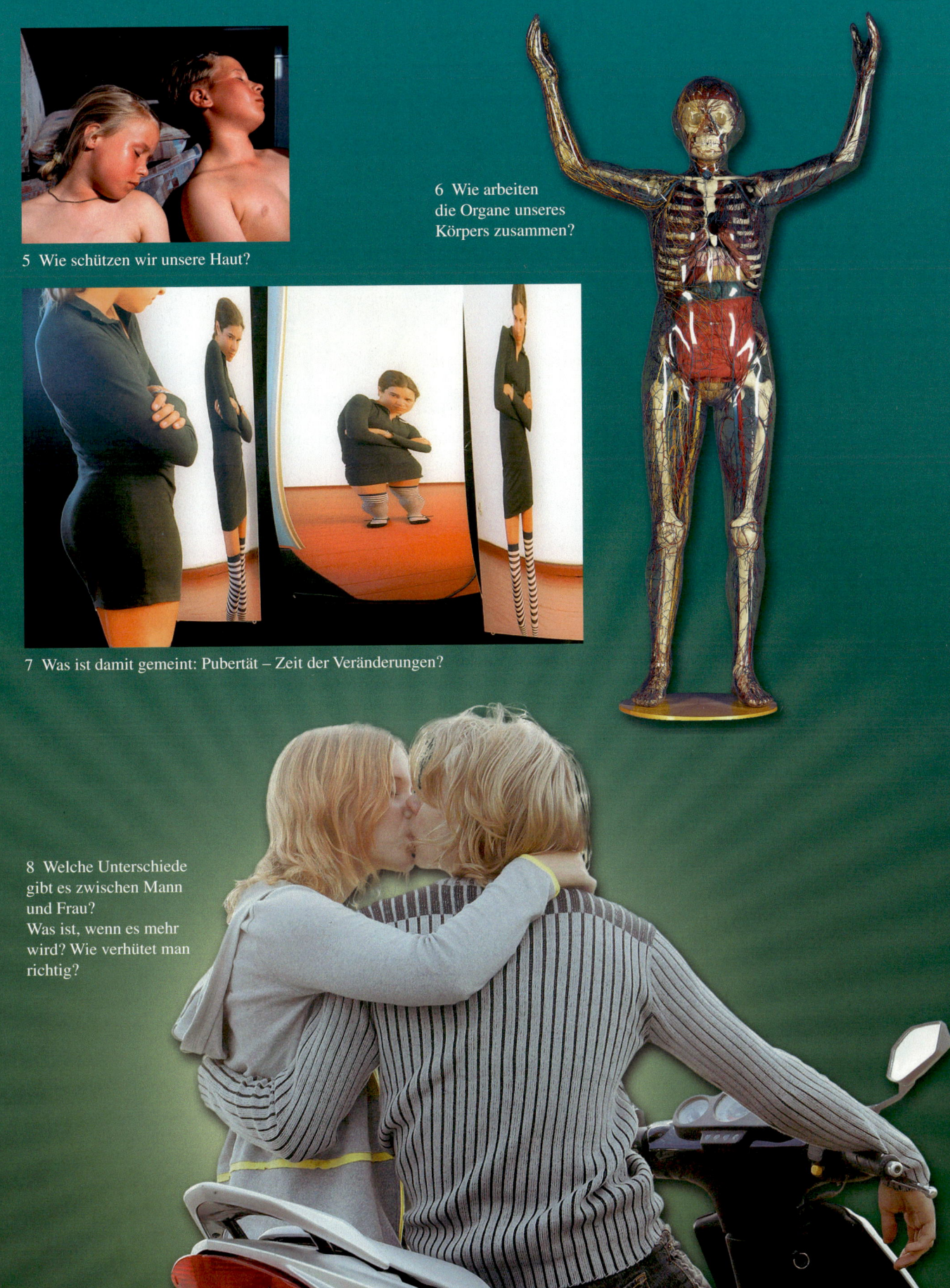

5 Wie schützen wir unsere Haut?

6 Wie arbeiten
die Organe unseres
Körpers zusammen?

7 Was ist damit gemeint: Pubertät – Zeit der Veränderungen?

8 Welche Unterschiede
gibt es zwischen Mann
und Frau?
Was ist, wenn es mehr
wird? Wie verhütet man
richtig?

EXKURS: Unser Körper besteht aus Zellen

Woraus bestehen Lebewesen? Diese Frage beschäftigt die Naturforscher seit Jahrtausenden.

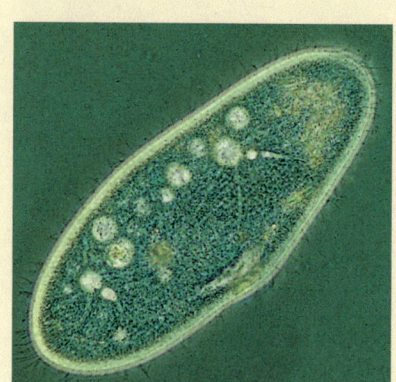

2 Das Pantoffeltierchen – ein Einzeller

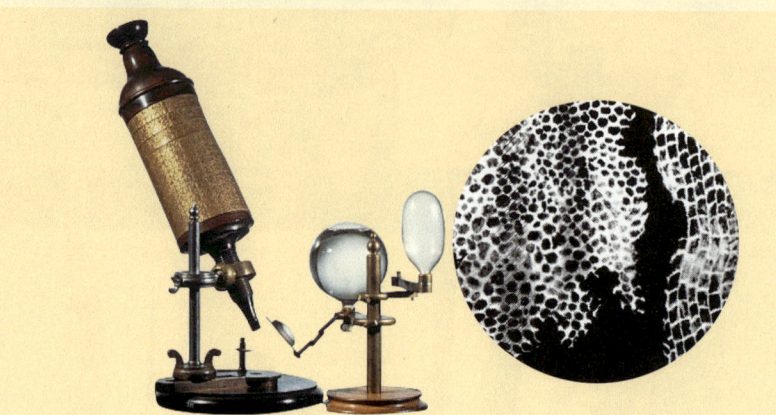

1 HOOKES Mikroskop und seine Entdeckung, die Korkzellen

Entdeckung der Zellen Im Jahr 1665 – das Mikroskop war gerade erfunden – untersuchte der Engländer ROBERT HOOKE Flaschenkorken, die aus der dicken Rinde von Korkeichen stammen. Er schabte mit einem Messer winzige Stückchen ab und legte sie unter sein einfaches Mikroskop. ↑1 Bei 30-facher Vergrößerung sah er, dass der für das bloße Auge einheitlich erscheinende Kork aus vielen kleinen Kammern zusammengesetzt ist. Er nannte sie Zellen (von lateinisch *cellula*: kleine Kammer).

Zellen – „Bausteine" der Lebewesen Fast zweihundert Jahre dauerte es nach HOOKES Entdeckung, bis Beobachtungen tausender Naturwissenschaftler zu diesen allgemeinen Erkenntnissen führten:
– Alle Lebewesen bestehen aus Zellen (genauer: aus mindestens einer Zelle).
– Neue Zellen können nur aus bereits vorhandenen Zellen entstehen.
So gibt es Lebewesen, die nur aus einer einzigen Zelle bestehen (Einzeller). ↑2 Viele Lebewesen, auch der Mensch, bestehen jedoch aus sehr vielen Zellen: Sie sind Vielzeller. ↑3,4 Zu Beginn ihres Lebens bestehen alle Vielzeller nur aus einer einzigen Zelle, der befruchteten Eizelle.

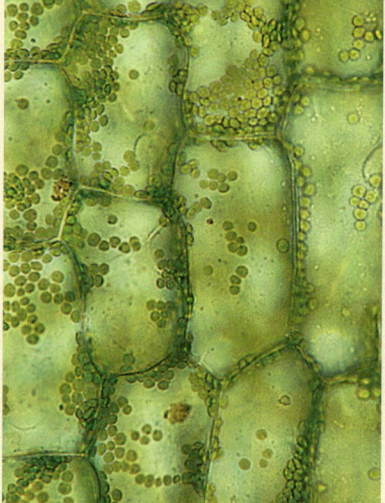

3 Zellen im Blatt der Wasserpest

Bau der Zellen Die Zellen verschiedener Lebewesen oder verschiedener Organe eines Lebewesens unterscheiden sich in ihrer Größe und Gestalt, aber sie haben einen vergleichbaren Grundbauplan. ↑7
Alle pflanzlichen Zellen sind von einer festen äußeren Hülle, der Zellwand, umgeben. ↑5 Nach innen folgt eine dünne Haut, die Zellmembran. Sie umschließt das Zellinnere, dessen Hauptbestandteil das zähflüssige Zellplasma bildet. In das Zellplasma eingebettet sind noch andere Bestandteile wie der Zellkern, die Chloroplasten und die Vakuolen mit Zellsaft. Jeder dieser Bestandteile hat bestimmte Aufgaben.
Tierische und menschliche Zellen bestehen im Prinzip aus den gleichen Bestandteilen wie pflanzliche Zellen. Sie sind aber nicht von einer Zellwand umgeben und enthalten niemals Chloroplasten. ↑5

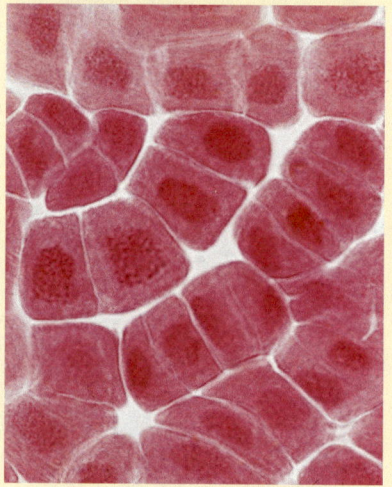

4 Rot angefärbte Zellen der Mundschleimhaut des Menschen

Exkurs

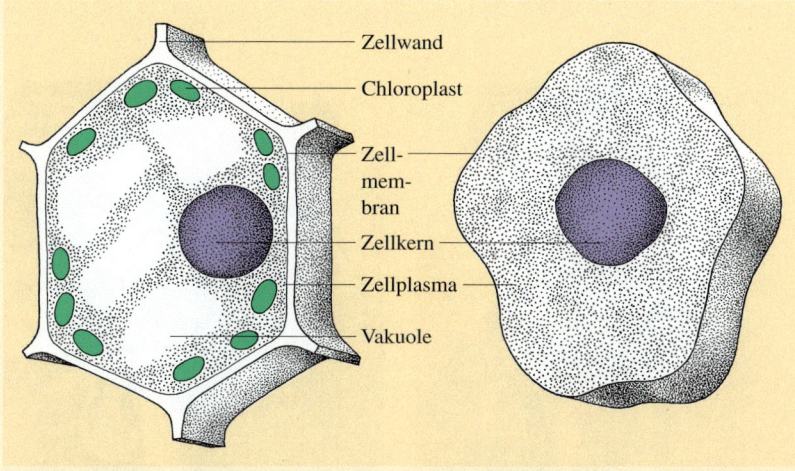

- Zellwand
- Chloroplast
- Zell-mem-bran
- Zellkern
- Zellplasma
- Vakuole

5 Pflanzenzelle (links) und Tierzelle (rechts) im Vergleich

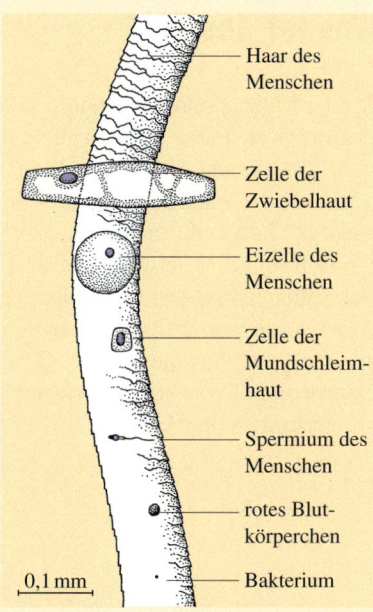

- Haar des Menschen
- Zelle der Zwiebelhaut
- Eizelle des Menschen
- Zelle der Mundschleim-haut
- Spermium des Menschen
- rotes Blut-körperchen
- Bakterium

0,1 mm

7 Zellen unterscheiden sich in Größe und Gestalt.

Zellen – Gewebe – Organe – Organismus Auch dein Körper besteht aus etwa 60 Billionen Zellen. Je nachdem, welche Aufgaben sie im Körper zu erfüllen haben, sind diese Zellen unterschiedlich gebaut. Gleichzeitig arbeiten sie jedoch eng zusammen. Gleich aufgebaute Zellen mit gleicher Aufgabe bilden ein Gewebe. Verschiedene Gewebe, die zusammenarbeiten, bezeichnet man als Organ. Alle Organe wiederum bilden den Körper (Organismus). ↑6

Kurz und knapp Alle Lebewesen sind aus Zellen aufgebaut. Sie sind die „Bausteine" der Lebewesen.

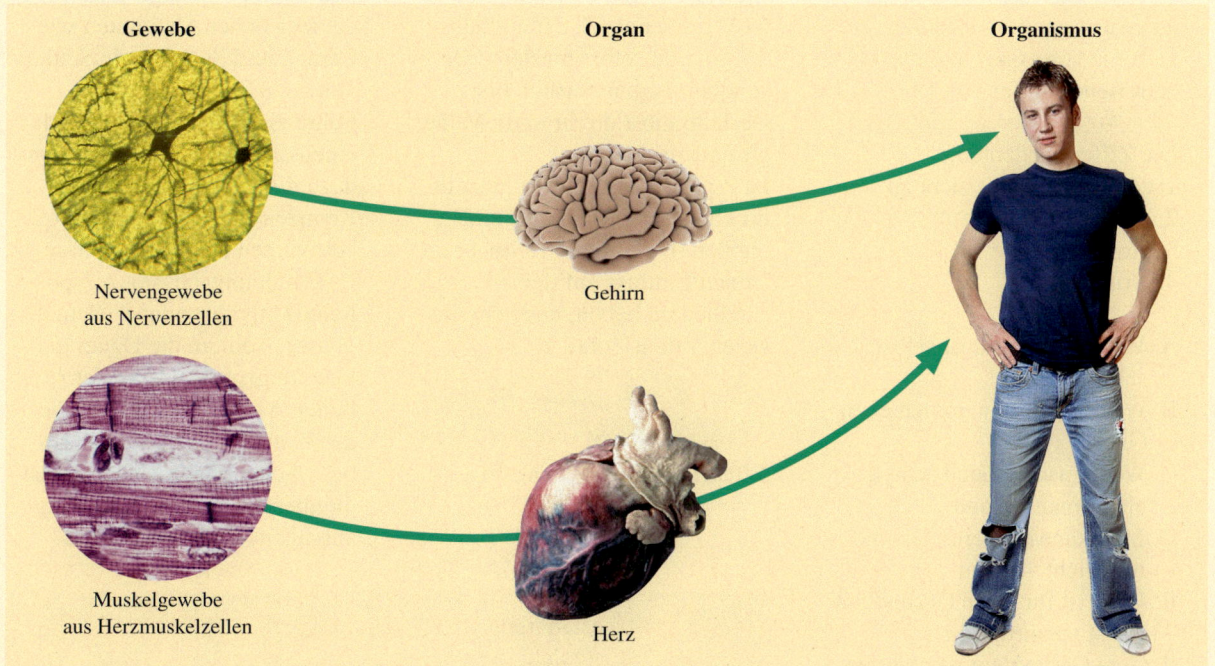

Gewebe

Nervengewebe aus Nervenzellen

Muskelgewebe aus Herzmuskelzellen

Organ

Gehirn

Herz

Organismus

6 Die Zellen unseres Körpers arbeiten im „Team" zusammen. Zellen bilden Gewebe, Gewebe Organe, Organe den Organismus.

Was ist gesund?

Jeder Mensch möchte gesund sein. Doch was heißt: „Ich bin gesund!"? Oft sieht man einem Menschen seine Krankheit nicht an. Ein anderes Mal glaubt man, ein Mensch sei krank, obwohl dieser sich selbst als gesund bezeichnet. Und warum werden wir immer wieder krank, auch wenn wir das gar nicht wollen? Was können wir tun, um gesund zu bleiben?

1 Fieber?

2 Sportler bei den Paralympics

Beobachten **Untersuchen** *Experimentieren*

1 Was meinst du: Wie entsteht Gesundheit?
Übernimm die Tabelle in dein Heft. ↑3 Lies die unten stehenden Aussagen (A–F) durch. Trage für jede Aussage die für dich zutreffende Ziffer von 1 bis 4 ein.

Die Ziffern bedeuten:
1: „trifft überhaupt nicht zu"
2: „trifft nur wenig zu"
3: „trifft teilweise zu"
4: „trifft voll zu"

A Wer krank wird, ist selbst schuld.
B Wer nie krank wird, hat eben Glück.
C Wenn man auf sich achtet, bleibt man gesund.
D Man kann für seine Gesundheit nicht viel tun.
E Jeder ist für seine Gesundheit selbst verantwortlich.
F Gute Gesundheit ist überwiegend eine Sache des Zufalls.

Addiere jetzt die Ziffern der Aussagen A, C und E zur Summe V sowie die Ziffern der Aussagen B, D und F zur Summe Z. Ist V größer als Z, dann glaubst du, dass du selbst für deine Gesundheit verantwortlich bist. Deshalb gibst du dir aktiv Mühe, gesund zu bleiben.
Ist Z größer als V, dann gibst du dir eher keine Mühe, gesund zu bleiben. Du nimmst vielmehr an, keinen Einfluss auf deine Gesundheit zu haben, und schreibst sie eher dem Zufall zu.

A	B	C	D	E	F

3 Tabelle zur Auswertung

2 Tageseinteilung
Zu einer gesunden Lebensweise gehören ausreichende Erholung und der regelmäßige Wechsel verschiedener Aktivitäten wie Lernen und Sport sowie Schlaf von ca. 8 Stunden.
Führe einen Ablaufkalender für einen „Arbeitstag". Übernimm dazu die Tabelle in dein Heft. ↑4 Kennzeichne die einzelnen Aktivitäten mit L (Lernphase), E (Erholungsphase), A (sportliche Aktivität) oder S (Schlafphase). Addiere die Dauer der Erholungsphasen bzw. der sportlichen Aktivitäten. Vergleiche diese mit der Dauer der Lern- bzw. Schlafphasen. Was kannst du über deine Tageseinteilung aussagen? Lebst du gesund?

Uhrzeit	Aktivität	L/E/A/S	Dauer

4 Ablaufkalender

GRUNDLAGEN: Gesundheit und Krankheit

Die Aussage „Ich bin gesund!" gibt einen persönlichen Eindruck wieder. Unser Körper funktioniert dann, ohne dass wir viel davon spüren. Wir leben mit unserer Umwelt in Harmonie und fühlen uns wohl. Gesundheit ist körperlich, geistig und seelisch bedingt.

Wird der Ablauf unserer Lebensvorgänge gestört, fühlen wir uns unwohl oder sogar krank. Meist lässt unsere Leistungsfähigkeit nach. Oft treten auch weitere körperliche Anzeichen auf, die man als Krankheitssymptome bezeichnet (z. B. Fieber, Mattigkeit, Übelkeit oder Schmerzen).

Große Trauer, wie sie z. B. beim Tod eines nahen Verwandten auftreten kann, ist eine seelische Störung, die ebenfalls unser Wohlbefinden beeinträchtigt. Viele Kinder und Jugendliche fühlen sich nicht wohl, weil sie von ihren Klassenkameraden ausgegrenzt werden. Auch Krankheit kann also körperliche, geistige und seelische Ursachen haben.

Risikofaktoren Viele Krankheiten können durch Krankheitserreger hervorgerufen werden. Die moderne Medizin hat in den letzten 150 Jahren zum Rückgang solcher Erkrankungen beigetragen.

Heute nehmen Krankheiten zu, die vor allem durch Faktoren unserer modernen Lebensweise, wie Stress, falsche Ernährung, wenig Bewegung, Rauchen und Alkoholkonsum, begünstigt werden. Diese Faktoren erhöhen das Risiko für bestimmte Krankheiten, z. B. Herz-Kreislauf-Erkrankungen, Krebs, Schlaf- und Essstörungen sowie Depressionen. Auch junge Menschen sind davon schon betroffen.

Gesundheitsfaktoren Jeder weiß heute um diese so genannten Risikofaktoren. Man sollte also versuchen, sie durch eine gesunde Lebensführung zu meiden. Darüber hinaus gibt es aber auch weitere Möglichkeiten zur Stärkung der Gesundheit. Man bezeichnet sie als Gesundheitsfaktoren. Folgende Regeln können dir bei einer gesunden Lebensführung helfen:
– Ernähre dich ausgewogen.
– Achte auf eine vernünftige Hygiene.
– Bewege dich häufig, auch an der frischen Luft.
– Achte auf einen geordneten Tagesablauf (Phasen der Aktivität und Erholungsphasen sollten sich regelmäßig abwechseln).
– Achte auf ausreichenden Schlaf.
– Unternimm regelmäßig etwas mit deinen Freunden.

Verhalten · Gewohnheiten · Motivation · Behinderung · Bedürfnisse · eigene Person · ererbte Veranlagungen · Meinungen · Glaube

persönliche Gesundheit

Familie · Freunde · Arbeitsplatz · soziale Bindungen · Verein · soziale Sicherheit · Wohnraum · Freizeit

Abfall · Lärm · Landschaft · Luft · Schadstoffe · Umwelt · Staub · Nahrung · Radioaktivität · Abwasser · Gase · Krankheitskeime

5 Die eigene Gesundheit hängt von vielen Faktoren ab.

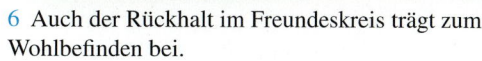

6 Auch der Rückhalt im Freundeskreis trägt zum Wohlbefinden bei.

Arbeitsaufträge

1 Zeige an Beispielen, wie sich verschiedene äußere Einflüsse positiv oder negativ auf die Gesundheit auswirken können.

2 Suche aus der Übersicht Faktoren heraus, die du nicht beeinflussen kannst, die aber trotzdem Einfluss auf deine Gesundheit nehmen können. ↑5

3 Betrachte die Abbildungen. ↑1,2 Wer ist wohl gesünder? Begründe deine Meinung.

Bewegung hält mich fit und gesund

Sich gemeinsam austoben – aber richtig! An kleinen Kindern kann man am besten sehen, dass wir nicht dafür geschaffen sind, lange still zu sitzen – in der Schule, am Schreibtisch, aber auch in der Freizeit vor dem Fernseher oder dem Computer. Wir haben ein angeborenes Bewegungsbedürfnis.
Was passiert, wenn unser Bewegungsbedürfnis zu kurz kommt?

1 Kinder haben einen besonders starken Drang, sich auszutoben.

Beobachten **Untersuchen** *Experimentieren*

Zeit für Sport?

Obwohl es Spaß macht, Sport zu treiben, und wir wissen, dass Bewegung gesund ist, bewegen wir uns oft zu wenig. Untersucht selbst, warum das so ist und wie man das ändern könnte.

1 Führe eine Woche lang ein Bewegungsprotokoll. Erstelle dazu eine Tabelle und trage ein, wie und wie lange du dich bewegt hast (Gehen, Treppensteigen, Ballspiele …). Protokolliere auch die bewegungsarme Zeit. Womit hast du sie verbracht (Lesen, Hausaufgaben, Musikhören, Fernsehen, Telefonieren …)? Vergleiche deine Ergebnisse mit den Ergebnissen deiner Mitschüler.

2 Diskutiert in der Gruppe über folgende Punkte:
Welche alltäglichen Dinge hindern uns daran, uns zu bewegen?

Gibt es typische „Bewegungsbremsen"?
Wie viel Bewegung ist gut? Welche Bedingungen könnten den Spaß am Sport erhöhen?

3 Werte das Diagramm A aus. ↑2
Erläutere, wie sich wöchentliche sportliche Aktivitäten bei Jugendlichen in den verschiedenen Altersgruppen verändern.
Was könnten die Ursachen sein?

4 Werte das Diagramm B aus. ↑2
Vergleiche das Sportpensum von Jungen und Mädchen und versuche die Unterschiede zu erklären. Sammelt die Erklärungen von Jungen und Mädchen in eurer Klasse. Gibt es Unterschiede?

5 Welche Freizeitsportart würdest du gern regelmäßig ausüben? Diskutiere auch mit deinen Eltern oder mit Freunden: Was kann man am Wochenende zu Fuß, mit Fahrrädern oder mit Inlineskatern unternehmen?

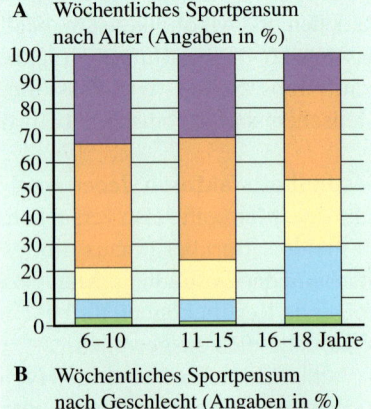

A   Wöchentliches Sportpensum nach Alter (Angaben in %)

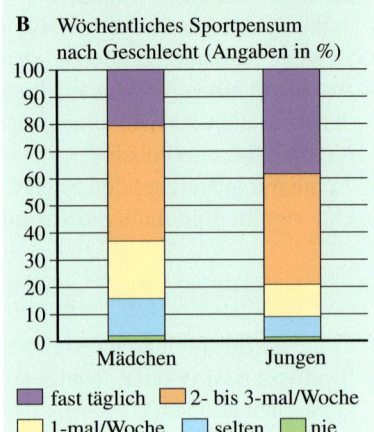

B   Wöchentliches Sportpensum nach Geschlecht (Angaben in %)

■ fast täglich ■ 2- bis 3-mal/Woche
■ 1-mal/Woche ■ selten ■ nie

2 Sportpensum von Jugendlichen

GRUNDLAGEN: Bewegung ist unverzichtbar

Menschen sind auf Bewegung eingestellt Die Vorfahren des Menschen haben sich zu Aufrechtgängern entwickelt. Bewegung spielte in ihrem Leben eine große Rolle (z. B. bei der Nahrungssuche): Als Jäger, Sammler oder Ackerbauern haben sich Menschen in ihrem Alltag immer viel bewegen müssen. Heute überwiegen dagegen sitzende Tätigkeiten und viele Menschen leiden unter Bewegungsmangel.

Bewegung – warum? Bewegung in der Freizeit, wie zum Beispiel im Sportverein, wirkt sich vielfältig positiv auf unseren Körper aus. Die Liste der Vorteile ist lang und könnte noch weiter ergänzt werden:
– Bewegung stärkt die Abwehrkräfte des Körpers; man ist beispielsweise seltener erkältet.
– Bewegung bewirkt eine Verbesserung des inneren Aufbaus der Knochen und schützt so vor Knochenbrüchen.
– Regelmäßige Bewegung an frischer Luft hilft Stress abzubauen und verbessert dadurch auch die Stimmung.
– Unser Herz-Kreislauf-System wird durch regelmäßige Bewegung trainiert und damit leistungsfähiger und ausdauernder.
– Kinder und Jugendliche, die sich viel bewegen, sind meist mit ihrem Aussehen zufriedener und haben weniger Angst, dick zu werden.
– Häufige sportliche Betätigung führt oft zu besseren schulischen Leistungen, da die Konzentrationsfähigkeit steigt und Überprüfungen als Ansporn gesehen werden.
– Meist leben sportliche Menschen auch insgesamt gesünder. Sie achten auf ihre Ernährung und rauchen seltener.
– Sportliche Kinder und Jugendliche entwickeln sich meist auch zu sportlichen Erwachsenen.
Gesundheitsfördernde Wirkungen werden schon durch regelmäßige sportliche Freizeitaktivitäten wie Joggen, Schwimmen, Radfahren und Spielen auf dem Bolzplatz erzielt.

Kurz und knapp **Bewegung ist für eine gesunde Entwicklung des Menschen sehr wichtig. Kinder und Jugendliche, die sich viel bewegen, sind ausgeglichener, leistungsfähiger und insgesamt gesünder.**

Schon gewusst?

3 Beim Ausdauertraining

Ausdauersport
Sportarten, bei denen Ausdauer erforderlich ist (z. B. Radfahren, Joggen, Schwimmen), sind als Gesundheitssport besonders geeignet. Tipps für Anfänger:
Nicht übertreiben. Zum Beispiel so laufen, dass man sich ohne Atemnot noch unterhalten kann. Trainierte können Ausdauerbelastungen (etwa bis zu 30 Minuten) leicht durchhalten.
In den ersten zehn Minuten das Training langsam beginnen. Bei Hitze (über 25 °C) sowie bei Erkrankungen oder kurz nach dem Essen nicht trainieren. Am meisten Spaß macht es gemeinsam in der Gruppe!

Arbeitsaufträge

1 Diskutiert Vor- und Nachteile eines Vereinssports.
2 Führe zusammen mit deinen Mitschülern in eurer Schule eine Befragung zum Thema „Sport" durch. Ihr könntet folgende Fragen stellen:
Wann hast du das letzte Mal Freizeitsport getrieben?
Aus welchen Gründen treibst du Sport?
Welche Sportarten betreibst du gern?
Gibt es deiner Meinung nach einen Zusammenhang zwischen Sport und schulischen Leistungen?
3 Erarbeitet eine Kartei mit Bewegungsspielen für große Pausen.

4 Schreibe einen passenden Text zur Abbildung ↑4 in dein Heft. Finde eine Bildunterschrift.

4

Bewegung ist Teamarbeit

Akrobaten, Jongleure, Turner und viele andere Sportler erbringen beeindruckende Höchstleistungen. Sie müssen dafür bestens trainiert und rundherum fit sein. Gerade bei manchen leicht aussehenden Bewegungen scheint alles im Körper perfekt aufeinander abgestimmt zu sein. Bei Akrobaten dauert es oft Jahre, bis eine bestimmte Übung perfekt vorgeführt werden kann.
Welche Teile unseres Körpers müssten wir speziell trainieren, damit sie fit für solche Höchstleistungen sind?

1 Artisten

Beobachten **Untersuchen** *Experimentieren*

Bewegungstraining

1 Jonglieren ist Übungssache
Versuche zunächst mit zwei, später mit drei Bällen zu jonglieren. Gehe dabei wie in der Anleitung rechts beschrieben vor.

2 Was geschieht im Körper des Jongleurs?

2 Teamarbeit im Körper?
Skizziere den Körperumriss des Jongleurs groß auf eine Seite in dein Heft. ↑2 Zeichne mit verschiedenen Farben die Körperteile bzw. Organe ein, die deiner Meinung nach beim Jonglieren aktiv sind. Beschrifte deine Zeichnung.

Kurzanleitung
1. Wirf einen Ball etwa auf Kopfhöhe von der einen zur anderen Hand und zurück.
2. Nimm einen Ball in jede Hand. Wirf den Ball mit der linken Hand, wie du es gelernt hast. Der zweite Ball wird geworfen, wenn der erste Ball den höchsten Punkt der Flugkurve erreicht hat. Nun fang die Bälle nacheinander.
3. Nimm zwei Bälle in die rechte und einen Ball in die linke Hand. Wirf nun, wie du es gelernt hast, rechts–links–rechts. Fang die Bälle in der Reihenfolge links–rechts–links. Viel Erfolg beim Üben!

GRUNDLAGEN: Körperorgane spielen zusammen

Stabilität und Beweglichkeit unseres Körpers sind beim Jonglieren besonders wichtig. Arme, Hände und Finger müssen gleichzeitig unterschiedliche Bewegungen durchführen. Die Muskeln bewegen dazu unsere Knochen an den Gelenken. Alles muss perfekt aufeinander abgestimmt sein, denn nur dann können die Bälle in der Luft gehalten werden. ↑2
Das Jonglieren erfordert gleichzeitig auch die Beteiligung weiterer Organsysteme. So stellt der Jongleur mithilfe seiner Augen die Bewegung der Bälle fest. Das Gehirn verarbeitet die von den Augen übermittelten Informationen. Es entscheidet blitzschnell und für uns unbewusst, wie zu handeln ist. Anschließend sendet das Gehirn „Anweisungen" an die beteiligten Muskeln, entsprechende Bewegungen auszuführen. Dies geschieht natürlich auch bei so einfach erscheinenden Körperleistungen wie den Fingerbewegungen auf der Tastatur eines Computers. ↑4

Der ganze Körper ist beteiligt Im Sportunterricht stellst du beispielsweise bei Bewegungsspielen und sowohl bei kürzeren als auch bei längeren Läufen fest, dass nicht nur Muskeln, Knochen und Gelenke sowie deine Augen und dein Gehirn im Team zusammenwirken. ↑3
Der Körper passt die Leistungen seiner Organe an unterschiedliche Belastungen an. Bei größerer Belastung beginnt das Herz schneller zu schlagen; die Anzahl der Pulsschläge, z.B. in einer Minute, wird größer. Auch die Abstände zwischen den einzelnen Atemzügen werden deutlich kürzer. Dadurch wird gewährleistet, dass beispielsweise beim Joggen die Sauerstoffversorgung dem erhöhten Sauerstoffbedarf des Körpers und insbesondere der beteiligten Muskulatur entspricht.
Bei großer Anstrengung beginnt der Körper zudem zu schwitzen, um die bei verstärkter Muskelarbeit zusätzlich frei werdende Wärme abzuleiten.

Kurz und knapp **Bewegungen erfordern das Zusammenspiel von Muskeln, Knochen und Gelenken. Auch weitere Organe sind beteiligt. Beispielsweise müssen die Augen und das Gehirn ständig Informationen aufnehmen und verarbeiten. Auch der Herzschlag sowie die Atmung werden der Belastung angepasst.**

3 Sportlerin beim Joggen

Arbeitsaufträge

1 Beschreibe die Bedeutung von Bewegungen für die Menschen auf den Fotos. ↑1–4 Welche Bewegungen sind für deinen Alltag besonders wichtig?
2 Suche dir eine Bewegung aus, die in deinem Alltag von besonderer Bedeutung ist. Benenne möglichst viele Körperteile bzw. Organe, die an der von dir ausgewählten Bewegung beteiligt sind.
3 Gibt es Tätigkeiten, bei denen entweder die Stabilität oder die Beweglichkeit unseres Körpers eine größere Rolle spielt? Ordne Tätigkeiten aus deinem Alltag zu.
Kennst du auch Tätigkeiten, die sich nicht eindeutig zuordnen lassen? Begründe deine Meinung.

4 Bedienung der Computertastatur

Stabilität und Beweglichkeit des Körpers

Skelett und Muskulatur bilden zusammen unser Bewegungssystem. Regelmäßige sportliche Betätigung fördert unsere Gesundheit und die Leistungsfähigkeit des Bewegungssystems.

Bei sportlichem Training musst du jedoch darauf achten, dass du deinen Körper nicht überforderst. Jeder sollte „seine" Sportart nicht nur nach seinen Wunschvorstellungen, sondern auch nach seinen körperlichen Möglichkeiten auswählen.

1 Training unter fachkundiger Anleitung im Fitnessraum

Beobachten Untersuchen **Experimentieren**

Eigenschaften von Knochen

1 Elastizität und Festigkeit

Ein Hähnchenknochen wird mit einer Tiegelzange in die Flamme eines Gasbrenners gehalten. Ein anderer Knochen wird in verdünnte Salzsäure (Vorsicht: Schutzbrille tragen!) gegeben und anschließend gut mit Wasser abgewaschen. Zur Kontrolle bleibt ein dritter Knochen unbehandelt.

a Vergleiche Elastizität und Festigkeit unbehandelter und wie angegeben behandelter Knochen.

b Knochen sind im Normalzustand druckfest bzw. hart und zugleich elastisch. Erkennst du darin Vorteile für ihre Funktion? Begründe.

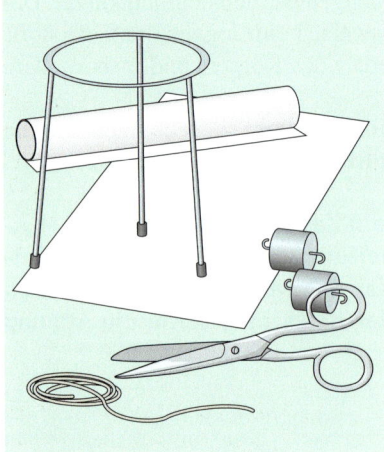

2 Diese Materialien kannst du für deinen Versuch verwenden.

2 Die Belastbarkeit von Röhrenknochen

Lange, röhrenförmige Knochen (Röhrenknochen) enthalten zahlreiche Hohlräume. Die Belastbarkeit dieser Knochen kannst du in einem Modellversuch untersuchen. Dafür stehen dir folgende Materialien zur Verfügung: DIN-A4-Papier, Dreifuß, Kordel, Schere und Wägestücke. ↑2

Plane einen Versuch, mit dem du die folgende Behauptung experimentell überprüfen kannst: Röhrenförmige Knochen sind belastbarer als gleich große Knochen mit einem anderen Aufbau.

GRUNDLAGEN: Knochen bilden unser Skelett

Der Mensch besitzt über 200 Knochen, die zusammen mit den weicheren Knorpeln das Skelett bilden.

Bau der Knochen Knochen bestehen aus einer gummiartigen Grundmasse, in die harter Knochenkalk eingelagert ist. Das macht die Knochen sehr stabil und gleichzeitig elastisch. Im Inneren bilden zarte Knochenbälkchen ein Gerüst, das wie ein Schwamm aussieht. ↑4 Dadurch sind Knochen leicht, können aber dennoch starken Belastungen standhalten. Röhrenknochen (z. B. Oberarm- und Oberschenkelknochen) besitzen außerdem einen inneren Hohlraum, die Markhöhle. ↑4 In der Markhöhle und zwischen den Knochenbälkchen befindet sich das Knochenmark.

Knochen sind lebendig Der harte Knochenkalk wird ständig erneuert, wodurch die Knochen wachsen, heilen und sich unterschiedlichen Belastungen anpassen können. So führt z. B. die Beanspruchung im Sport mit der Zeit dazu, dass mehr Knochenkalk eingelagert wird.
Im Knochenmark werden außerdem Blutzellen als wichtige Bestandteile des Blutes gebildet.

Skelett Das Skelett hat mehrere Aufgaben: Es stützt den Körper, schützt die inneren Organe und ermöglicht uns Bewegungen. Man kann das Skelett in drei große Bereiche gliedern: das Kopfskelett, das Rumpfskelett sowie das Arm- und Beinskelett. ↑3 Die Wirbelsäule als Teil des Rumpfskeletts ist das zentrale Stützorgan. Die einzelnen Knochen des Skeletts unterscheiden sich in Größe und Form, die ihrer jeweiligen Aufgabe entsprechen. Röhrenknochen z. B. können viel Gewicht tragen. Flache, gewölbte Knochen umgeben wie ein Schutzmantel wichtige Organe (z. B. die Schädelknochen das Gehirn).

Kurz und knapp **Knochen sind lebende Körperteile, die wachsen und nach Brüchen heilen können. Zusammen bilden sie ein bewegliches Stützskelett. Einige Knochen haben auch eine Schutzfunktion.**

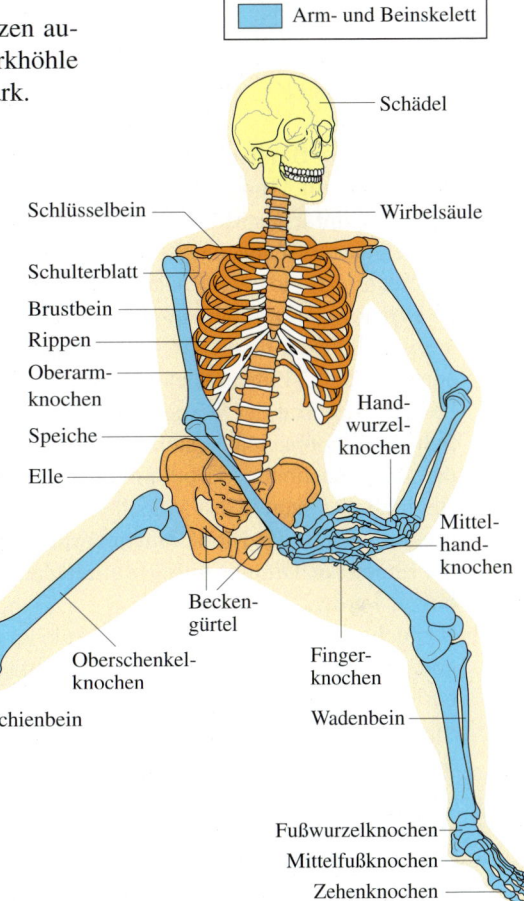

Kopfskelett
Rumpfskelett
Arm- und Beinskelett

Schädel
Schlüsselbein
Wirbelsäule
Schulterblatt
Brustbein
Rippen
Oberarm-knochen
Hand-wurzel-knochen
Speiche
Elle
Mittel-hand-knochen
Becken-gürtel
Finger-knochen
Oberschenkel-knochen
Schienbein
Wadenbein
Fersenbein
Fußwurzelknochen
Mittelfußknochen
Zehenknochen

3 Skelett des Menschen

Arbeitsaufträge

1 Wie kannst du begründen, dass Knochen lebendig sind? Denke dabei z. B. an Sportunfälle. Betrachte dazu auch den Längsschnitt durch einen Röhrenknochen. ↑4

2 Betaste dein Skelett. Versuche mithilfe der Abbildung ↑3 einzelne Knochen zu benennen.

3 Nenne die Hauptaufgaben des Skeletts und ordne ihnen jeweils drei Knochen zu.

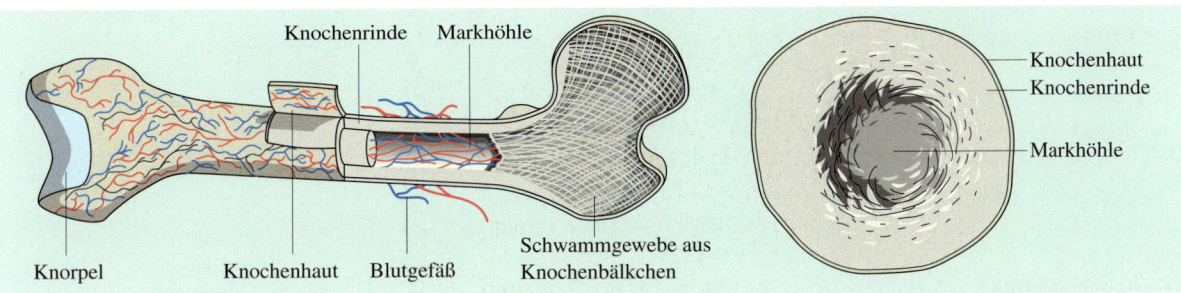

Knochenrinde   Markhöhle
Knochenhaut
Knochenrinde
Markhöhle
Knorpel   Knochenhaut   Blutgefäß
Schwammgewebe aus Knochenbälkchen

4 Oberschenkelknochen im Längsschnitt (links) und im Querschnitt (rechts)

Beobachten *Untersuchen* Experimentieren

Wirbelsäule, Gelenke und Muskeln

Wir bauen ein Modell der Wirbelsäule und führen einfache Untersuchungen zur Funktion von Gelenken und Muskeln durch.

1 Aufgabe der Bandscheiben in der Wirbelsäule – wir bauen ein Modell

a Baue ein einfaches Modell der Wirbelsäule. ↑1
Reihe dazu abwechselnd 24 durchbohrte Holzscheiben (z. B. aus dem Bastlerbedarf) und 23 Schaumgummischeiben gleichen Durchmessers auf einen dicken Draht auf. Die Holzscheiben entsprechen den 24 unverwachsenen Wirbeln, die den beweglichen Teil der Wirbelsäule bilden. Die Schaumgummischeiben stellen die Bandscheiben dar, die benachbarte Wirbel miteinander verbinden. Beginne und beende das Modell mit einer Holzscheibe. Damit das Modell nicht zerfällt, müssen die Enden des Drahtes mithilfe einer Zange umgebogen werden.

b Versuche nun deine Modellwirbelsäule zu verbiegen. Was kannst du über ihre Beweglichkeit berichten? Beobachte besonders die Schaumgummischeiben beim Verbiegen des Drahtes. Welche Schlussfolgerungen lassen sich ziehen?

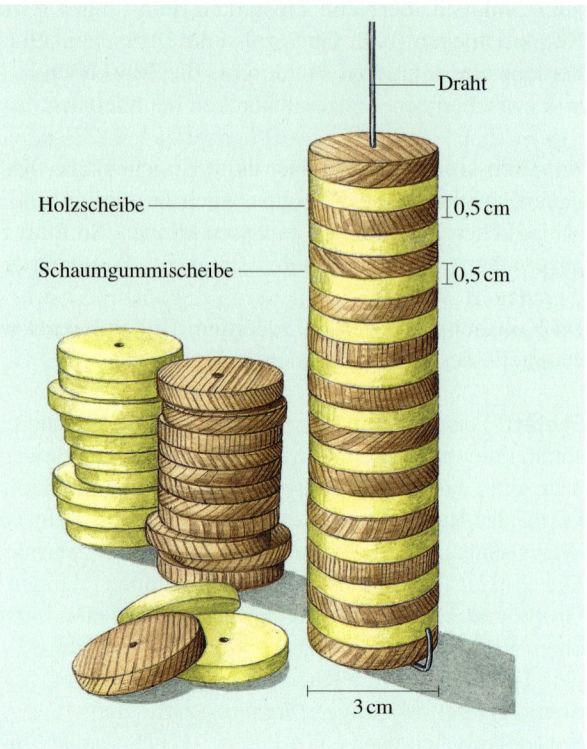

1 Modell der Wirbelsäule

2 Gelenke machen uns beweglich

a Führe mit deinem Oberarm, Unterarm, Zeigefinger und Daumen vorsichtig alle möglichen Bewegungen aus.
Beschreibe die Bewegungsmöglichkeiten dieser Körperteile.

b Ordne mithilfe der Abbildung ↑2 das Schulter-, Ellenbogen-, Finger- und Daumengelenk den technischen Gelenken zu. Begründe deine Entscheidungen.

3 Muskeln führen Bewegungen aus

Nimm ein schweres Buch in die rechte Hand und hebe und senke deinen Unterarm ganz langsam. Fühle dabei mit der linken Hand, welche Muskeln arbeiten und wie sie sich verändern. ↑3 Lass bei der Liegestützübung einen Partner an deinem Arm fühlen, welche Muskeln arbeiten und wie sie sich verändern. Führt die Versuche mit umgekehrter Aufgabenverteilung anschließend nochmals durch. Notiert eure Beobachtungen.

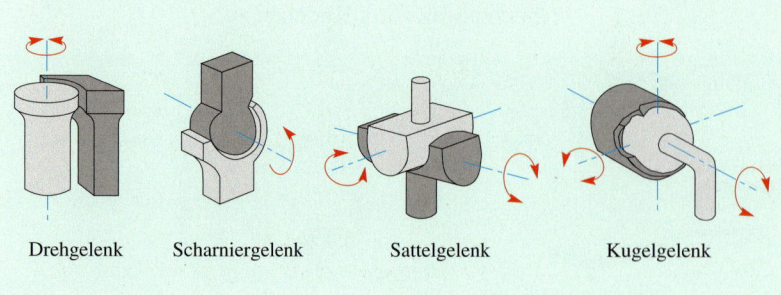

2 Technische Gelenke

Drehgelenk   Scharniergelenk   Sattelgelenk   Kugelgelenk

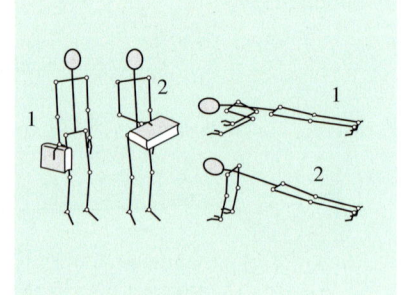

3 Schemazeichnungen

GRUNDLAGEN: Die Wirbelsäule

Bau und Funktion der Wirbelsäule Von vorn gesehen ist die gesunde Wirbelsäule fast ganz gerade. Von der Seite betrachtet zeigt sie jedoch eine charakteristische Krümmung: eine Doppel-S-Form. ↑7 Durch diese Form wirkt sie nicht nur stützend, sondern auch federnd.

Die Wirbelsäule besteht aus Wirbelknochen, die durch Bandscheiben verbunden sind. ↑4 Diese haben außen einen festen Knorpelring, der sie in ihrer Position hält, und innen einen elastischen, mit Flüssigkeit gefüllten Kern. Gesunde Bandscheiben ermöglichen die Beweglichkeit der Wirbelsäule. Sie unterliegen mit steigendem Lebensalter einem natürlichen Verschleiß. Zudem können ungünstige Körperhaltungen und falsche Bewegungsabläufe die Wirbelsäule bzw. die Bandscheiben nachhaltig schädigen. ↑S.31

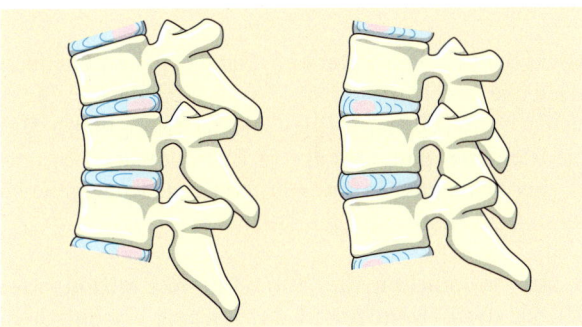

4 Die elastischen Bandscheiben machen die Wirbelsäule beweglich.

5 Tragen – wie ist es richtig?

6 Günstige und ungünstige Körperhaltungen

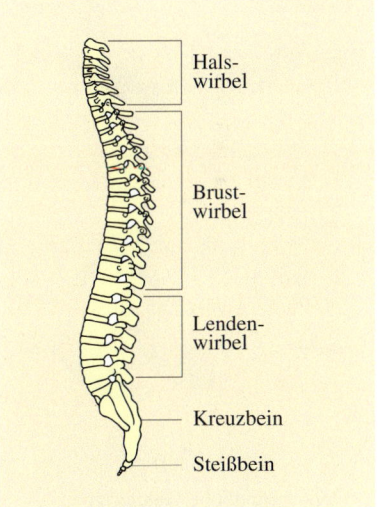

7 Wirbelsäule von der Seite

Arbeitsaufträge

1 Beschreibe den Aufbau der Wirbelsäule. ↑1,4,7

2 Erläutere die Funktion der Bandscheiben. Nimm dazu das Wirbelsäulenmodell und die Abbildungen auf dieser Seite zu Hilfe. ↑1,4

3 Eine Krankenkasse wirbt mit einem Suchbild für die Gesunderhaltung des Rückens. ↑6 Ordne die nummerierten Abbildungen paarweise zu (richtige/falsche Haltung bzw. Bewegung). Begründe.

Schon gewusst?

Größenunterschied

Am Abend sind wir kleiner? Stimmt! Durch das Gewicht des stehenden Körpers verlieren die Bandscheiben Flüssigkeit und werden zusammengedrückt. Unser dadurch verursachter Größenunterschied zwischen morgens und abends kann ein bis zwei Zentimeter betragen.

Gelenke verbinden Knochen Damit Bewegungen möglich werden, sind viele Knochen durch Gelenke miteinander verbunden. Bei ihnen passt das Ende des einen Knochens, der Gelenkkopf, genau in das vertiefte Ende des anderen Knochens, die Gelenkpfanne. ↑2 Beide Knochenenden sind mit einer glatten Knorpelschicht überzogen und von einer straffen Gelenkkapsel umhüllt. Die Gelenkkapsel ist innen mit einer Haut überzogen. Diese bildet vor allem Gelenkschmiere. Die Gelenkschmiere federt Stöße ab und verhindert die Reibung und den Verschleiß der Gelenkflächen. Viele Gelenke werden zudem durch Bänder gestützt. ↑3

Beim Kniegelenk gleichen zwei halbmondförmige Knorpelteile (Menisken) die fehlenden Passformen aus. ↑3 Sie werden oft durch Höchstbelastung (z. B. bei Fußballern) verletzt und müssen dann durch Operation entfernt werden. Ohne sie verschleißt das Kniegelenk viel schneller.

Unterschiedliche Beweglichkeit von Gelenken Nach der Beweglichkeit und dem Bau der Gelenke unterscheidet man verschiedene Gelenktypen. ↑1 Scharniergelenke (z. B. Oberarm-Elle-Gelenk) ermöglichen Bewegungen nur in eine Richtung, Sattelgelenke (z. B. Handwurzel-Mittelhandknochen-Gelenk des Daumens) in zwei Richtungen. Kugelgelenke (z. B. Schultergelenk) sind in alle Richtungen drehbar.

Kurz und knapp **Die starren Knochen sind durch Gelenke miteinander verbunden. Dadurch wird die Beweglichkeit des Körpers ermöglicht.**

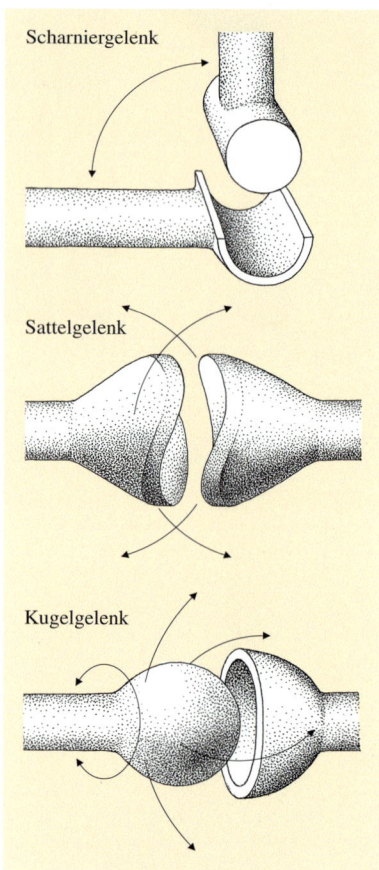

Scharniergelenk

Sattelgelenk

Kugelgelenk

1 Unterschiedliche Gelenktypen

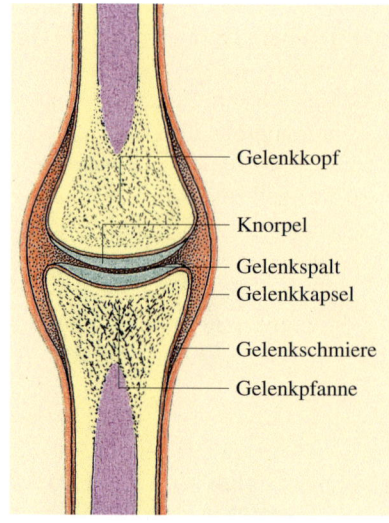

Gelenkkopf
Knorpel
Gelenkspalt
Gelenkkapsel
Gelenkschmiere
Gelenkpfanne

2 Aufbau eines Gelenks

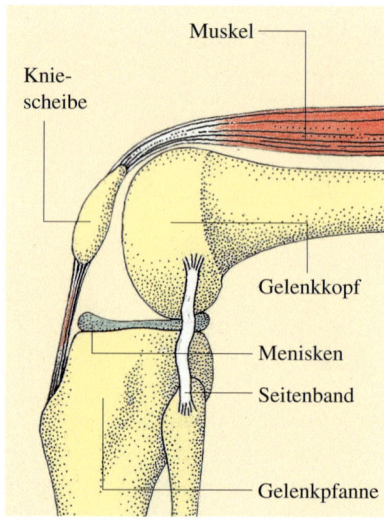

Muskel
Kniescheibe
Gelenkkopf
Menisken
Seitenband
Gelenkpfanne

3 Teile des Kniegelenks

Arbeitsaufträge

1 Stelle Bewegungsmöglichkeiten der verschiedenen Gelenktypen in einer Tabelle zusammen.

2 Im Alltag findest du Gebrauchsgegenstände mit Gelenkfunktion. Ordne jedem Gelenktyp zwei Gegenstände zu.

3 Nicht alle Knochen in unserem Körper sind durch Gelenke beweglich miteinander verbunden. Nenne Knochen, die zueinander starr sind.

4 Welche Folgen kann die ungenügende Bildung von Gelenkschmiere haben? Erläutere.

GRUNDLAGEN: Muskeln führen Bewegungen aus

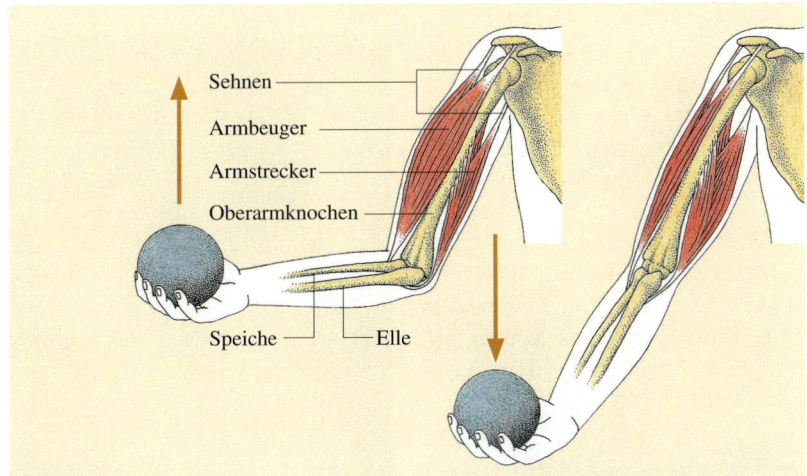

4 Arbeitsweise der Oberarmmuskeln beim Beugen und Strecken des Arms

Muskeln Jeder Mensch hat etwa 600 Muskeln mit unterschiedlichen Funktionen. Ein Großteil der Muskeln bewegt unser Skelett oder bestimmt unsere Mimik im Gesicht. Diese Muskeln können wir willkürlich bewegen.↑5 Auch die inneren Organe (z. B. Verdauungsorgane) sind auf Bewegungen durch Muskeln angewiesen. Diese Eingeweidemuskeln funktionieren unwillkürlich, sind also nicht durch unseren Willen steuerbar.

Skelettmuskulatur Die Skelettmuskeln sind über nicht dehnbare Sehnen mit Knochen verbunden und können ihre Kraft so auf die Knochen übertragen. Wenn Muskeln arbeiten, ziehen sie sich zusammen. Muskeln können sich jedoch nur aktiv zusammenziehen und müssen durch einen anderen Muskel, ihren Gegenspieler, oder die Schwerkraft wieder gestreckt werden. Zieht sich beispielsweise der Armbeuger zusammen, kannst du einen Gegenstand anheben. Dabei wird der Armbeuger kürzer und dicker.↑4 Strecken wir den Arm anschließend wieder, so zieht sich als Gegenspieler der Armstrecker zusammen. Gleichzeitig entspannt sich der Armbeuger, wird in die Länge gezogen und damit dünner. Er ist jetzt bereit, sich wieder zusammenzuziehen.

Kurz und knapp **Skelettmuskeln erzeugen die Kraft für die aktive Bewegung des Körpers. Sie sind über Sehnen am Knochen befestigt. Skelettmuskeln können sich nur aktiv zusammenziehen und müssen durch einen Gegenspielermuskel wieder gestreckt werden.**

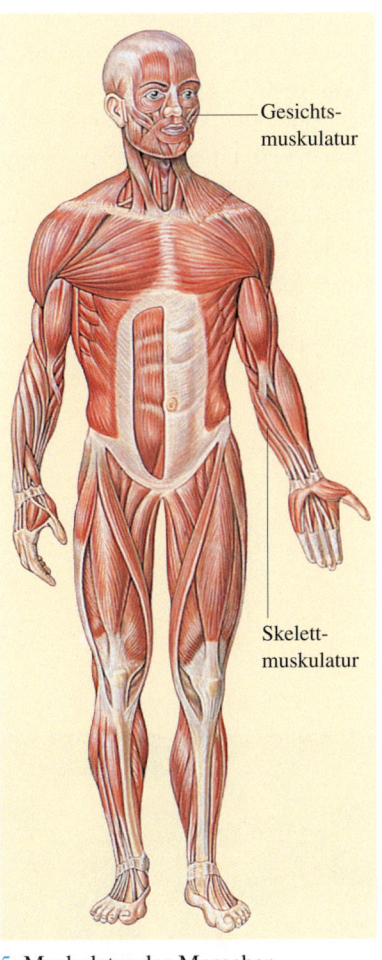

5 Muskulatur des Menschen

Arbeitsaufträge

1 Muskeln können sich nur aktiv zusammenziehen. Erläutere das „Gegenspielerprinzip" der Muskelarbeit anhand der Vorgänge beim Beugen und Strecken des Unterarms.↑4

2 Versuche herauszufinden, durch welche Muskeln die Finger bewegt werden.

3 Viele Übungen zur Stärkung der Muskulatur trainieren nur wenige Muskeln. Günstiger sind Übungen, bei denen größere Muskelgruppen gleichzeitig beansprucht werden. So wird auch das Zusammenspiel der Muskeln gefördert. Beschreibe eine solche Übung aus deinem Sportunterricht oder Training.

Schädigungen des Bewegungssystems – Vorbeugung und Erste Hilfe

Lukas muss zum Orthopäden. Er hat Rückenschmerzen. Der Arzt stellt eine Verkrümmung der Wirbelsäule fest. Nun muss Lukas regelmäßig zur Behandlung.
Wie kann so etwas passieren? Und wie kann man Haltungsschäden vorbeugen?

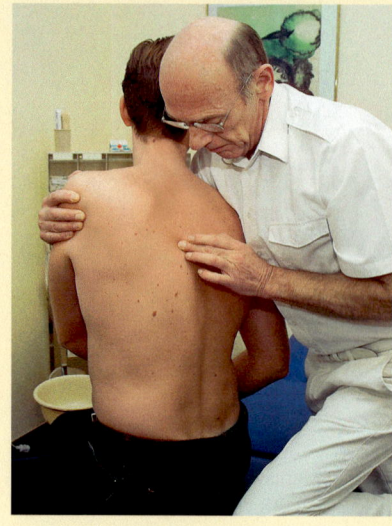

1 Beim Orthopäden

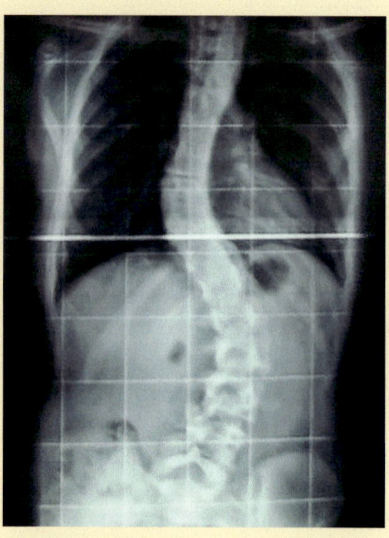

2 Wirbelsäulenverkrümmung (Röntgenaufnahme)

3 Falsches und richtiges Tragen der Schultasche

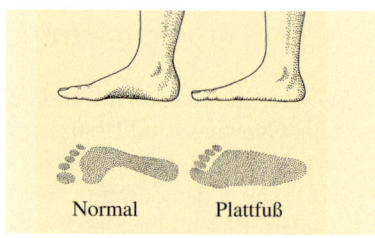

Normal   Plattfuß

4 Ausbildung des Fußgewölbes

GRUNDLAGEN: Gesundheit für Wirbelsäule und Fußskelett

Haltungsschäden „Sitz gerade!" „Trage deine Schultasche auf dem Rücken!" Sicherlich hast du diese Sätze schon oft gehört. Diese Hinweise sind jedoch berechtigt, denn dauernde gekrümmte Sitzhaltung und einseitige Körperbelastung können Haltungsschäden verursachen. ↑3 Hierzu zählen Verformungen der Wirbelsäule wie beispielsweise der Rundrücken oder das Hohlkreuz. ↑5

So beugst du Haltungsschäden vor Wechselst du ständig zwischen verschiedenen Arbeits- und Ruhehaltungen (z.B. Sitzen, Stehen, Liegen), werden deine Muskeln gespannt und entspannt. Dadurch werden die Bänder und Gelenke unterschiedlich belastet und entlastet und auch die Wirbelsäule wird gestreckt und gewölbt. Haltungsschäden können auf diese Weise vermieden werden. Versuche möglichst viele Teile deines Körpers gleichermaßen zu beanspruchen und zu bewegen. Fitnessübungen, Schwimmen, Radfahren und Wandern sind dazu sehr geeignet.

Fußschäden Wenn du gehst oder stehst, lastet das ganze Körpergewicht auf deinen Beinen und Füßen. Diese Belastung erfordert ein kräftiges Fußskelett. Die Füße sind so geformt, dass die Fußknochen durch Muskeln und Bänder wie ein Gewölbe zusammengehalten werden.
Sind die Muskeln zu schwach, senkt sich das Gewölbe (Senkfuß) und die ganze Fußsohle berührt den Boden (Plattfuß). ↑4 Andere Fehlbildungen sind z.B. Knickfuß und Spreizfuß. Beim Knickfuß knickt der Fuß zum inneren Fußrand hin ein; beim Spreizfuß ist der Vorderfuß stark verbreitert. Das Gehen und Stehen bereitet in jedem Fall Schmerzen.

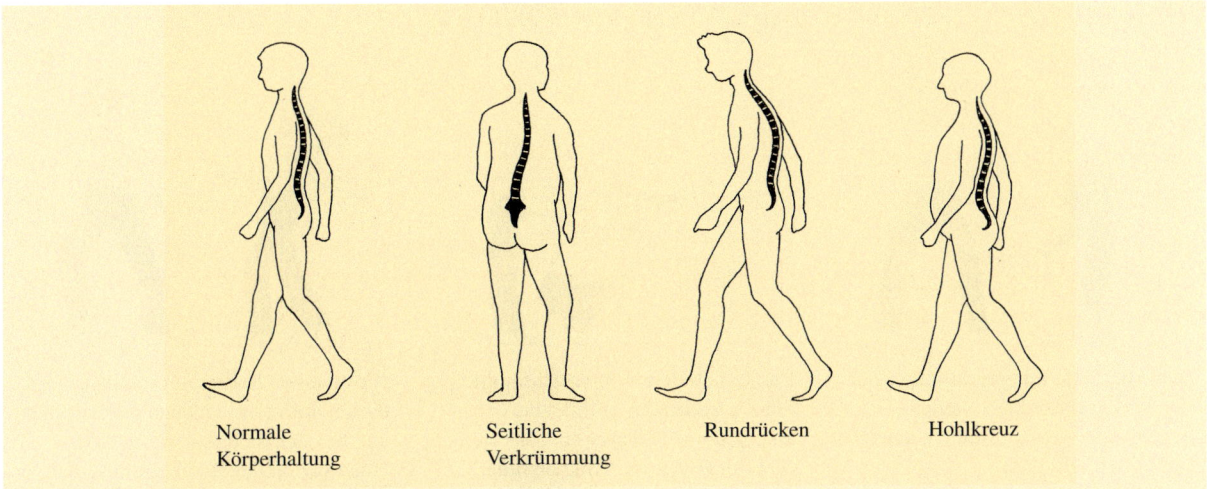

| Normale Körperhaltung | Seitliche Verkrümmung | Rundrücken | Hohlkreuz |

5 Normale Körperhaltung und Haltungsschäden im Vergleich

Die Füße gesund erhalten Fußgymnastik stärkt die Fußmuskulatur und beugt solchen Erscheinungen häufig vor. ↑7 Vermeide auch Übergewicht und Bewegungsmangel.

Wähle beim Kauf deiner Schuhe sorgfältig und bedenke, dass enge und zu spitze Schuhe deine Füße bei ständigem Tragen verformen. Schuhe mit hohen Absätzen belasten den Vorderfuß zu stark; dies führt ebenfalls zu Fehlbildungen. ↑6

Stillsitzen hat ausgedient – Bewegung ist gefragt Über die Hälfte aller Schülerinnen und Schüler weist heute Haltungsmängel auf. Langes Sitzen in der Schule und auch zu Hause, körperliche Passivität sowie Mangel an sportlicher Betätigung können durch ungenügende Ausbildung der Muskulatur und geringe Belastung der Knochen zu einer allgemeinen Haltungsschwäche des Körpers führen.

Wissenschaftliche Untersuchungen haben ergeben, dass die Unterbrechung einseitiger bzw. falscher Sitzhaltung durch auflockernde Bewegungsübungen die Wirbelsäule und Muskulatur entlasten kann.

Gezielte Bewegungsübungen während der Pausen in der Schule und bei der Erledigung der Hausaufgaben schaffen einen Ausgleich zur einseitigen körperlichen Belastung durch langes Sitzen und erhöhen außerdem die Konzentrationsfähigkeit.

Einige einfache Übungen im gut gelüfteten Raum sind demnach keine verlorene Zeit, sondern für eine gesunde Entwicklung und ein erfolgreiches Lernen unverzichtbar. Auf der folgenden Seite findest du beispielhaft einige dieser einfachen Übungen. ↑S. 24 Abb. 1

Kurz und knapp Schädigungen des Bewegungssystems (Haltungsschäden, Fußschäden) können durch Bewegungsmangel, aber auch durch Überbeanspruchung bei falscher oder einseitiger Belastung auftreten.
Sport, aber auch einfache Bewegungsübungen über den Tag verteilt tragen zur Gesunderhaltung der Knochen und Muskulatur bei.

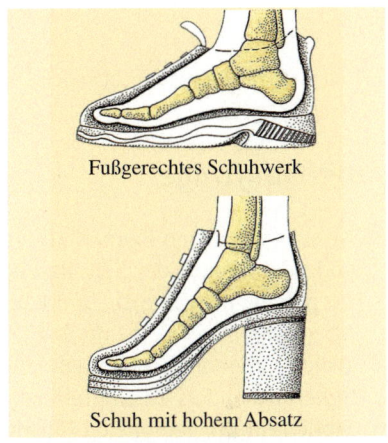

Fußgerechtes Schuhwerk

Schuh mit hohem Absatz

6 Lastverteilung in flachen und hohen Schuhen

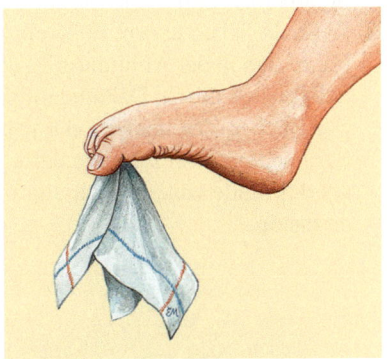

7 Das Ergreifen und Kreisenlassen eines Taschentuches ist eine geeignete Übung zur Stärkung der Fußmuskulatur.

 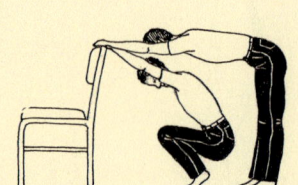 

Stehe aufrecht mit gegrätschten Beinen und hüpfe auf der Stelle:
zunächst auf beiden Beinen, danach nur auf einem Bein.
Springe vorwärts, rückwärts, seitwärts und führe abschließend Hampelmannsprünge aus.

Stelle dich hinter einen Stuhl, die Hände fassen die Stuhllehne.
Beuge deinen Körper so, dass sich der Kopf in Höhe der Arme befindet.
Gehe nun in die Hocke und richte dich wieder auf. Der Kopf bleibt immer zwischen den Armen.

Nimm einen Radiergummi, balanciere diesen auf verschiedenen Körperteilen und bewege dich dabei. Auch das Hochwerfen des Radiergummis aus dem Stand und dessen Fangen auf verschiedene Arten (z. B. einhändig, beidhändig) ist eine abwechslungsreiche Übung.

1 Beispiele für Bewegungsübungen

Arbeitsaufträge

1 Kontrolliere deine Körperhaltung beim Schreiben und beim Tragen der Schultasche.
Vergleiche mit der Sitz- und Körperhaltung deiner Mitschüler. Was stellst du fest?

2 Welche Sportarten sind nach langer sitzender Tätigkeit besonders zu empfehlen? Begründe.

3 Stelle mithilfe geeigneten Informationsmaterials (erhältlich bei Ärzten und Krankenkassen) weitere Übungen zur Vorbeugung von Haltungs- und Fußschäden zusammen.

4 Weshalb haben unsere Füße ein „Gewölbe"?
Führe den in der Abbildung ↑2 dargestellten Modellversuch durch. Dazu benötigst du 2 gleich dicke Bücher, Zeichenkarton und ein 50-g-Gewicht. Beobachte und beschreibe deine Versuchsergebnisse. Begründe nun, weshalb unsere Füße ein Gewölbe haben.

5 Die Abbildungen der Wirbelsäule zeigen häufige Haltungsschäden. ↑S. 23 Abb. 4 Vergleiche diese Abbildungen mit den verschiedenen Tätigkeiten. ↑3 Ordne den Zeichnungen die Haltungsschäden zu, die bei der dargestellten Körperhaltung eintreten können.

3 Falsche Körperhaltungen können zu Haltungsschäden führen.

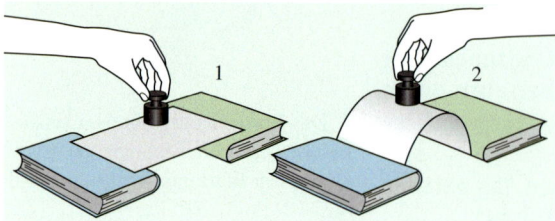

2 Versuch zum Bau des Fußskeletts

GRUNDLAGEN: Verletzungen und Erste-Hilfe-Maßnahmen

Thomas und seine Freunde sind eifrige Rollerskater. Jeder will der Beste sein, und heute wollen sie testen, wer der schnellste Skater ist. Der Start läuft gut, doch dann, Thomas will noch schneller sein: Er holt Schwung ... und ... verliert das Gleichgewicht. Der Sturz ist sehr schmerzhaft. Thomas kann den rechten Arm nicht mehr bewegen, ohne aufzuschreien. Ein Freund stellt den Arm ruhig und bringt Thomas zum Arzt, der einen Knochenbruch feststellt. ↑5

Verhalten bei Verletzungen Plötzliche oder übermäßige Belastung der Knochen oder der Muskulatur können zu Verletzungen führen. Über häufige Verletzungen, ihre Erscheinungsbilder und Erste-Hilfe-Maßnahmen solltest du informiert sein. Dann kannst du in einer Unfallsituation das Richtige tun und den Verletzten vor Folgeschäden bewahren. Im Zweifelsfall, bei starken Schmerzen oder wenn ein Körperteil nicht mehr bewegt werden kann, sollte immer ein Arzt aufgesucht werden.

4 Thomas kurz nach dem Sturz

Art der Verletzung	Erscheinungsbild	Erste-Hilfe-Maßnahmen
Verstauchung	Überdehnung eines Gelenks, meist verbunden mit einem Bluterguss, da Risse in der Gelenkkapsel und Zerrungen der Gelenkbänder auftreten	Kühlen des Gelenks und Anlegen eines Stützverbands!
Verrenkung	Der Gelenkkopf springt aus der Gelenkpfanne und verbleibt in einer unnatürlichen Stellung.	Betroffene Körperteile ruhig stellen und Aufsuchen eines Arztes!
Knochenbruch	Ein Knochen bricht und verbleibt oft in einer unnatürlichen Stellung. Bei einem geschlossenen Bruch bleibt die Haut über der Bruchstelle unverletzt. Bei einem offenen Bruch hat sich an der Bruchstelle eine offene Wunde ausgebildet.	Ruhigstellen des gebrochenen Knochens und der benachbarten Gelenke! Offene Wunden keimfrei abdecken! Ärztliche Hilfe ist erforderlich (Gipsverband)!
Muskelzerrung	Plötzliche Überbelastung eines „kalten" Muskels, wobei der Muskel beschädigt werden kann	Vor allem Ruhigstellen des verletzten Körperteils!

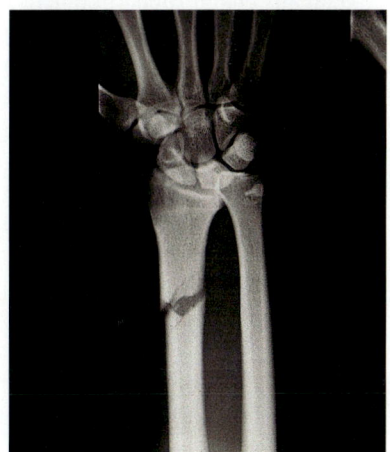

5 Der Knochenbruch im Röntgenbild

Kurz und knapp Unser Skelett und unsere Muskulatur sind sehr leistungsfähig. Körperlich-sportliche Betätigung kräftigt unser Bewegungssystem, kann aber auch zu Verletzungen führen. Wer Verletzungen am Erscheinungsbild erkennt und die richtigen Erste-Hilfe-Maßnahmen einleitet, kann schlimmere Folgen verhindern.

6 Ein Gipsverband wird angelegt.

Hebel und Hebelgesetz

Eine Astschere ist ein sehr nützliches Gartengerät. ↑1 Sie ermöglicht es, mit geringem Kraftaufwand einen Ast zu durchtrennen. An den kurzen Schneiden werden dabei große Kräfte ausgeübt.
Die Astschere ist ein Hebel.

1 Wenn unsere Kräfte nicht ausreichen, helfen uns Hebel wie diese Astschere.

Beobachten Untersuchen **Experimentieren**

1 Bleistiftwippe

Baut aus einem Bleistift, einem Holzlineal oder einer Holzleiste eine einfache Wippe. ↑2
Probiert mit zwei unterschiedlich schweren Massestückchen (z. B. 50 g und 100 g) aus, ob ihr die Wippe in ein Gleichgewicht bringen könnt.

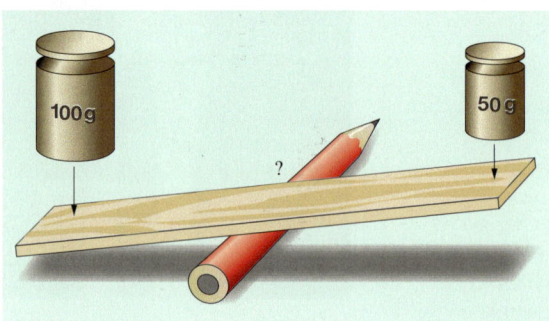

2 Bleistiftwippe

3 Ob das geht?

2 Können Maus und Elefant fröhlich miteinander wippen? ↑3

Baut aus Stativmaterial die Versuchsanordnung nach, um die Frage zu beantworten. ↑4

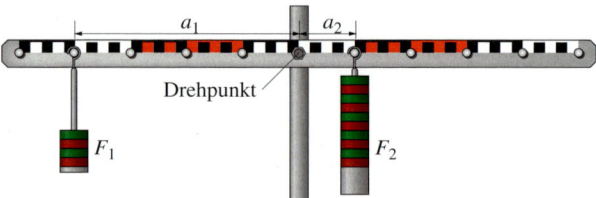

4 Versuchsanordnung

Die Wippe vom Spielplatz ist ein zweiseitiger Hebel. Der Elefant ist die Last F_2, die hochgehoben werden soll, und die Maus muss eine Kraft F_1 aufbringen, um das zu schaffen. Der Lastarm a_2 ist der Abstand, den der Elefant vom Drehpunkt der Wippe hat. Der Kraftarm a_1 gibt an, wo die Maus sitzen muss, um mit dem Elefanten im Gleichgewicht zu sein.

Linke Hebelseite (Maus)			Rechte Hebelseite (Elefant)		
Masse-stück	Kraft F_1	Kraft-arm a_1	Masse-stück	Last F_2	Last-arm a_2
50 g			100 g		10 cm
25 g			100 g		5 cm
100 g			200 g		5 cm
100 g			400 g		5 cm
200 g			400 g		2,5 cm

5 Messwertetabelle

Beobachten Untersuchen **Experimentieren**

Findet durch Probieren heraus, wo Maus und Elefant sitzen müssen, um richtig wippen zu können. Ergänzt dazu die Tabelle. ↑5

a Seht euch die Messwerte in eurer Tabelle an. Betrachtet erst eine Zeile, dann die nächste usw. Vergleicht die rechte und die linke Seite einer Zeile. Sucht nach Zusammenhängen.

b Schreibt eure Beobachtungen auf, indem ihr folgende Sätze für den Gleichgewichtszustand in eurem Heft ergänzt.
Je schwerer die Last auf dem Lastarm ist, umso … muss sie am Drehpunkt liegen.
Je größer die Kraft ist, umso … kann der Kraftarm sein.
Je länger der Kraftarm ist, umso … Kraft muss man aufbringen.
Je … der Lastarm ist, umso mehr Kraft muss man aufbringen.

c Fasst eure Ergebnisse zusammen: Wie müssen Elefant und Maus sitzen, um wippen zu können?

Jetzt hab ich's geschnallt:
„Kraft mal …"

6 Was der Elefant wohl sagt?

7 Flaschenöffner

3 Sind das auch Hebel? ↑7, 10
Ja, aber es sind einseitige Hebel. Untersucht, wie ein solcher Hebel funktioniert.

a Baut aus Stativmaterial die Versuchsanordnung nach. ↑8

Federkraftmesser

F_1

a_1

a_2

Drehpunkt F_2

8 Versuchsanordnung

b Hängt nacheinander verschiedene Massestücke in verschiedene Löcher ein und messt die jeweilige Kraft F_1, die nötig ist, um den Hebel im Gleichgewicht zu halten. (Die aufzubringende Kraft F_1 lest ihr am Federkraftmesser ab.) Ergänzt die Tabelle. ↑9

Kraft F_1	Kraftarm a_1	$F_1 \cdot a_1$	Last F_2	Lastarm a_2	$F_2 \cdot a_2$
	10 cm		1 N	5 cm	
	10 cm		2 N	5 cm	
	20 cm		2 N	10 cm	
	15 cm		3 N	5 cm	

9 Messwertetabelle

c Bildet nun die Produkte $F_1 \cdot a_1$ und $F_2 \cdot a_2$. Was stellt ihr fest? Versucht, eine Gesetzmäßigkeit zu formulieren. ↑6

10 Schubkarre

1 Der Schraubendreher dient als Hebel.

GRUNDLAGEN: Hebel als Kraftwandler

Hebel Bei vielen einfachen Geräten nutzt man die Hebelwirkung, um Kraft zu sparen. [1] Der Name „Hebel" ist vom Wort „heben" abgeleitet. Nicht immer ist jedoch sofort der Hebel erkennbar.

Hebel erkennt man daran, dass ein Drehpunkt vorhanden ist, um den eine Vorrichtung (im einfachsten Fall eine Stange) gedreht wird. Je nach Lage des Drehpunkts unterscheidet man zwischen einseitigem und zweiseitigem Hebel. [2,3]

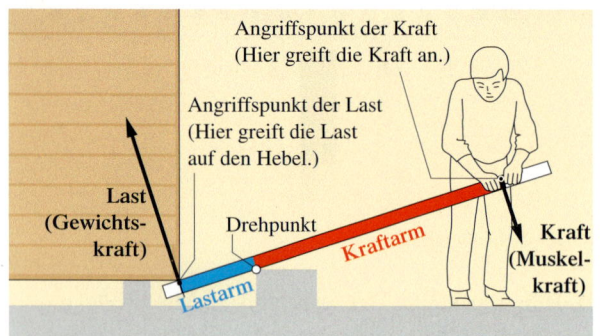

2 Zweiseitiger Hebel

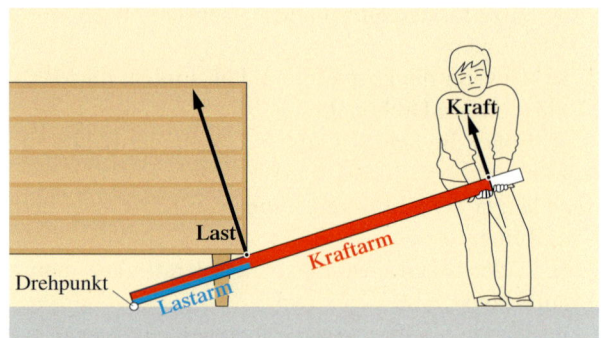

3 Einseitiger Hebel

Basiskonzept

Wechselwirkung

Die Last als Gewichtskraft auf dem Lastarm wirkt der aufzubringenden Kraft am Kraftarm entgegen.

Das Hebelgesetz Die Wippe auf dem Spielplatz ist ein typisches Beispiel eines zweiseitigen Hebels. [4] Last und Kraft befinden sich auf verschiedenen Seiten des Drehpunktes. Auf der Wippe können selbst unterschiedlich schwere Personen ein Gleichgewicht herstellen, wenn die Abstände zum Drehpunkt richtig gewählt werden. Wenn eine schwere Person (z. B. ein Elefant) und eine sehr leichte Person (z. B. eine Maus) fröhlich miteinander wippen wollen, muss die schwere Person (die Last) sehr nahe am Drehpunkt sitzen und die leichte Person (die Kraft aufwendet) einen sehr großen Abstand zum Drehpunkt haben. Im Gleichgewicht sind die jeweiligen Produkte aus Kraft mal Kraftarm und Last mal Lastarm gleich groß. Das ist als Hebelgesetz formuliert: $F_1 \cdot a_1 = F_2 \cdot a_2$. [5] Dabei müssen aber die Kräfte senkrecht zu den Hebelarmen liegen.

Eine einfache Stange kann zu einem einseitigen Hebel werden. [3] Bei einem einseitigen Hebel wirken Kraft und Last auf derselben Seite des Drehpunkts. Auch hier gilt das Hebelgesetz. Man kann mit einer kleinen Kraft eine große Last bewegen, wenn man die Last möglichst nahe an den Drehpunkt legt, während die Kraft möglichst weit entfernt vom Drehpunkt wirkt. Mit einem Hebel kann man also Kraft einsparen. Man sagt: Der Hebel ist ein Kraftwandler.

4 Die Wippe ist ein zweiseitiger Hebel.

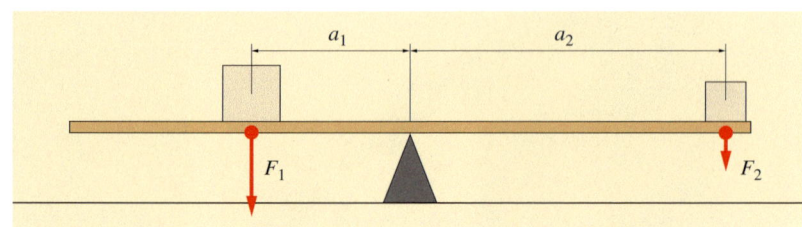

5 Ist a_2 doppelt so lang wie a_1, dann ist F_1 doppelt so groß wie F_2.

Hebel als Kraftwandler Dieses Prinzip der Kraftwandlung nutzen wir im täglichen Leben sehr oft, ob wir nun Nüsse knacken, mit einer Schubkarre Erde transportieren oder eine Zange bzw. Astschere benutzen. Immer möchten wir durch den Einsatz eines Hebels Kraft einsparen bzw. mit einer geringen Kraft schwere Lasten bewegen.

Je länger der Kraftarm ist, desto weniger Kraft muss aufgewendet werden bzw. desto schwerer kann die gehobene Last sein. Bezogen auf die Astschere bedeutet das: Je länger die Stiele (Kraftarme) sind, desto kleiner ist die Kraft, die man ausüben muss, um einen Ast zu durchschneiden. Allerdings muss die kleinere Kraft am langen Stiel auf einen längeren Weg ausgeübt werden. Eingesparte Kraft geht also auf Kosten des Weges. ↑6

Kurz und knapp **Ein Hebel ist im einfachsten Fall eine Stange, die um einen Drehpunkt gedreht werden kann.**

Man unterscheidet zweiseitige und einseitige Hebel. Je länger der Kraftarm eines Hebels ist, desto weniger Kraft ist nötig, um mit ihm die gleiche Last zu heben (insofern der Lastarm gleich lang ist).

Hebel sind also Kraftwandler. Das heißt: Mit ihnen kann man Kraft einsparen.

Ein Hebel ist im Gleichgewicht, wenn die jeweiligen Produkte aus Kraft mal Kraftarm und Last mal Lastarm gleich groß sind: $F_1 \cdot a_1 = F_2 \cdot a_2$. Das ist das so genannte Hebelgesetz.

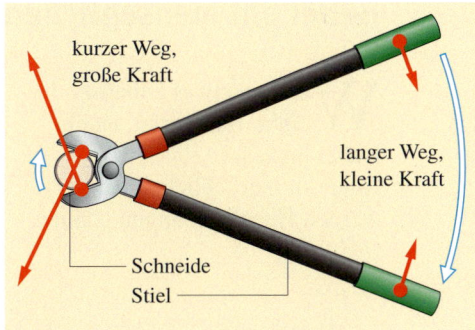

6 Wenn an Kraft gespart wird, muss beim Weg zugelegt werden.

Arbeitsaufträge

1 In den Abbildungen ↑7–10 sind Hebel zu erkennen.

a Um welche Art Hebel handelt es sich: um ein- oder zweiseitige Hebel?

b Erkläre, warum man die erforderliche Kraft verkleinern kann.

c Untersuche, ob jeweils das Hebelgesetz gilt.

d Würde das Hebelgesetz gelten, wenn die Pedalstellung in Abbildung ↑10 verändert wird?

2 Welche Kräfte und Hebelarme gehören jeweils zu einer Seite eines zweiseitigen Hebels, der sich im Gleichgewicht befindet?

a 3 N, 2 N, 6 cm, 4 cm

b 5 N, 3 N, 3 cm, 5 cm

3 Die Frau in Abbildung ↑7 wiegt 60 kg und ist 1,2 m vom Drehpunkt entfernt. Welchen Abstand muss das Kind (30 kg) bei Gleichgewicht haben?

7

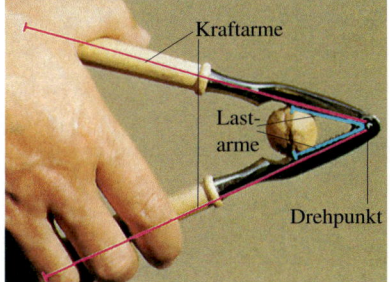

8

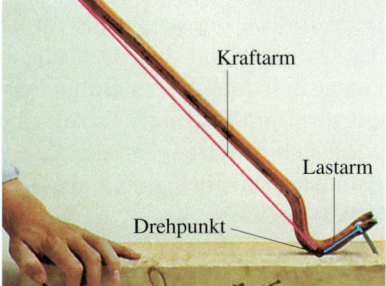

9

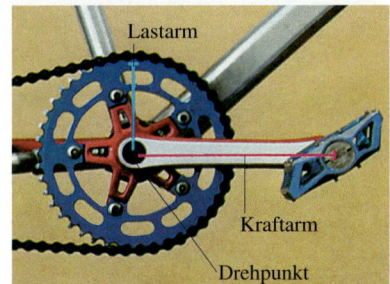

10

Hebel am menschlichen Körper

Wenn du etwas anhebst oder einen Ball wirfst, ist ein Hebel im Spiel.
Auch im menschlichen Körper werden Hebelwirkungen genutzt.

1 Was hat weites Werfen mit Hebeln zu tun?

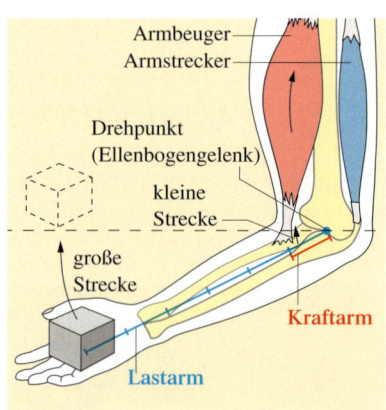

2 Heben: Der Unterarm ist ein Hebel.

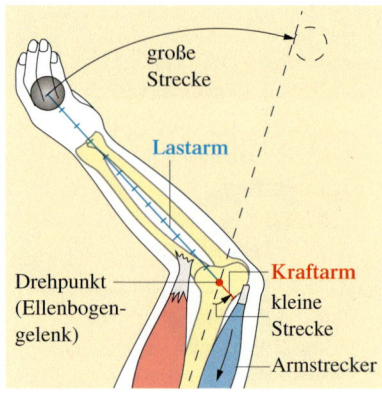

3 Werfen: Auch hier hilft der Hebel, Wege zu verlängern.

GRUNDLAGEN: Hebel überall

Heben Dabei wirkt dein Unterarm wie ein einseitiger Hebel. ↑2 Die Kraft, die der Armbeuger ausübt, und die Last greifen auf derselben Seite vom Drehpunkt (Ellenbogengelenk) an.

Der Lastarm ist etwa fünfmal so lang wie der Kraftarm. Deshalb muss dein Beuger z. B. zum Heben einer 10-kg-Last (100 N Gewichtskraft) die fünffache Kraft aufbringen, nämlich 500 N.

Der Hebel „Unterarm" ist also im Gegensatz zur Zange oder Astschere kein „Kraftverstärker". Er bringt aber einen anderen Vorteil mit sich: Während sich der Armbeuger nur ein ganz kurzes Stück bewegt, wird die Last über eine viel größere Strecke gehoben. Deshalb gilt für diesen Hebel: Mit ihm kann man keine Kraft sparen, man kann aber Weg gewinnen.

Werfen Hierbei wirkt der Armstrecker. Der Unterarm ist nun ein zweiseitiger Hebel. Die Kraft, die der Armstrecker ausübt, und die Last, die geworfen werden soll, befinden sich auf verschiedenen Seiten des Drehpunkts (Ellenbogengelenk). Der Lastarm ist sogar zehnmal so lang wie der Kraftarm. ↑3

Beim Ballwerfen streckt der Strecker den Unterarm blitzschnell. So legt der Unterarm mit dem Ball einen verhältnismäßig langen Weg in ganz kurzer Zeit zurück. Der Ball wird dadurch sehr schnell. Er kann z. B. bei einem 80-m-Wurf eine Geschwindigkeit von 100 km/h erreichen. Kraft wird auch in diesem Fall nicht gespart. Durch die Verlängerung des Wegs erreicht man aber eine hohe Geschwindigkeit und damit eine große Weite.

Hebelwirkungen am Atlas Wenn wir wach sind und bei voller Gesundheit, halten wir den Kopf aufrecht. Müde, betrunkene oder erkrankte Menschen lassen ihr Haupt oft nach vorne fallen. Ganz offensichtlich halten unsere Nackenmuskeln den Kopf in einer aufrechten Lage.

Während also die Gewichtskraft des Kopfes den Kopf nach vorne dreht, ziehen hinten die Nackenmuskeln den Kopf nach unten. Der Kopf ist auf dem obersten Halswirbel, dem Atlas, drehbar gelagert. Der Atlas stellt also den Drehpunkt eines Hebels dar. ↑4 Der hintere Hebelarm (a_2) ist relativ lang. Der Nackenmuskel braucht deshalb nur etwa die Hälfte der Gewichtskraft des Kopfes aufzubringen, um den Kopf aufrecht zu halten.

Richtiges und falsches Heben Beim Anheben von schweren Gegenständen wird häufig die Wirbelsäule stark belastet. ↑S. 19 Man kann diese Belastung aber durch richtige Körperhaltung vermindern. Beim Heben mit geradem Rücken wird die Last gleichmäßig auf alle Bandscheiben verteilt. ↑6 Beugst du dich vor und streckst die Arme aus, werden vor allem die Bandscheiben im Bereich der Lendenwirbel einseitig belastet. ↑5 Dazu wirkt das Hebelgesetz. Je weiter die Last vom Drehpunkt – das ist bei gebeugtem Rücken der Lendenwirbelbereich – entfernt ist, desto mehr Kraft braucht die Rückenmuskulatur, um die Last zu heben. Der Druck auf die Bandscheiben wird größer. Das führt mit der Zeit zu Überlastung.

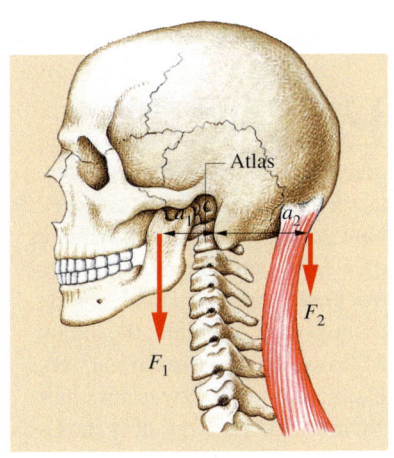

4 Der erste Halswirbel, der den Kopf trägt, wird als Atlas bezeichnet.

5 Falsches Heben

6 Richtiges Heben

Arbeitsaufträge

1 Hebel dienen nicht nur dazu, Kräfte zu sparen, sondern auch Wege zu verlängern.
Erläutere am Beispiel des Unterarms.

2 Ein Hebelmodell aus Sperrholz oder fester Pappe kann dir helfen, die Arbeitsweise des Armes zu verstehen. ↑7
Das Ziehen am „Beuger"-Faden entspricht dem Zusammenziehen des Armbeugermuskels.

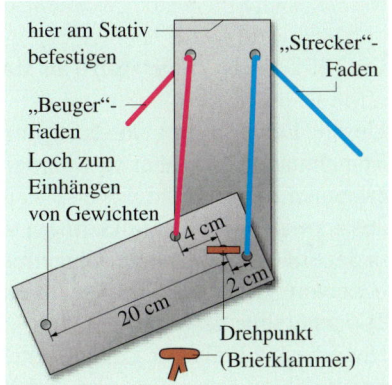

7 Hebelmodell „Arm" (Bauanleitung)

a Hänge in das Loch der „Hand" ein 50-g-Massestück ein.
Miss am Beugerfaden, wie groß die Kraft zum Heben des Massestücks ist.
Kannst du das Ergebnis erklären? Versuche es.

b Miss auch die zurückgelegten Wege: Um wie viele Zentimeter wurde das Massestück gehoben? Wie weit hast du den Beugerfaden gezogen? Erkläre.

Was steckt in unserer Nahrung?

Egal, ob Nudeln, Pizza oder Hamburger – müssten wir jeden Tag dasselbe essen, hätten wir auch von unserem Lieblingsgericht bald genug. Astronauten haben es da weniger gut. Sie bekommen getrocknete oder vorgekochte und eingefrorene Gerichte, die sie im Mikrowellengerät garen müssen. Damit werden sie zwar mit allen Nährstoffen versorgt, aber ihr Essen schmeckt recht eintönig. Welche Nährstoffe stecken in unserer Nahrung und welche Bedeutung haben sie?

1 Astronautennahrung (unten) und ein „irdisches" Essen (oben)

Beobachten *Untersuchen* Experimentieren

Untersuchung von Nährstoffangaben

Auf den meisten Lebensmittelverpackungen findet sich eine Nährwerttabelle. ↑2 Durch einen Vergleich dieser Angaben kann man bereits vieles über die Zusammensetzung von Nahrungsmitteln lernen.

1 Vergleiche Nährwertangaben, zum Beispiel von Gouda und Frischkäse, Chips und Salzstangen, Schoko- und Müsliriegeln.

2 Suche auch nach Angaben zu Farbstoffen, Konservierungsstoffen und Verdickungsmitteln.

3 Welche Bestandteile der Nahrung werden am häufigsten aufgelistet? Notiere.

4 Erläutere mithilfe der Tabelle unten den Energiegehalt (Brennwert) des jeweiligen in Aufgabe 1 genannten Nahrungsmittels.

Das Produkt enthält durchschnittlich:	pro Becher	% des Richtwerts für die Tageszufuhr* pro Becher	pro 100 g
Brennwert (kJ/kcal)	497/118	6	432/102
Eiweiß (g)	4,3	9	3,7
Kohlenhydrate (g)	17,9	7	15,6
davon Zucker (g)	17,5	19	15,2
Fett (g)	3,2	5	2,8
davon gesättigte Fettsäuren (g)	1,7	8	1,5
Ballaststoffe (g)	0,6	2	0,5
Natrium (g)	0,06	2	0,05

2 Nährwerttabelle

GRUNDLAGEN: Nährstoffe als Bau- und Betriebsstoffe

Unsere Lebensmittel stammen immer von Pflanzen, Tieren oder Pilzen. Manchmal sind sie aber so verarbeitet, dass man ihre Herkunft nicht mehr erkennen kann. Beispielsweise werden Spaghetti und andere Nudelsorten aus zermahlenen Getreidekörnern und Wasser hergestellt. Das Hackfleisch in der Soße besteht aus zerkleinertem Muskelfleisch und Fett vom Schwein oder vom Rind. Das Tomatenmark für die Soße wird aus eingedicktem Tomatenpüree gewonnen.

Hauptbestandteil aller Lebensmittel sind die so genannten Nährstoffe. Zu ihnen zählen Fette, Eiweiße und Kohlenhydrate. Lebensmittel enthalten meist verschiedene Nährstoffe, von denen einer überwiegen kann. ↑5, 6

Energiegehalt der Nährstoffe	
Nährstoff (1g)	Energiegehalt
Kohlenhydrate	18 kJ
Fette	39 kJ
Eiweiße	17 kJ

Baustoffe und Betriebsstoffe Nährstoffe werden für das Wachstum des Körpers, den Aufbau von Muskeln und zur Heilung von Verletzungen benötigt. Sie sind Baustoffe. Darüber hinaus werden Nährstoffe als Energielieferanten (Betriebsstoffe) genutzt. Bei der Zellatmung werden sie mithilfe von Sauerstoff verbrannt. Dabei wird Energie frei, die zur Aufrechterhaltung aller Lebensvorgänge benötigt wird. ↑S. 49

Kohlenhydrate Sie werden ursprünglich durch die Umwandlung von Sonnenlicht in den Pflanzen gebildet (Fotosynthese). Wir erhalten sie daher fast ausschließlich aus pflanzlichen Nahrungsmitteln. Zu den Kohlenhydraten gehören verschiedene Zucker und die Stärke. Zucker sind auf natürliche Weise zum Beispiel in Früchten und Honig enthalten und bilden den „Grundbaustein" anderer Kohlenhydrate: So besteht Stärke aus vielen „Zuckerbausteinen". ↑4 Häufig nehmen wir Kohlenhydrate in Form von Stärke zu uns. Sie ist in Kartoffeln und Getreide, also auch im Brot, in großen Mengen enthalten. ↑5 Kohlenhydrate sind ergiebige Energielieferanten und zählen somit zu den Betriebsstoffen.

Fette Nahrungsfette sind noch energiereichere Betriebsstoffe als Kohlenhydrate. Man unterscheidet pflanzliche und tierische, flüssige und feste Fette. Flüssige Fette bezeichnet man als Öle; sie werden durch das Auspressen fetthaltiger Pflanzenteile gewonnen (z. B. Olivenöl). Aufgrund des hohen Energiegehalts sollte unsere Nahrung relativ fettarm sein, da man schnell den täglichen Bedarf überschreitet. Überschüssiges Fett aus der Nahrung wird in körpereigenes Fett umgewandelt und gespeichert.

Eiweiße Auch sie enthalten Energie, werden aber hauptsächlich als Baustoffe in körpereigene Eiweiße umgewandelt. Muskeln, Haare und Fingernägel beispielsweise bestehen zu einem Großteil aus Eiweißen. Wir müssen täglich Eiweiße aufnehmen, um Körperbestandteile aufzubauen und zu erneuern. Besonders viele Eiweiße sind in Fleisch, Fisch, Hühnerei und Milchprodukten enthalten, aber auch Hülsenfrüchte sind eiweißhaltig.

Kurz und knapp **Lebensmittel unterscheiden sich in ihrem Gehalt an Nährstoffen. Zu den Nährstoffen gehören Eiweiße, Fette und Kohlenhydrate. Die Nährstoffe werden im Körper als Baustoffe und Betriebsstoffe benötigt.**

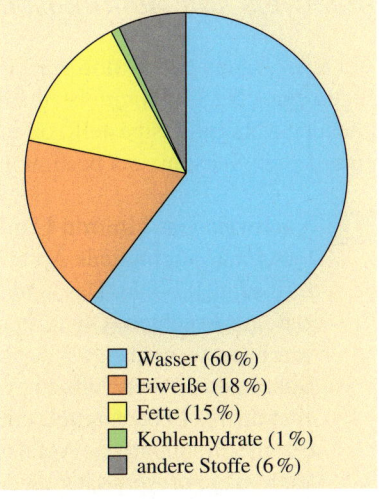

Wasser (60 %)
Eiweiße (18 %)
Fette (15 %)
Kohlenhydrate (1 %)
andere Stoffe (6 %)

3 Stoffe im Körper eines Erwachsenen

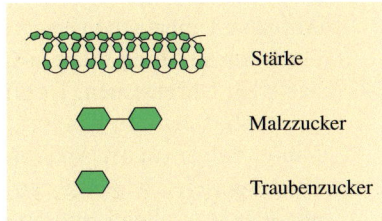

Stärke

Malzzucker

Traubenzucker

4 Aufbau von Kohlenhydraten

5 Kohlenhydratreiche Lebensmittel

Arbeitsaufträge

Kartoffeln

Kuhmilch

Schweine-kotelett

Wasser Kohlenhydrate
Eiweiße andere Stoffe
Fette

6 Zusammensetzung einiger Nahrungsmittel

1 Erläutere die Begriffe „Baustoff" und „Betriebsstoff". Ordne ihnen die im Text genannten Nährstoffe zu.
2 Informiere dich anhand von Verpackungsetiketten über den Nährstoffgehalt verschiedener Müslisorten. Vergleiche.
3 Begründe, warum für Kinder eiweißhaltige Nahrung besonders wichtig ist.
4 Vergleiche die Zusammensetzung des Körpers mit der von Lebensmitteln. ↑3, 6

Methode

Nachweis von Nahrungsbestandteilen

Bei einer Nachweisreaktion wird meist durch Hinzufügen eines Nachweismittels zu einem zu untersuchenden Material festgestellt, ob in einer Lösung oder einer festen Substanz ein bestimmter Stoff vorliegt.

1 Nachweis von Vitamin C mit frischem Apfel
Frisch aufgeschnittene Äpfel färben sich an der Luft schnell braun. Das kann mit Vitamin C, z. B. aus Früchten (Obstsäften), verhindert bzw. verzögert werden.
Dabei gilt: Je mehr Vitamin C eine Frucht (oder ein anderes Lebensmittel) enthält, umso später tritt die Bräunung des Apfels ein. Diese Tatsache kann man zur Abschätzung des Vitamin-C-Gehaltes einer Frucht nutzen. Probiere es selbst aus.
Aufgabe: Untersuche verschiedene Früchte bzw. Obstsäfte auf ihren Vitamin-C-Gehalt.
Material: Uhrgläschen, Tropfpipetten, frischer Apfel, Zitronensaft, Kiwisaft, Erdbeersaft, Vitamin-C-Pulver (in der Apotheke erhältlich), Uhr
Durchführung: Schneide den Apfel in Achtel und lege je ein Stück auf ein Uhrgläschen. Ein Apfelstück bleibt unbehandelt als Kontrolle liegen. Ein Apfelstück wird mit Vitamin-C-Pulver bestreut. Die anderen Apfelstücke werden jeweils mit gleichen Mengen unterschiedlichen Obstsaftes beträufelt. Anschließend wird beobachtet, nach welcher Zeit sich die Apfelstücke braun färben.
Beobachtung:

Apfelstück	behandelt mit	Zeit bis zur Bräunung
1	–	……
2	Zitronensaft	……
3	Kiwisaft	……
4	Erdbeersaft	……
5	Vitamin-C-Pulver	……

Auswertung:
Zitronensaft enthält ……… Vitamin C.
Kiwisaft enthält ……… Vitamin C.
Erdbeersaft enthält ……… Vitamin C.

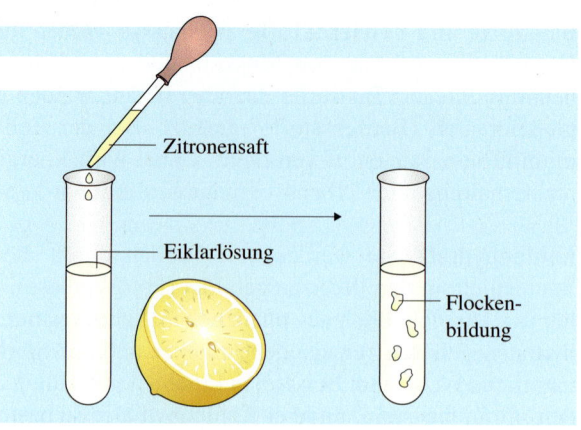

1 Nachweis von Eiweiß

2 Eiweißnachweis mit Säuren
Material: Reagenzglas, Tropfpipette, Zitronensaft oder Essig, Eiklarlösung (Eiklar und Wasser 1:1 mischen und schütteln)
Durchführung: Gib 3 ml Eiklarlösung in das Reagenzglas und füge einige Tropfen Zitronensaft oder Essig hinzu.
Die Ausflockung zeigt Eiweiße an. ↑1
Aufgabe: Prüfe Milch, saure Sahne, Olivenöl sowie Kochwasser von Pilzen und Kartoffeln auf Eiweiße.

3 Traubenzuckernachweis mit Teststreifen
Material: Tüpfelplatte oder Uhrgläschen, Tropfpipette, Traubenzuckerlösung
Durchführung: Gib zwei bis drei Tropfen der Traubenzuckerlösung in die Vertiefung der Tüpfelplatte oder auf ein Uhrgläschen. Tauche den Teststreifen ein. Seine Verfärbung zeigt Traubenzucker an. ↑2
Aufgabe: Prüfe Obst-, Gemüsesäfte und Kochwasser von Kartoffeln auf Traubenzucker.

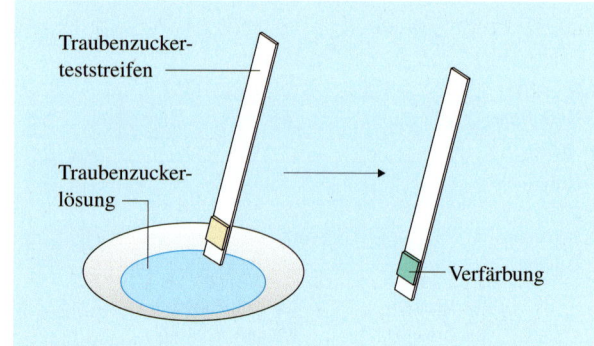

2 Nachweis von Traubenzucker

GRUNDLAGEN: Weitere Nahrungsbestandteile

Vitamine Sie liefern keine Energie, sind aber für viele Lebensvorgänge unentbehrlich. Die meisten Vitamine kann der Körper nicht selbst herstellen. Deshalb müssen sie mit der Nahrung aufgenommen werden. Wir benötigen nur geringe Mengen an Vitaminen. Ein bekanntes Beispiel ist das Vitamin C.↑4 Wenn Vitamine in der Nahrung fehlen, dann können Vitaminmangelkrankheiten auftreten.

Mineralstoffe Diese benötigen wir ebenfalls nur in geringen Mengen. Ein Beispiel ist das Calcium. Es ist am Bau von Knochen und Zähnen beteiligt. Milchprodukte sind unsere wichtigste Calciumquelle. Auch Magnesium, Fluor, Eisen und Iod sind im Stoffwechsel unentbehrlich (z. B. Eisen als Bestandteil des roten Blutfarbstoffs).

5 Vollkornbrot und Gemüse enthalten besonders viele Ballaststoffe.

3 Wirkung von Ballaststoffen auf das Hungergefühl

Einige Vitamine		
Vitamin	Wirkung	Vorkommen
A	wichtig für Haut und Augen	Fleisch, Eier, Karotten, Spinat
B_1	wichtig für das Nervensystem	Schweinefleisch, Nüsse, Haferflocken
C	fördert die Abwehrkräfte	Zitrusfrüchte, Paprika, Kohl, Kartoffeln, Kiwi
D	regelt den Knochenaufbau	Fisch, Eier, Pilze, Milchprodukte

4 Vitamine sind unentbehrlich.

Ballaststoffe Das sind unverdauliche Nahrungsbestandteile (z. B. Cellulose). Diese in Pflanzen enthaltenen Stoffe liefern keine Energie, unterstützen aber die Verdauung. Ein Mangel an Ballaststoffen führt zu Verstopfung oder Durchfall. Außerdem regulieren Ballaststoffe den Appetit.↑3

Wasser Es ist ein weiterer lebenswichtiger Nahrungsbestandteil und wirkt im Körper als Transport- und Lösemittel. Wir bestehen zu 60 Prozent aus Wasser und scheiden täglich 2 bis 3 Liter beim Schwitzen und mit dem Harn aus. Es muss regelmäßig ersetzt werden, am besten durch Mineralwasser, Fruchtsaftschorlen oder ungesüßten Tee.

Kurz und knapp **Zur gesunden Ernährung gehört eine abwechslungsreiche Nahrung mit Kohlenhydraten, Eiweißen und Fetten sowie Vitaminen, Mineralstoffen, Ballaststoffen und Wasser.**

Schon gewusst?

Zuckergehalt von Cola
Limonaden und Cola enthalten viel Zucker. In einem großen Glas Cola befindet sich eine Zuckermenge, die etwa 11 Stückchen Würfelzucker entspricht.

Arbeitsaufträge

1 Stelle mit Vitamin-C-Teststreifen fest, wie viel Vitamin C jeweils enthalten ist: in frisch gepresstem Zitronensaft, heißem Zitronensaft, rohem Sauerkraut, gekochtem Sauerkraut. Erstelle eine Regel für die Zubereitung Vitamin-C-reicher Lebensmittel.

2 Fülle in zwei Reagenzgläser 2 cm hoch Couscous. Gib in eins der Gläser 5 ml Wasser. Beobachte und beschreibe. Stell dir vor, das Beobachtete sei in deinem Magen passiert. Erläutere die Wirkung mithilfe der Abbildung↑3.

Verdauung – was geschieht mit unserer Nahrung?

„Iss nicht so viel Pizza, die legt sich auf die Hüften!" Natürlich lagert sich nicht die Pizza auf der Hüfte ab, dennoch enthält dieser beliebte Spruch ein Körnchen Wahrheit. Unser Verdauungssystem wandelt die Nährstoffe aus der Pizza in Stoffe um, die im Körper transportiert und verarbeitet werden können. Überschüssige Nährstoffe werden als Körperfett gespeichert. Wie wirken die Organe des Verdauungssystems bei dieser Umwandlung der Stoffe aus der Nahrung zusammen?

1 Wie wird die Pizza im Körper „weiterverarbeitet"?

Beobachten **Untersuchen** Experimentieren

Verdauungsorgane – ein Puzzle mit vielen Teilen

Mithilfe eines Körpermodells (Torso im Biologieraum) kann man den Weg der Nahrung im Körper erkunden und sich die „Stationen" der Verdauung veranschaulichen. Verschaffe dir mithilfe des Körpermodells einen Überblick über die Verdauungsorgane.

1 Nimm das Modell sorgfältig auseinander. Beschrifte mithilfe deiner Lehrerin oder deines Lehrers jedes Organ mit einem Etikett.

2 Beschreibe das Aussehen der einzelnen Organe und ihre Lage zueinander.

3 Überlege, woran man erkennen kann, ob der Nahrungsbrei durch ein Organ fließt (Verdauungsorgan) oder nicht (Anhangsorgan). Sortiere die Organe nach Verdauungsorganen und Anhangsorganen.

4 Lege zunächst die Verdauungsorgane untereinander, baue dann das Körpermodell wieder zusammen. Merke dir, in welchen Bereichen Anhangsorgane mit dem Verdauungstrakt verbunden sind.

5 Notiere in deinem Heft untereinander die Verdauungsorgane in der Reihenfolge ihrer Lage im Körper. Ergänze daneben an den entsprechenden Stellen die Anhangsorgane. Vergleiche deine Notizen mit Abbildung ↑2.

6 Vergleiche das Körpermodell mit der Abbildung ↑2. Beschreibe, was in der Abbildung im Vergleich zum Modell vereinfacht dargestellt ist.

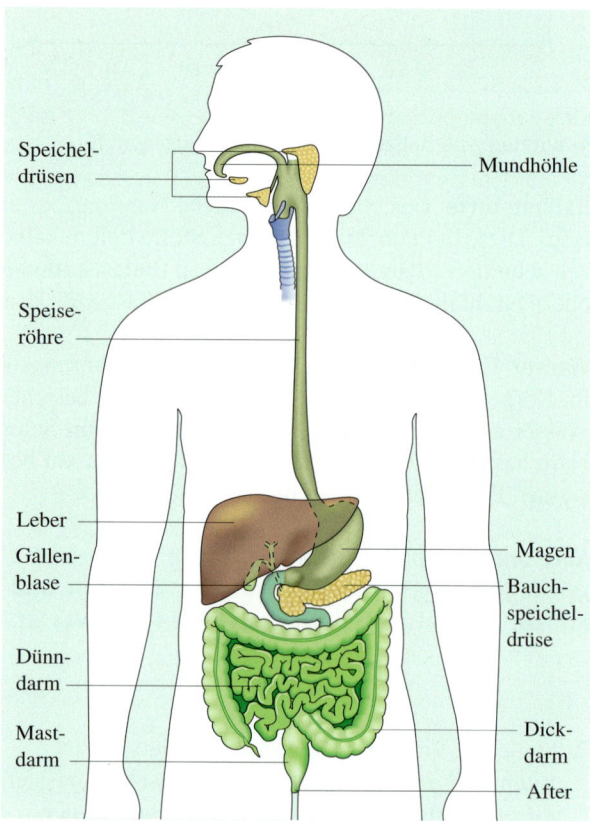

2 Verdauungsorgane des Menschen (Verdauungssystem)

GRUNDLAGEN: Die Verdauung beginnt im Mund

Verdauungssystem Die Zerlegung unserer Nahrung (Verdauung) erfolgt in vielen Einzelschritten und mithilfe vieler einzelner Organe, die geordnet zusammenarbeiten. Daher fasst man die Organe zu einer Einheit, zum Verdauungssystem, zusammen. ↑2 Jedes Verdauungsorgan erfüllt eine spezielle Funktion, um aus der Nahrung die für den Körper wichtigen Bausteine der Nährstoffe zu gewinnen.

Zerkleinerung der Nahrung Feste Nahrung wird mit den Zähnen zerkleinert. Deshalb sind sie mit Zahnschmelz – dem härtesten Stoff im Körper – überzogen. Im Gebiss des Menschen erfüllen Schneide-, Eck- und Backenzähne unterschiedliche Funktionen. Sie ermöglichen das Abbeißen, Festhalten und Zermahlen der Nahrung. ↑S. 40

Gut gekaut ... Wenn ein Nahrungsbrocken mit den Zähnen zerkleinert wird, vergrößert sich seine Gesamtoberfläche. Der Mundspeichel hat nun eine größere Angriffsfläche. Er enthält einen Wirkstoff, der den Beginn der Verdauung von Stärke bewirkt. Das erkennst du am süßen Geschmack, der entsteht, wenn du ein Stück Weißbrot sehr lange kaust: Die geschmacklose Stärke wird in kleinere Teilchen, in Zucker, gespalten.
Zudem macht Speichel die Nahrungsbrocken gleitfähig und tötet schädliche Bakterien ab, die in der Nahrung vorkommen können.

... ist halb verdaut Die Wirkstoffe, die die Spaltung der Nährstoffe in ihre Bausteine bewirken, nennt man Verdauungsenzyme. Der Mundspeichel enthält ein Stärke spaltendes Verdauungsenzym. ↑3 Genauso wie die Stärke werden auch andere Kohlenhydrate sowie Eiweiße und Fette bei der Verdauung in ihre Bausteine gespalten. ↑4

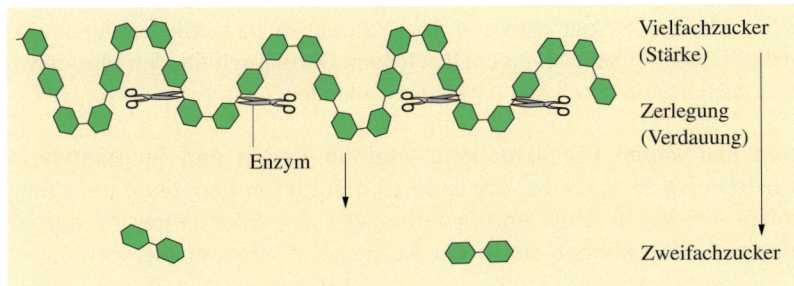

3 Stärkespaltung durch das Verdauungsenzym des Mundspeichels

Kurz und knapp **In den Verdauungsorganen werden Nährstoffe durch Enzyme in ihre Bausteine gespalten. Im Mund beginnt die Spaltung von Stärke. Vorher wird die Nahrung mit den Zähnen zerkleinert.**

Basiskonzept

Chemische Reaktion
Bei der Verdauung werden die wasserunlöslichen Nährstoffteilchen durch Verdauungsenzyme in ihre Bausteine – das sind kleinere Stoffteilchen – gespalten. Diese Teilchen sind wasserlöslich und können deshalb ins Blut gelangen.

4 Nährstoffe werden in ihre einzelnen Bausteine gespalten.

Arbeitsaufträge

1 Mache dir die Oberflächenvergrößerung durch die Zerkleinerung der Nahrung an einem Modell klar. *Tipp:* Schneide dazu ein quaderförmiges Stück aus einem Apfel. Wie gehst du weiter vor?

2 Schreibe einen kurzen Text, der die in Abbildung ↑4 dargestellten Vorgänge erläutert.

GRUNDLAGEN: **Verdauungsvorgänge im Magen und im Dünndarm**

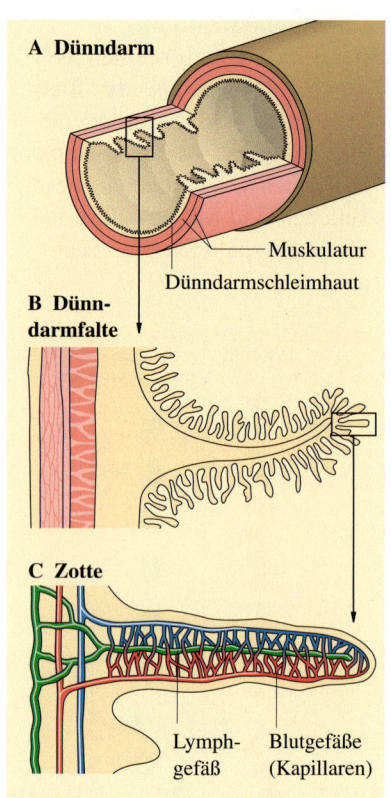

A Dünndarm

Muskulatur
Dünndarmschleimhaut

B Dünn-
darmfalte

C Zotte

Lymph-   Blutgefäße
gefäß   (Kapillaren)

1 Aufbau der Dünndarmwand

Durch die Speiseröhre in den Magen Durch das Schlucken gelangt der Nahrungsbrei in die Speiseröhre. Diese transportiert den Nahrungsbrei aktiv durch Muskelbewegungen in den Magen.

Der Magen hat ein Fassungsvermögen von etwa 1,5 Litern. Er ist von einer drüsenreichen Schleimhaut ausgekleidet. Die Drüsen geben Magensaft mit Salzsäure und Verdauungsenzymen ab. Die Salzsäure tötet Krankheitserreger ab und bereitet die Eiweißverdauung durch die Verdauungsenzyme des Magensafts vor. Die Schleimhaut schützt den aus Muskeleiweiß bestehenden Magen davor, sich selbst zu verdauen.

Durch den verschließbaren Magenausgang (Pförtner) gelangt der schon zum Teil verdaute Nahrungsbrei in den Dünndarm.

Verdauung und Nährstoffaufnahme im Dünndarm Im etwa 4 m langen Dünndarm werden neben Kohlenhydraten und Eiweißen auch Fette verdaut. Dies erfolgt durch Verdauungssäfte mit Verdauungsenzymen aus der Dünndarmwand und der Bauchspeicheldrüse. Der aus der Gallenblase abgesonderte Gallensaft unterstützt die Fettverdauung. ↑S. 39

Die durch die Verdauung gebildeten Bausteine der Nährstoffe können in die Blut- und Lymphgefäße der Dünndarmwand aufgenommen werden. ↑S. 37 Abb. 4 Mineralstoffe und Vitamine gelangen hier ebenfalls ins Blut und können so in alle Körperteile transportiert werden.

Die innere Dünndarmwand ist vielfach gefaltet. Auf den Dünndarmfalten findet man weitere Ausstülpungen, die Zotten. ↑1 Dadurch ist die innere Oberfläche des Dünndarms stark vergrößert. Dies ermöglicht eine besonders gute Aufnahme der Nährstoffbausteine.

Wasserentzug im Dickdarm Unverdauliche Nahrungsreste (z. B. Ballaststoffe) gelangen in den etwa 1 m langen Dickdarm. Hier werden ihnen große Mengen Wasser entzogen. Die Nahrungsreste werden dadurch eingedickt, anschließend als Kot in den letzten Darmabschnitt, den Mastdarm, transportiert und durch den After ausgeschieden.

Kurz und knapp **Die Verdauung wird im Magen und im Dünndarm schrittweise fortgesetzt. Die dadurch gebildeten Bausteine der Nährstoffe werden in Blut- und Lymphgefäße der Dünndarmwand aufgenommen. Nun können sie in alle Körperteile transportiert werden.**

Arbeitsaufträge

1 Probiere, liegend mit einem Strohhalm zu trinken. Was beobachtest du? Ziehe eine Schlussfolgerung über die Transportleistung der Speiseröhre.

2 Stelle in einer Tabelle die Verdauungsvorgänge in Mundhöhle, Magen und Dünndarm zusammen.

3 Durch die Faltung seiner Wand hat der Dünndarm bei einer Länge von 4 m und einem Durchmesser von 2,5 cm eine Fläche von 200 m².

Berechne die Innenfläche eines Gartenschlauchs, der die gleiche Länge und den gleichen Durchmesser wie der Dünndarm hat. Vergleiche.

Erkläre mithilfe deiner Ergebnisse die biologische Bedeutung der Faltung der Dünndarmwand.

4 Sammelt Informationen über häufige Erkrankungen des Verdauungssystems. Berichtet in Kurzvorträgen über deren Ursachen und Heilungschancen.

Beobachten Untersuchen **Experimentieren**

Wir untersuchen Verdauungsvorgänge

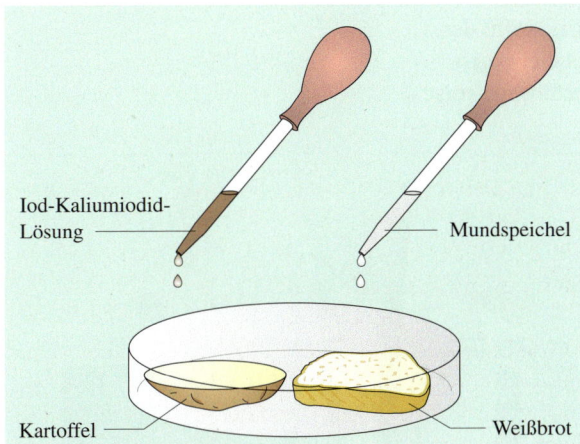

2 Versuch zur Wirkung des Mundspeichels

1 Wirkung des Mundspeichels

Material: Petrischale, Tropfpipetten, Iod-Kalium-iodid-Lösung, Pellkartoffeln, Weißbrot

Durchführung: Lege in eine Schale eine Scheibe einer Pellkartoffel und eine Scheibe Weißbrot. Gib auf jede Scheibe an zwei Stellen einen Tropfen Iod-Kaliumiodid-Lösung. Beträufle dann eine dieser Stellen auf jeder Scheibe mit Mundspeichel. ↑2 Beobachte und notiere das Ergebnis.

Auswertung: Überlege zunächst, welcher Stoff mit Iod-Kaliumiodid-Lösung nachgewiesen wird. Ziehe anschließend aus deinen Beobachtungen Schlussfolgerungen bezüglich der Wirkung des Mundspeichels.

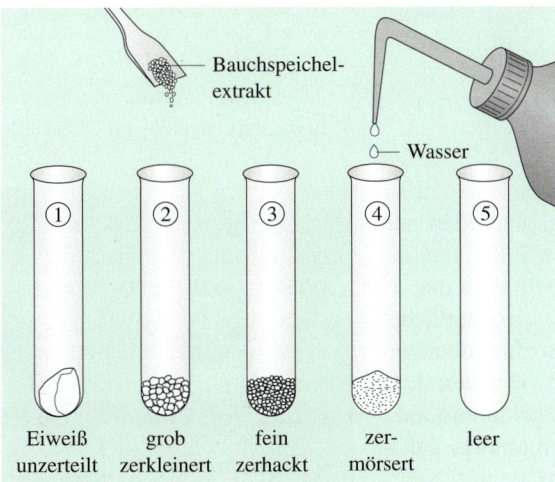

3 Versuch zur Wirkung von Bauchspeichel

2 Wirkung des Bauchspeichels

Material: 5 Reagenzgläser, Messer, Mörser und Pistill, wasserfester Stift, gekochtes Ei, Bauchspeichelextrakt (aus der Apotheke), Wasser

Durchführung: Beschrifte fünf Reagenzgläser mit den Zahlen von 1 bis 5. Entferne von einem halben gekochten Ei das Eigelb und teile das Eiweiß in vier gleiche Portionen. Fülle die erste Portion möglichst unzerteilt in Glas 1, die zweite Portion grob zerkleinert in Glas 2, die dritte fein zerhackt in Glas 3, die vierte im Mörser zerrieben in Glas 4. Glas 5 bleibt leer. Gib in jedes der fünf Gläser eine Spatelspitze Bauchspeichelextrakt, fülle die Gläser zu zwei Dritteln mit Wasser und schüttle den Inhalt leicht durch. ↑3 Beobachte nach einer halben Stunde, nach einem Tag und nach zwei Tagen. Notiere deine Beobachtungen.

Auswertung: Ziehe aus deinen Beobachtungen Schlussfolgerungen bezüglich der Wirkung des Bauchspeichels.

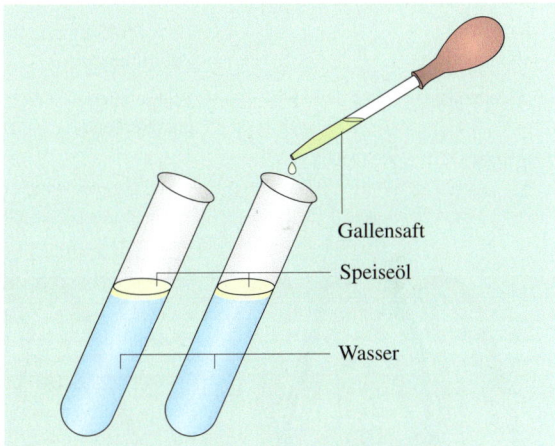

4 Versuch zur Wirkung von Gallensaft

3 Wirkung von Gallensaft

Material: Reagenzglas, Pipette, Wasser, Speiseöl, Gallensaft oder getrocknete Galle

Durchführung: Fülle ein Reagenzglas zur Hälfte mit Wasser und gib mit einer Pipette fünf Tropfen Speiseöl dazu. Schüttle kräftig durch und beobachte sofort und nochmals nach fünf Minuten. Gib nun eine Spatelspitze getrocknete Galle (oder einige Tropfen Gallensaft) dazu. Schüttle erneut. Beobachte sofort und nach fünf Minuten. ↑4

Auswertung: Notiere deine Beobachtungen, vergleiche sie und erläutere die Wirkung von Galle.

Schon gewusst? Gesunde Zähne

Das Sprichwort „Gut gekaut ist halb verdaut" ist weitgehend richtig. Je länger man die Nahrung kaut, umso kleiner werden die Nahrungsbröckchen. Dabei wird die Oberfläche vergrößert, sodass die Wirkstoffe des Speichels gründlicher wirken können. ↑S. 37 Ein gesundes Gebiss ist deshalb eine wichtige Voraussetzung für eine gesunde Ernährungsweise.

1 Ein funktionierendes Gebiss ist wichtig für eine gesunde Ernährungsweise.

2 Verschiedene Mittel ermöglichen eine gründliche Zahnpflege.

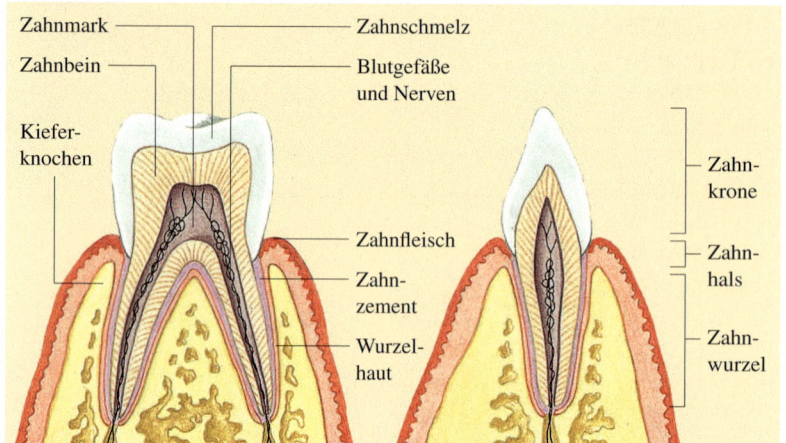

3 Längsschnitt durch einen Backenzahn und einen Eckzahn

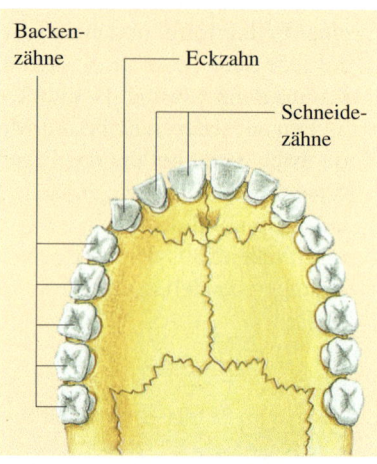

4 Erwachsenengebiss im Oberkiefer

Gebiss und Bau der Zähne
Kinder haben 20 Zähne, die das so genannte Milchgebiss bilden. Vom sechsten Lebensjahr an wird es von einem Dauergebiss mit 32 Zähnen ersetzt. Dessen Zähne sind als Schneidezähne, Eckzähne und Backenzähne ausgebildet. ↑4 Der Grundaufbau ist bei diesen drei Zahnarten im Prinzip gleich.

Jeder Zahn ist in Zahnkrone, Zahnhals und Zahnwurzel gegliedert und besteht aus mehreren Schichten. Der harte Zahnschmelz hüllt die Krone ein und bildet die Kaufläche. Die Wurzel wird von einer dünnen Schicht Zahnzement geschützt. Das Zahnbein bildet den Hauptbestandteil des Zahns. Es umgibt das Zahnmark, in dem Blutgefäße und Nervenfasern verlaufen. ↑3

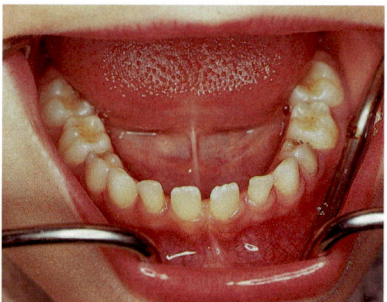

5 Gebiss eines Schulanfängers

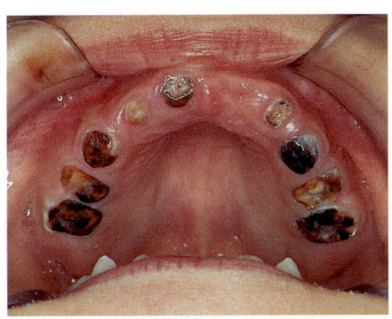

6 Ein Milchgebiss mit starker Karies

Karies – eine Erkrankung der Zähne

Eine verbreitete Zahnerkrankung, auch schon bei kleinen Kindern, ist die Karies (Zahnfäule). ↑6 Sie wird durch Bakterien verursacht, die von Resten des Nahrungsbreis an den Zähnen und in den Zahnzwischenräumen leben. Diese Bakterien können sich besonders stark vermehren und einen weißlichen Belag auf den Zähnen bilden, wenn man häufig zwischen den Mahlzeiten oder sogar nach dem abendlichen Zähneputzen noch zuckerhaltige Nahrungsmittel wie Bonbons oder süße Getränke verzehrt.

Wirkung der Karies-Erreger

Die Karies-Bakterien wandeln Zucker aus den Nahrungsresten in Säuren um. Diese lösen den Kalk aus dem Zahnschmelz. So entstehen Risse, durch die Bakterien und die Säuren bis zum Zahnbein vordringen und es zerstören. Wird der Zahn nicht behandelt, breitet sich die Karies aus. ↑7 Das Zahnmark

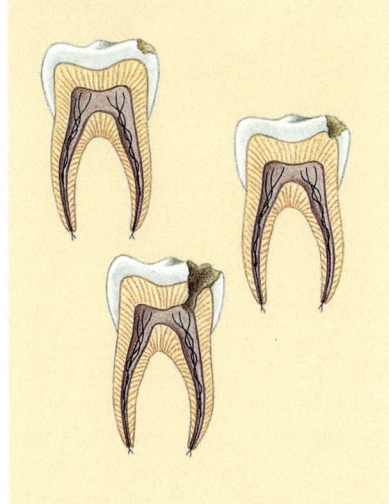

7 Wenn ein Zahn nicht behandelt wird, dann breitet sich die Karies in ihm immer weiter aus.

entzündet sich. Diese Entzündung ist nicht nur sehr schmerzhaft. Sie kann sogar zum Verlust des Zahns führen.

Schutz vor Karies

Eine gesunde Ernährung, richtige Zahnpflege und regelmäßige Vorsorgeuntersuchungen helfen, Schädigungen der Zähne vorzubeugen.

Wenn man feste Nahrung ausreichend lange kaut, wird das Zahnfleisch gut durchblutet. Es schließt sich eng um den Zahnhals und schützt den Zahn auf diese Weise vor dem Eindringen von Krankheitserregern.

Nach jeder Mahlzeit, mindestens aber nach dem Frühstück und dem Abendessen, sollten die Zähne geputzt werden, um Speisereste und Zahnbelag zu entfernen. Wie du deine Zähne richtig pflegst, zeigt Abbildung ↑8. Möglichst zweimal im Jahr sollte ein Zahnarzt das Gebiss kontrollieren. Bei Zahnfleischbluten oder Zahnschmerzen geht man am besten gleich zum Zahnarzt.

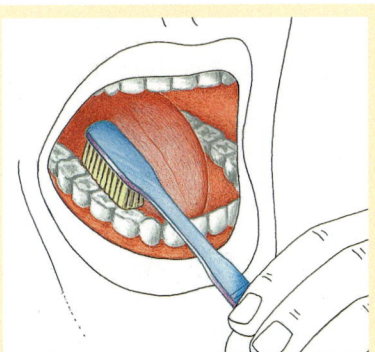

Jedes Zähneputzen sollte mindestens drei Minuten lang dauern.
Bürste zuerst auf den Kauflächen hin und her – erst oben, dann unten.

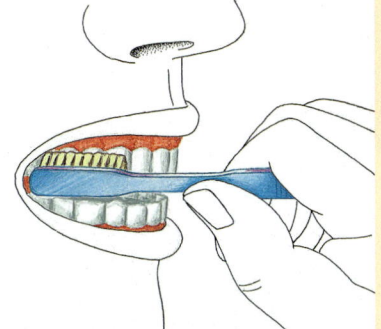

Bürste nun die Außenflächen. Führe dazu die Zahnbürste in kreisenden Bewegungen von hinten nach vorn und vom Zahnfleisch zum Zahn: von Rot nach Weiß.

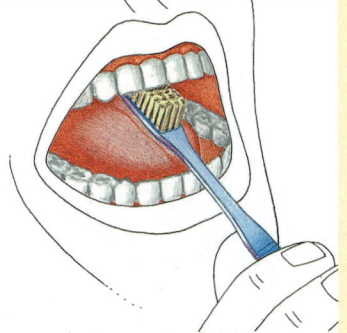

Beginne bei den Innenflächen der Zähne hinten und führe dabei die Bürste von Rot nach Weiß.

8 So sieht eine geeignete Zahnputztechnik aus.

Pommes, Chips und Co. – alles verboten?

Wer eine Zeit lang bewusst Werbung schaut, dem fällt auf, dass sehr viel für Fast Food und Knabbereien geworben wird. ↑2 Die Werbung vermittelt Spaß mit Freunden und ein cooles Lebensgefühl. Man vergisst, dass gerade diese Produkte oft ungesund sind. Hat man die Tüte Chips erst gekauft, dann isst man sie auch sehr schnell auf, obwohl man gar keinen Hunger mehr hat. Auch dieses Essverhalten wird bewusst erzeugt, wie du beim Chipstest merken wirst. ↑1 Wie kann man sich aber gesund ernähren?

1 Schülerin beim Chipstest

2 Das schmeckt aber gut!

Beobachten *Untersuchen* Experimentieren

Food-Design am Beispiel von Kartoffelchips

Vier unbekannte Proben unterschiedlicher Kartoffelchips werden auf folgende Eigenschaften getestet:

– Aussehen
– Geschmack
– Kaugeräusche
– Fettigkeit der Finger
– Stärke des Speichelflusses
– Gefühl im Mund ↑1

3 Pommes frites

Es ist angenehm, beim Draufbeißen auf die Chips ein lautes Krachen hervorrufen zu können. Beim Kauen der Chips wird durch Fett und Salz ein starker Speichelfluss ausgelöst. Dieser verstärkt wiederum das Verlangen nach weiteren Chips.
Food-Designer entwickeln daher Lebensmittel, die beim Essen mehr Speichelfluss auslösen als notwendig.

4 Informationstext

1 Notiert eure Testergebnisse im Heft. Stellt sie anschließend in einer Tabelle zusammen. Welche Eigenschaften hat eure „Lieblingssorte"?

2 Wertet den Informationstext aus. Fasst die Absichten der Food-Designer zusammen. ↑4

3 Betrachtet die Verpackung teurer und preiswerter Kartoffelchips. Diskutiert Unterschiede.

4 Vergleicht die Energiegehalte der in der Tabelle angegebenen Fast-Food-Produkte mit eurem täglichen Energiebedarf. ↑5,6 Zieht daraus Schlussfolgerungen für eure Ernährung.

Energiebedarf an einem Tag (bei leichter Tätigkeit)		
Alter	Jungen/ Männer	Mädchen/ Frauen
9–12	9 700 kJ	8 800 kJ
12–15	11 700 kJ	10 500 kJ
15–18	13 000 kJ	10 500 kJ
18–35	11 700 kJ	9 700 kJ

5 Täglicher Energiebedarf

Energiegehalte	
Produkt	Energie (kJ)
Hamburger	1 087
Pommes frites (mittlere Portion)	1 454
Currywurst	2 378

6 Energie in Fast-Food-Produkten

GRUNDLAGEN: Gesunde Ernährung

Currywurst und Pommes sind nicht grundsätzlich verboten. Sie enthalten aber oft viel Fett und kaum Vitamine, Mineralstoffe sowie Ballaststoffe. Daher sollten sie seltener gegessen werden, denn wir brauchen alle Nährstoffe und weitere Nahrungsbestandteile, um fit und gesund zu sein. Ernährungspyramiden vermitteln uns Tipps: Wenn du täglich Nahrungsmittel aus jeder Stufe isst, dann ist deine Ernährung abwechslungsreich. Je breiter die Stufe ist, desto größer sollte der Anteil dieser Nahrungsmittel sein. Die Getränke sind so wichtig, dass sie zu jeder Mahlzeit gehören. ↑8

Grundregeln für eine gesunde Ernährung

1. Ernähre dich abwechslungsreich.
2. Nimm kleinere Mahlzeiten zu dir – iss dafür öfter.
3. Iss täglich Obst und Gemüse.
4. Achte auf genügend Eiweiß.
5. Iss weniger Speisen, die reich an tierischen Fetten sind.
6. Nimm möglichst selten Süßigkeiten zu dir.
7. Sei sparsam mit Kochsalz.
8. Trinke ausreichend viel.

7 Einige Ernährungsregeln

Fett und Zucker 5 %

Getränke ohne Zuckerzusatz mindestens 1,5–2 Liter täglich

Fleisch, Fisch und Eier 5 – 10 %

Milchprodukte 10 –15 %

Obst 15 %

Gemüse und Salat 20 %

Getreideprodukte und Kartoffeln 40 %

8 Beispiel für eine Ernährungspyramide

Kurz und knapp **Grundlage einer gesunden Ernährung ist eine abwechslungsreiche Nahrung mit Kohlenhydraten, Eiweißen und Fetten sowie Vitaminen, Mineralstoffen, Ballaststoffen und Wasser. Die tägliche Nahrungsmenge sollte auf fünf Mahlzeiten verteilt werden.**

9 Verteilung der Energiezufuhr

Arbeitsaufträge

1 Notiere einen Tag lang alles, was du isst. Entsprach dein „Speiseplan" einer gesunden Ernährung?
2 Lest die Regeln für eine gesunde Ernährung. ↑7 Beachtet auch die Vorschläge der Deutschen Gesellschaft für Ernährung (www.dge.de). Formuliert Empfehlungen zur Veränderung eigener Ernährungsgewohnheiten.
3 Begründe, warum die Lebensmittel aus den oberen Etagen der Ernährungspyramide seltener gegessen werden sollten.
4 „Fünf am Tag?" und „fitkid": Was steckt hinter diesen Aktionen der DGE (www.dge.de)? Berichte.
5 Suche Rezepte für gesunde Knabbereien für den nächsten Fernsehabend oder die nächste Geburtstagsparty.
6 Finde zwei Gründe dafür, dass fünf kleinere Mahlzeiten am Tag günstiger sind als zwei sehr große. Nimm die Abbildungen ↑9, 10 zu Hilfe.

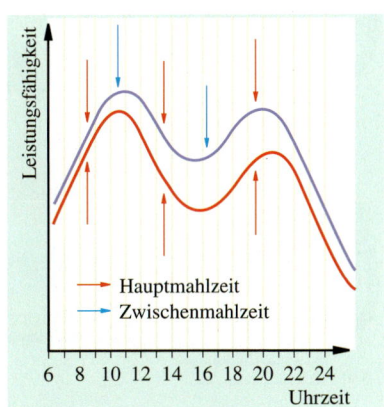

10 Tagesleistungskurven

Wenn Essen zum Problem wird ...

Lisa ist 11 und kennt ihr Gewicht ganz genau – morgens, mittags und abends. Sie schreibt jeden Bissen auf und rechnet ihn in Kalorien um. Jeder Apfel und jedes Bonbon werden gezählt, Schokolade würde sie sowieso nicht mehr essen. Sie möchte auf keinen Fall so werden wie ihre zwei Jahre ältere Schwester, die früher auch schlank war und jetzt in ihren Augen pummelig ist. Die Kontrolle macht Lisa stark, die Sorgen ihrer Familie überhört sie. Dabei ist Lisa doch schon so dünn …

Jan ist 11. Wenn er aus der Schule kommt, hat ihm seine Mutter schon das Mittagessen in den Kühlschrank gestellt. Er muss es nur aufwärmen. Jan nimmt sich erst einmal eine Packung Kekse und eine Cola, dann spielt er am Computer. Als alles leer ist, macht er sich doch noch die Lasagne warm und isst vorm Fernseher. Zum Fußball hat er keine Lust, die anderen wollen ihn eh nicht im Team haben und verspotten ihn …

1 Lisa und Jan – zwei Gegensätze?

Beobachten **Untersuchen** Experimentieren

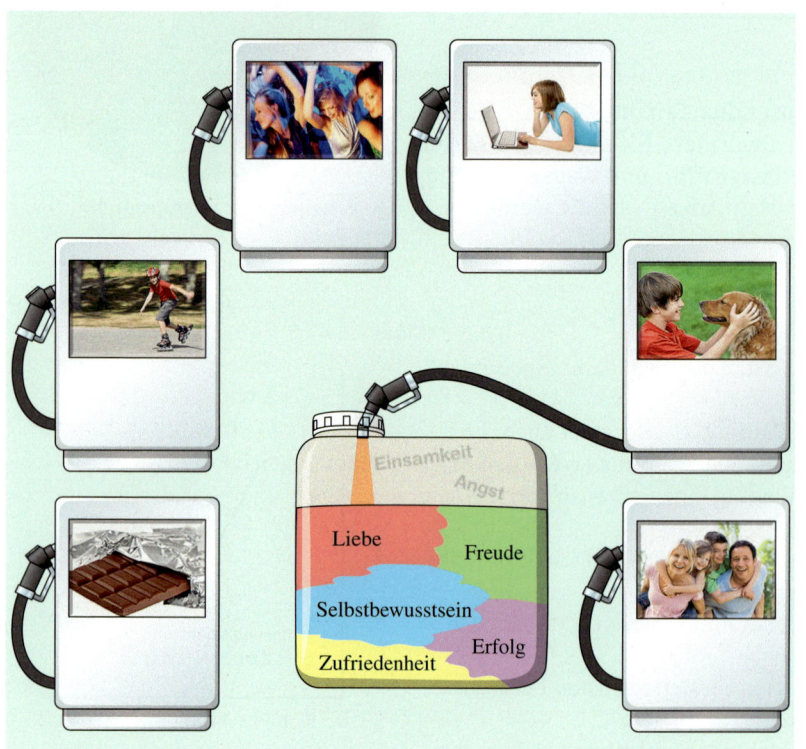

2 Der „Seelentank" kann von verschiedenen Tankstellen gefüllt werden.

Der „Seelentank"

Wir stellen uns vor, jeder Mensch hat, ähnlich wie ein Auto, einen „Tank" in sich. Der „Seelentank" ist unsere Kraftquelle. Er enthält alles, was wir brauchen, damit wir uns wohlfühlen (z. B. Selbstbewusstsein). Manchmal ist unser „Seelentank" auch leer oder es breiten sich unangenehme Gefühle wie Einsamkeit darin aus. Dann gibt es geeignete und weniger geeignete „Tankstellen", um den leeren Tank wieder aufzufüllen. ↑2

1 Welche Tankstellen hältst du für gut geeignet, um Kraft zu tanken? Welche würdest du am liebsten aufsuchen? ↑2
2 Finde weitere Beispiele für unangenehme Gefühle und geeignete Tankstellen.
3 Entwickle mithilfe der Abbildung ↑2 Ideen für den Umgang mit unangenehmen Gefühlen.

GRUNDLAGEN: Ernährung und Gesundheit

Gefährliches Schönheitsideal? In unserem Leben gibt es viele Bequemlichkeiten und Essen im Überfluss. Deshalb steigt die Anzahl an übergewichtigen Erwachsenen und Kindern. Gleichzeitig wächst jedoch auch die Anzahl der an Essstörungen wie Magersucht oder Ess-Brech-Sucht (Bulimie) erkrankten Menschen. Die Betroffenen werden immer jünger. Lisas Geschichte ist kein Einzelfall, wie alarmierende Zahlen beweisen:

– Die Hälfte aller 11-Jährigen hat sich schon mit Diäten beschäftigt.
– Ein Viertel aller Mädchen unter 12 Jahren hat Diäterfahrungen.
– Die Hälfte aller normal- und untergewichtigen Mädchen empfindet sich als zu dick, da sie Vorbildern aus der Presse nacheifert.
– Über die Hälfte aller Jugendlichen quält sich mit einem Makel an ihrem Körper, über den sie nicht sprechen möchte.

Sowohl Übergewicht als auch Untergewicht können die Gesundheit beeinträchtigen und ernsthafte Erkrankungen zur Folge haben.

Die richtigen Tankstellen finden Vor allem Mädchen meinen oft, dass die Persönlichkeit stark vom Aussehen abhängt und dass das Abnehmen an Körpergewicht daher Probleme beseitigen kann. ↑3 Dabei hat die Unzufriedenheit meist ganz andere Ursachen und „Dünnsein" ist die falsche „Tankstelle" für das Selbstbewusstsein. ↑2

Bessere Tankstellen als Kraftquelle sind Familie und Freunde. Sie schätzen deine wirklichen Fähigkeiten, z. B. deinen Humor oder dein soziales Verhalten, und können bei Problemen wirksam und uneigennützig helfen. Überlege einfach, warum du deine Freunde gern hast – sicher nicht (nur) wegen ihres Aussehens.

Kurz und knapp **Wer sich wohlfühlt, aktiv und lebensfroh ist, sollte sich nicht durch superschlanke Models in den Medien verunsichern lassen. Einige Pfunde mehr zu akzeptieren, gehört auch zum Selbstbewusstsein.**

3 Selbsttäuschung

4 Rollenspiel mit „Zuschauern"

Arbeitsaufträge

1 Zeichne einen Seelentank für Lisa und Jan.

2 Schreibe die beiden Geschichten zu Ende. Diskutiert eure Vorschläge anschließend in der Gruppe.

3 Erkläre mit deinem Wissen über gesunde Ernährung, warum einseitige Diäten gesundheitsschädlich sind.

4 Peter wird wegen seiner abstehenden Ohren und seiner Körperfülle von einigen Kindern der Klasse nur „Dumbo" genannt. Er schämt sich deshalb, lässt sich seine Gefühle aber nicht anmerken. Er zieht sich immer mehr zurück. Überlegt in der Gruppe Handlungsmöglichkeiten für folgende Personen:
a) einen Mitschüler, der Peter helfen möchte,
b) Peter und c) den Klassenlehrer.
Spielt die Situation mit verteilten Rollen. ↑4

Warum und wie atmen wir?

Atmen gehört zum Leben. Nicht nur der Jazzmusiker verbraucht beim Trompetespielen mehr Sauerstoff. Bei jeder körperlichen Arbeit und auch beim Sport wird in den Körperzellen mehr Sauerstoff verbraucht als bei Körperruhe. Es muss also mehr Luft in die Lungen gelangen. Wie sind unsere Atmungsorgane aufgebaut und wie ermöglichen sie unsere körperlichen Leistungen?

1 Benötigt ein Jazzmusiker mehr Luft?

Basiskonzept

System
Unsere Atmungsorgane bilden ein System, das Atmungssystem. Mehrere Organe arbeiten zusammen, um die Versorgung des Körpers mit Sauerstoff zu gewährleisten.

GRUNDLAGEN: Wir atmen ein und aus

Atmungsorgane Zu den Atmungsorganen des Menschen gehören Atemwege und Lunge. Durch die Atemwege gelangt die Einatemluft in die Lunge und die Ausatemluft aus der Lunge wieder nach außen.
Meist atmen wir durch die Nase ein. Dabei gelangt die Luft zuerst in die Nasenhöhle. Hier werden Verunreinigungen (z. B. Staubteilchen) durch

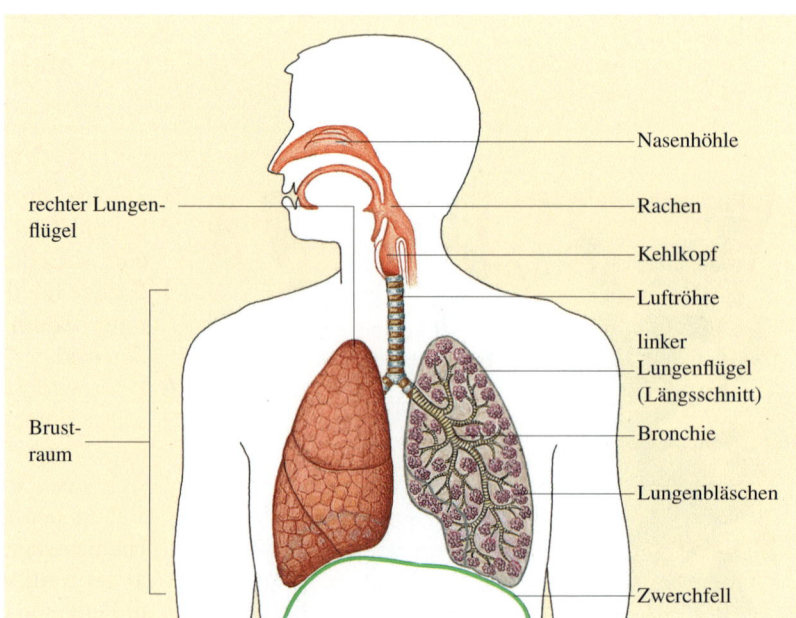

2 Atmungsorgane des Menschen

rechter Lungenflügel

Brustraum

Nasenhöhle

Rachen

Kehlkopf

Luftröhre

linker Lungenflügel (Längsschnitt)

Bronchie

Lungenbläschen

Zwerchfell

Millionen feinster Härchen und die feuchte Nasenschleimhaut herausgefiltert. Die gereinigte, befeuchtete und leicht angewärmte Luft gelangt über den Rachen in die Luftröhre. Diese gabelt sich am unteren Ende in zwei Äste, die so genannten Bronchien, die jeweils in den linken bzw. rechten Lungenflügel führen. Die Bronchien verzweigen sich immer weiter und enden schließlich in vielen kleinen Lungenbläschen. ↑2 Sie sind die Orte des Gasaustauschs. ↑S.49

Die Lunge liegt durch Rippen geschützt im Brustraum, der nach unten vom Zwerchfell begrenzt wird.

Atembewegungen Die Lunge kann mit einem Blasebalg verglichen werden. Sie hat selbst keine Muskeln. An den Atembewegungen sind die Zwischenrippenmuskeln und die Muskeln des Zwerchfells beteiligt. Je nachdem, welche Muskelgruppen hauptsächlich genutzt werden, unterscheidet man zwischen Brustatmung und Bauchatmung (Zwerchfellatmung). ↑3, 4 Normalerweise werden beide Formen der Atmung kombiniert.

Durch die Tätigkeit der Muskeln wird der Brustraum abwechselnd erweitert und wieder verengt. Wenn er sich erweitert, dann dehnt sich auch die Lunge aus. In ihr entsteht ein Unterdruck, Luft wird eingesaugt (Einatmung). ↑3, 4 Verengt sich durch die Muskeltätigkeit der Brustraum wieder, dann entsteht ein Überdruck, Atemluft wird ausgepresst (Ausatmung). ↑3, 4

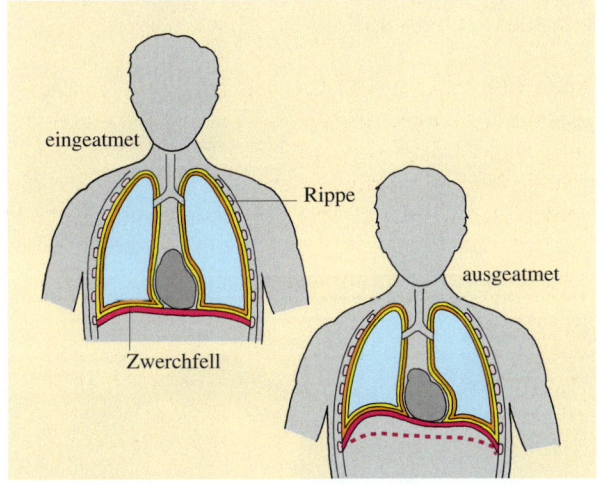

3 Bauchatmung

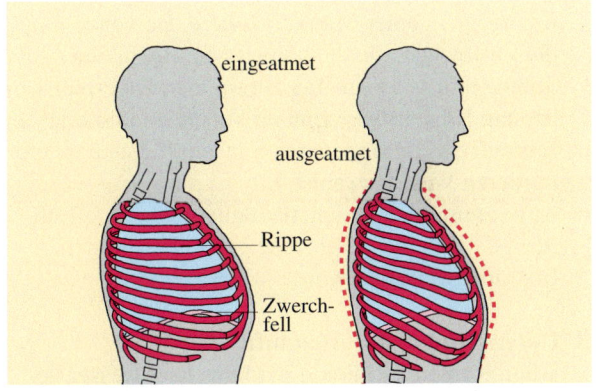

4 Brustatmung

Kurz und knapp Luft wird durch Nase oder Mund in die Luftröhre geleitet. Diese verzweigt sich in zwei Bronchien, durch die beim Einatmen Luft in die beiden Lungenflügel gelangt.

Arbeitsaufträge

1 Achte in verschiedenen Situationen auf deine Atmung. Beschreibe Situationen, in denen du durch den Mund bzw. durch die Nase atmest. Stelle die jeweiligen Vor- und Nachteile heraus.

2 Erläutere deinem Banknachbarn mithilfe der Abbildung ↑2 den Weg der Atemluft im Körper.

3 Vergleiche die Größen des Brustraums bei Einatmung und Ausatmung. ↑3, 4

Beobachten *Untersuchen* Experimentieren

1 Atembewegungen

Versuch 1: Atme tief ein und miss den Umfang deines Brustkorbs. ↑1 Wiederhole die Messung, nachdem du vollständig ausgeatmet hast. Vergleiche die Werte. Erkläre den Unterschied.

Versuch 2: Lege eine Hand auf deinen Bauch und die andere auf deinen Brustkorb. Versuche tief einzuatmen, ohne den Brustkorb zu heben. Beschreibe deine Beobachtungen. Erkläre die Unterschiede zwischen den beiden Versuchen.

1 Der Umfang des Brustkorbs wird gemessen.

2 Wie viel Luft benötigen wir?

Material: 2-Liter-Becherglas, Deckel, große Schüssel, Wasser, Plastikschlauch, Mundstücke

Durchführung:

a Fülle das Becherglas bis zum Rand mit Wasser, decke es ab und stelle es umgekehrt in eine Schüssel mit Wasser. Führe das Ende des Schlauchs in das mit Wasser gefüllte Becherglas. Atme tief ein. Blase dann den gesamten Luftinhalt deiner Lunge durch den Schlauch in das Becherglas. ↑2 Lies an der Skala des Becherglases ab, wie viel Wasser von deiner Atemluft verdrängt wurde. Notiere.

b Setze dich ruhig auf einen Stuhl und zähle deine Atemzüge in einer Minute. Notiere. Berechne nun die Luftmenge, die du in einer Minute, in einer Stunde und an einem Tag aufnimmst. Du erhältst bessere Ergebnisse, wenn du Versuch a und b je fünfmal durchführst und von jedem Versuch einen mittleren Wert auswählst.

Auswertung: Lässt sich die täglich benötigte Luftmenge durch diese Versuche genau bestimmen? Begründe deine Antwort.

2 Bestimmung des Atemvolumens

3 Untersuchung der Atemluft

Wenn Kohlenstoffdioxid in klares Kalkwasser gelangt, wird das Kalkwasser trübe. Die Trübung ist also ein Nachweis für Kohlenstoffdioxid.

Material: Erlenmeyerkolben, Kalkwasser, Glasröhrchen, Mundstück

Durchführung: Fülle einen Erlenmeyerkolben zu etwa einem Drittel mit klarem Kalkwasser. Führe nun ein Glasröhrchen mit Mundstück in das Kalkwasser des Kolbens. Atme tief ein, halte die Luft eine Weile an und blase die Ausatemluft vorsichtig durch das Glasröhrchen in die Lösung. ↑3

Auswertung: Welche Veränderung des Kalkwassers kannst du feststellen? Formuliere eine Aussage zur Zusammensetzung der Ein- bzw. Ausatemluft.

3 Ausgeatmete Luft wird in klares Kalkwasser geblasen.

GRUNDLAGEN: Gasaustausch in der Lunge

Warum wir atmen In unseren Körperzellen wird ein Teil der Nährstoffe aus der Nahrung „verbrannt". Dabei wird Sauerstoff gebunden, Kohlenstoffdioxid entsteht. Gleichzeitig wird Energie für alle Lebensvorgänge freigesetzt. Diesen Energie liefernden Prozess bezeichnet man als Zellatmung. Damit die Zellatmung stattfinden kann, muss mit dem Blut ständig neuer Sauerstoff zu allen Körperteilen hin und das Endprodukt Kohlenstoffdioxid von ihnen weg transportiert werden.

Gasaustausch in den Lungenbläschen Die Luft kommt durch die Luftröhre und die Bronchien bis in die Lungenbläschen. Sie sind von einem Netz feinster Blutgefäße (Blutkapillaren) umhüllt. ↑5 Durch die dünnen Wände der Blutkapillaren und Lungenbläschen gelangt Sauerstoff aus der Atemluft ins Blut und Kohlenstoffdioxid aus dem Blut in die Atemluft.

Prinzip Oberflächenvergrößerung Je größer die Oberfläche eines Organs ist, desto größer ist auch die Menge der Stoffe, die über sie aufgenommen oder ausgetauscht werden kann: In der Lunge gibt es etwa 300 Millionen stark durchblutete Lungenbläschen mit einer Gesamtoberfläche von knapp 100 m². Durch den Gasaustausch über diese sehr große Oberfläche verändert sich die Zusammensetzung der Atemluft. ↑4

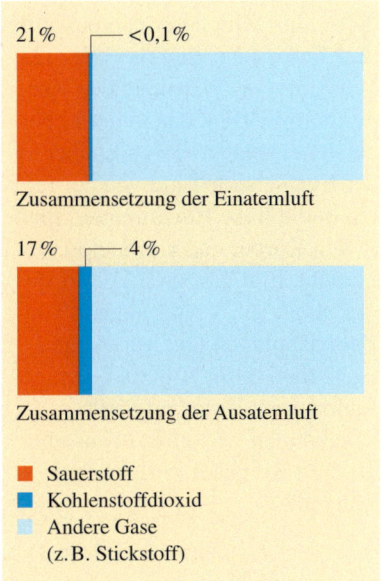

21%   <0,1%

Zusammensetzung der Einatemluft

17%   4%

Zusammensetzung der Ausatemluft

■ Sauerstoff
■ Kohlenstoffdioxid
■ Andere Gase
  (z. B. Stickstoff)

4 Zusammensetzung der Luft

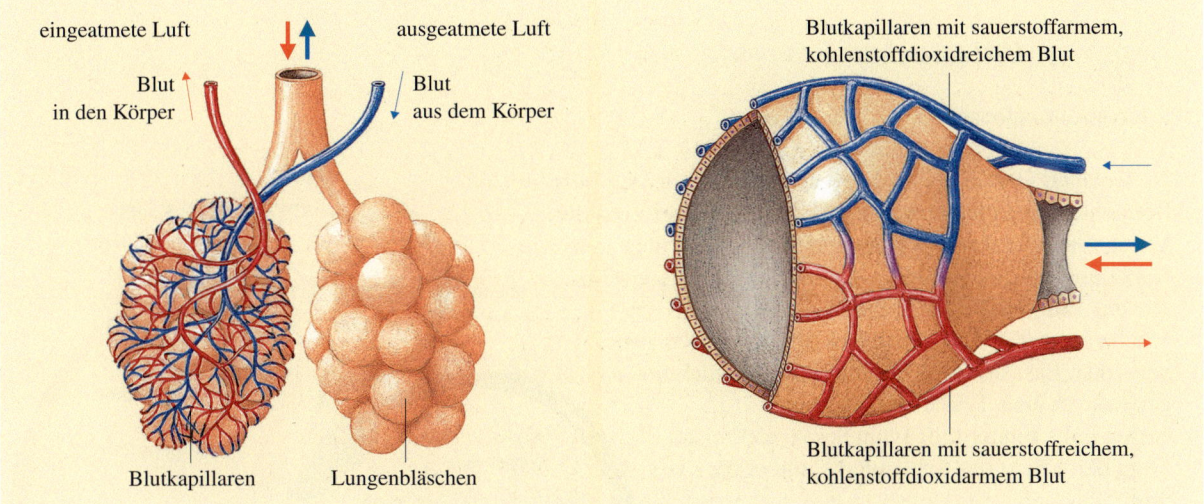

eingeatmete Luft   ausgeatmete Luft

Blut in den Körper   Blut aus dem Körper

Blutkapillaren   Lungenbläschen

Blutkapillaren mit sauerstoffarmem, kohlenstoffdioxidreichem Blut

Blutkapillaren mit sauerstoffreichem, kohlenstoffdioxidarmem Blut

5 Der Bau der Lungenbläschen (linkes Bild) ermöglicht den Gasaustausch zwischen Atemluft und Blut (rechtes Bild).

Kurz und knapp Beim Gasaustausch in den Lungenbläschen gelangt Sauerstoff aus der Luft in das Blut und Kohlenstoffdioxid aus dem Blut in die Atemluft.

Arbeitsaufträge

1 Vergleiche mithilfe der Abbildung ↑4 die Zusammensetzung von eingeatmeter und ausgeatmeter Luft. Stelle einen Zusammenhang zum Ergebnis des Versuchs 3 her. ↑3

2 Erläutere die Funktion der Lungenbläschen. ↑5

3 Bei einem Patienten mit Atemstillstand ist im Notfall auch eine Wiederbelebung mit ausgeatmeter Luft möglich (Mund-zu-Mund-Beatmung). Erkläre.

Das Blut kreist im Körper

Bis ins Mittelalter nahm man in Europa an, dass das Herz „Lebenskraft" als Wärme in den Körper pumpe. Blut, das in der Leber entstehe, gelange durch Löcher in der Herzscheidewand von der rechten in die linke Herzkammer, fließe in den Körper und würde dort verbraucht. Erst WILLIAM HARVEY (1578 bis 1657) wies anhand von Beobachtungen und Messungen nach, dass unser Blut in einem geschlossenen Kreislauf fließt.
Wie können wir selbst etwas über unseren Kreislauf in Erfahrung bringen?

1 HARVEY erforschte den Blutkreislauf bei Tieren und Menschen. Hier untersucht er eine Fischflosse.

Beobachten **Untersuchen** Experimentieren

Den Kreislauf erforschen

1 An welchen Stellen deines Körpers kannst du deinen Puls fühlen?
2 Betrachte deinen Handrücken. Die blauen Linien sind die Venen. Streiche fest in Richtung der Finger darüber. Dabei drückst du das Blut aus deinen Venen. Beobachte, wie das Blut wieder hineinfließt.
3 Mache einen Kopfstand und beschreibe, was du dabei bemerkst. Lass deine Mitschüler ihre Beobachtungen beschreiben. Erkläre die Befunde.
4 Gegen kalte Finger hilft schnelles Armekreisen. Teste den Effekt des Schleuderns und erkläre ihn.
5 Bastle ein Modell zum Blutkreislauf. ↑2 Forme aus Knetmasse ein Herz und befestige Schläuche als Blutgefäße daran. Verwende Obstnetze als Kapillarnetze. Gib durch Pfeile die Fließrichtung des Blutes an.
6 HARVEY war sich sicher, dass die Blutmenge, die täglich durch unseren Körper fließt, unmöglich verbraucht und durch Nahrung nachgeliefert werden kann. Bestimme mithilfe deines Pulsschlags, wie viel Blut dein Körper pro Minute und pro Tag erzeugen müsste. Mit einem Herzschlag werden etwa 70 ml Blut transportiert.

Kapillaren der Lunge
Lungenvene
Lungen-arterie
Lungen-kreislauf
linker Vorhof
rechter Vorhof
Körpervene
Körperarterie
sauer-stoff-armes Blut
rechte Herzkammer
linke Herzkammer
sauer-stoff-reiches Blut
Körperkreislauf
Kapillaren der übrigen Organe

2 Schema des Blutkreislaufs

GRUNDLAGEN: Unser Blutkreislauf

Bau des Herzens Das Herz ist ein etwa faustgroßer, kräftiger Hohlmuskel. Durch die Herzscheidewand und die Herzklappen ist es in zwei Herzkammern und zwei Vorkammern unterteilt. Um das Herz herum zieht sich ein Kranz von Blutgefäßen, die Herzkranzgefäße. Diese versorgen das Herz selbst mit Sauerstoff und Nährstoffen.

Körper- und Lungenkreislauf Unser Herz erfüllt die Aufgabe, Blut durch unseren Körper zu pumpen. So werden alle Organe mit Nährstoffen und Sauerstoff versorgt sowie Abfallstoffe abtransportiert. Das Blut durchläuft dabei einen Kreislauf, der aus zwei Abschnitten besteht: dem (großen) Körperkreislauf und dem (kleinen) Lungenkreislauf. ↑2

Aus der linken Herzkammer gelangt das Blut über die Aorta, die Hauptschlagader, in den Körper. Diese verzweigt sich dabei in zahlreiche dünnere Blutgefäße, die Arterien, über die das Blut in die verschiedenen Organe des Körpers gelangt. In den Organen verzweigen sich die Arterien immer stärker bis in feinste Blutgefäße, die Kapillaren. Diese sind mit bloßem Auge nicht mehr zu erkennen. Über die Kapillaren erfolgt der Stoffaustausch in den verschiedenen Organen des Körpers. Über die Venen gelangt das Blut zum Herzen zurück.

Der Lungenkreislauf beginnt in der rechten Herzkammer. Durch die Lungenarterie wird das Blut in die Lunge gepumpt. In den Lungenbläschen erfolgt der Austausch der Atemgase. ↑S.49 Von der Lunge aus fließt das Blut zum Herzen zurück.

Basiskonzept

Struktur und Funktion
Die Blutkapillaren sind die Orte des Stoffaustausches mit den Organen. Je größer die Anzahl der Kapillaren in einem Organ ist, umso größer ist die Fläche des Stoffaustausches und umso mehr Stoffe können ausgetauscht werden.

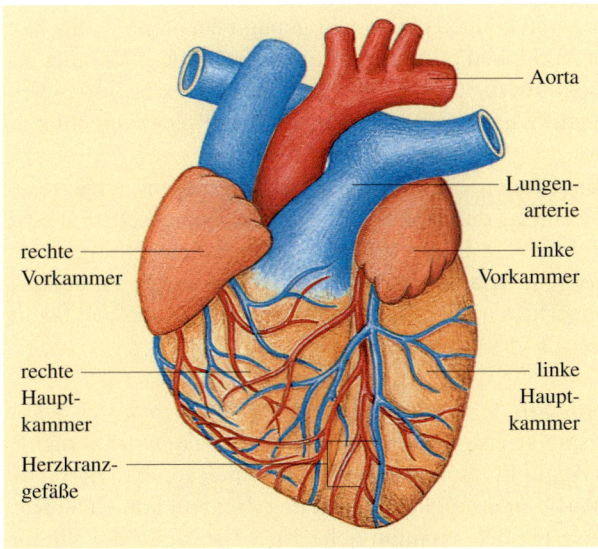

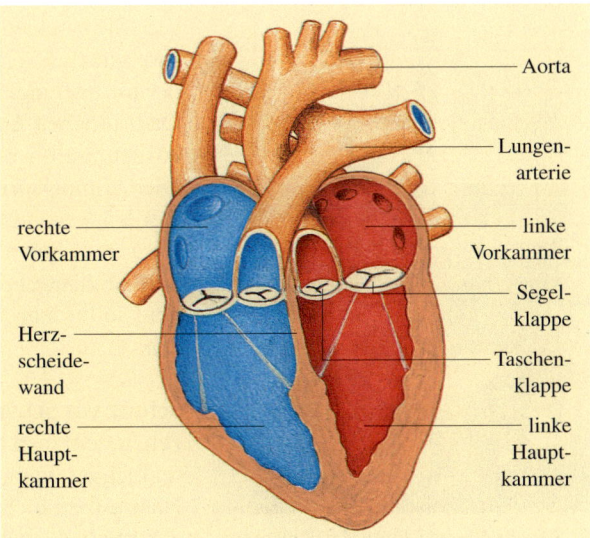

3 Das menschliche Herz (links: Außenansicht, rechts: Längsschnitt)

Arbeitsaufträge

1 Beschreibe den Weg des Sauerstoffs von der Lunge bis in die Muskeln der Zehen und den Weg des Kohlenstoffdioxids von den Zehen bis in die Lunge. Verwende dabei möglichst viele Fachbegriffe. ↑2, 3

2 In der Abbildung ↑2 sind die Körperarterie und die Lungenarterie in unterschiedlichen Farben dargestellt. Erläutere die Bedeutung der Farben.

3 Beschreibe den Bau des Herzens. ↑3

Krankheiten der Atmungsorgane und Schutz vor Schädigungen

Rauchen wird oft als ein Symbol des Erwachsenseins betrachtet. Viele Jugendliche rauchen auch, weil es in ihrer Clique einfach dazugehört. Im Zigarettenrauch sind aber viele Schadstoffe enthalten. Sie werden mit dem Rauch eingeatmet und schädigen die Atmungsorgane und den gesamten Körper.
Wie kannst du deine Atmungsorgane vor Schädigungen schützen?

1 Wer selbstbewusst ist, sagt „Nein!" zum Rauchen.

GRUNDLAGEN: Schädigungen der Atmungsorgane

Schädigende Umwelteinflüsse Sehr trockene Luft, Zigarettenrauch, Staub, Ruß und Autoabgase schädigen die Schleimhäute in den Atemwegen. Sie trocknen aus und können nicht mehr genug Feuchtigkeit abgeben. Ihre feinen Härchen verkleben oder verkümmern. Staub und Schmutz aus der Luft gelangen so bis in die Lunge und verstopfen die Lungenbläschen. Dann können Sauerstoff und Kohlenstoffdioxid nicht mehr ungehindert ausgetauscht werden.

Die Atmungsorgane können auch von Krankheitserregern angegriffen werden, besonders wenn sie durch andere Einflüsse schon geschädigt sind. So rufen Schnupfenviren z. B. Entzündungen und Schwellungen der Schleimhäute hervor. Um Krankheitserreger nicht auf andere zu übertragen, sollte man beim Husten oder Niesen immer ein Taschentuch benutzen.

Schutz vor Schädigungen Vor vielen Schädigungen kann man sich schützen, indem man beispielsweise trockene und zu warme Zimmerluft meidet und täglich mehrmals gut lüftet; nicht durch den Mund, sondern durch die Nase atmet; nicht raucht und möglichst nicht den Zigarettenrauch anderer einatmet; Autoabgase meidet; vitaminreiche Kost isst, denn die Vitamine B_2 und C sind am Aufbau der Schleimhäute beteiligt.

2 Regelmäßiges Lüften des Klassenraumes sorgt für frische Luft.

Arbeitsaufträge

1 Begründe die genannten Maßnahmen zum Schutz der Atmungsorgane.

2 Begründe die Notwendigkeit, Arbeits-, Wohn- und Schlafräume regelmäßig zu lüften.

3 Warum ist es leichter durch den Mund als durch die Nase zu atmen?
Warum ist die Atmung durch den Mund aber ungesund?

GRUNDLAGEN: Rauchen schadet der Gesundheit

Der erste Kontakt mit Zigaretten findet oft schon im Kindesalter statt. Einer Umfrage der AOK zufolge haben 69 Prozent der 8- bis 12-Jährigen schon geraucht – aus Neugier, als Mutprobe oder um in der Gruppe akzeptiert zu werden. Je früher der Körper jedoch mit Zigarettenrauch in Kontakt kommt, desto eher und stärker treten Gesundheitsschäden auf. Zigaretten enthalten Tabak. Dabei handelt es sich um die getrockneten und zum Rauchen aufbereiteten Blätter der Tabakpflanze. ↑3

Schadstoffe im Tabakrauch Teerstoffe, Nikotin und Kohlenstoffmonooxid sind giftige Bestandteile des Tabakrauchs. Neben diesen Stoffen enthält Tabakrauch noch etwa 1 000 weitere chemische Substanzen.

Teerstoffe Sie gelangen mit dem Rauch in die Atemwege. Dort lagern sie sich an den Wänden der Bronchien und Lungenbläschen ab und behindern so die Sauerstoffaufnahme. Gleichzeitig machen sie die Atmungsorgane anfälliger für Krankheiten wie Bronchitis. Teerstoffe sind außerdem krebserregend. Raucher erkranken mit höherer Wahrscheinlichkeit an Lungenkrebs als Nichtraucher.

Kohlenstoffmonooxid Dieses ist ein Atemgift. Es gelangt über die Lungen in die Blutbahn und behindert dort den Sauerstofftransport. Die Folge ist eine ungenügende Sauerstoffversorgung der Organe.

Nikotin Bereits 50 mg Nikotin sind für einen Menschen tödlich. Nikotin ist ein starkes Gift. Es beschleunigt den Herzschlag, verengt die Blutgefäße und stört die Durchblutung. Durch seine Wirkung auf das Nervensystem macht es abhängig. Die körperlichen Schäden, die durch Nikotin und die anderen Inhaltsstoffe des Tabaks entstehen, können durchaus lebensbedrohend werden: Weltweit sterben jährlich etwa 3 Millionen Menschen an den Folgen des Rauchens.

Kurz und knapp **Durch eine gesunde Lebensweise (z. B. nicht rauchen und Tabakrauch meiden, Zimmer gut lüften, vitaminreiche Kost essen) können die Atmungsorgane gestärkt und vor Schädigungen geschützt werden.**

3 Tabakpflanzen auf dem Feld

4 Zigarettenfilter halten nur einen Teil des Teers zurück.

Arbeitsaufträge

5 Nachweis von Teerstoffen mit einer Rauchmaschine

Gummiluftpumpe

Erlenmeyerkolben

Porzellanschale

1 Mit einer „Rauchmaschine" kann man Teer im Zigarettenrauch nachweisen. Baue eine Versuchsanordnung wie in Abbildung ↑5 und führe das Experiment durch.

2 Jeder weiß über die schädigende Wirkung des Rauchens bescheid, trotzdem wird geraucht. Welche Gründe geben Raucher an? Widerlege sie.

3 Auf Werbeplakaten heißt es „Ich rauche gern" oder „Cool kids can wait". Welche Inhalte und Absichten stecken hinter diesen Slogans?

Sucht macht mich krank

Klaus ist 12 Jahre alt. Da seine Eltern beruflich stark beschäftigt sind, ist er oft allein. Aber er hat einen Computer, mit dem er häufig spielt. Oft sieht er sich auch spät abends noch Filme im Fernsehen an. So kommt er schlecht vorbereitet in die Schule und ist übermüdet und unkonzentriert. Die Lehrerin macht sich Sorgen und spricht mit ihm über seine „Computer- und Fernsehsucht".
Klaus will ihr nicht glauben. Computer und Fernseher kann man doch nicht essen! Die machen doch nicht süchtig! Oder?

1 Kann auch Fernsehen süchtig machen?

GRUNDLAGEN: Kommt Sucht von suchen?

Was heißt eigentlich Sucht? Von Sucht spricht man, wenn Menschen zwanghaft immer dieselbe Verhaltensweise wiederholen, weil sie eine einmal erfahrene Befriedigung erneut erleben möchten. Dabei ist es gleichgültig, ob es sich bei der gesuchten Befriedigung um die Wirkung eines Suchtmittels (einer Droge) oder um andere Erlebnisse handelt. So können auch bestimmte Verhaltensweisen zur Sucht werden. Dementsprechend unterscheidet man zwischen stoffgebundener und stoffungebundener Sucht.

Stoffgebundene Sucht	Stoffungebundene Sucht
Sucht durch Suchtmittel (Droge)	Sucht durch süchtiges bzw. zwanghaftes Verhalten
Tabletten, Alkohol, Nikotin, Schnüffelstoffe, Designerdrogen, illegale Drogen	Esssucht, Magersucht, Fernsehsucht, Spielsucht, Computerspielsucht, Kaufsucht, Putzsucht, Arbeitssucht

Seelische und körperliche Abhängigkeit Ist ein Mensch nach einer Droge oder einer bestimmten Verhaltensweise süchtig, bezeichnet man dies auch als Abhängigkeit. Dabei unterscheidet man zwischen seelischer und körperlicher Abhängigkeit.

Bei der seelischen Abhängigkeit besitzt der Mensch eine starke „Sehn-Sucht" nach den „angenehmen" Wirkungen der Droge oder Verhaltensweise. Diese Sehnsucht kann zeitlebens bestehen bleiben. So kann ein geheilter ehemaliger Süchtiger später immer wieder süchtig werden.

Die körperliche Abhängigkeit ist verbunden mit einer Gewöhnung des Körpers an die Droge. Der Betroffene benötigt immer größere Mengen des Stoffes, um ein „angenehmes" Gefühl zu erzielen. Nimmt er die Droge nicht, treten Entzugserscheinungen (z. B. Nervosität, Schwitzen, Zittern, wiederholtes Erbrechen, starke Schmerzen) auf.

Kurz und knapp **Alle Suchtmittel und süchtigen Verhaltensweisen üben zunächst eine angenehme Wirkung aus. Werden sie jedoch regelmäßig benutzt, kann daraus eine Abhängigkeit entstehen. Das ist der starke Wunsch, etwa Bestimmtes ständig zu tun, wie zum Beispiel rauchen, Alkohol trinken, am Computer spielen oder essen. Der Betroffene ist nicht mehr in der Lage, sein Verhalten zu kontrollieren.**

Arbeitsaufträge

1 Denke dir zu den Abbildungen jeweils eine passende Geschichte aus. ↑2–5 Beachte dabei besonders: Was war vor der dargestellten Situation? Wie könnte es weitergehen?

3

2

5

4

2 Was verstehst du unter Suchtmittel?

3 Beschreibe, wo für dich eine Grenze liegt „zwischen Spaß an einer Sache haben" und „süchtig nach einer Sache sein". Nenne dafür Beispiele.

4 Bildet Gruppen und überlegt gemeinsam: Wie könnte man das Entstehen einer Sucht vermeiden? Bezieht dabei auch das „Tankstellen-Modell" ein. ↑S. 44

GRUNDLAGEN: Gefährliche Suchtmittel

3 Alkohol- und Zigarettenkonsum

4 Bereits Kinder beginnen mit dem Rauchen.

Alkohol und Nikotin sind in unserer Gesellschaft die am meisten verbreiteten Drogen. Sie werden auch als „Genussmittel" bezeichnet. Dabei ist erwiesen, dass sich der Körper durch den „Genuss" an diese Stoffe gewöhnt, von ihnen abhängig wird und Entzugserscheinungen zeigt, wenn sie nicht mehr genommen werden.

Der erste Kontakt mit Alkohol und Zigaretten findet oft schon im Jugendalter statt. Viele Jugendliche trinken nur Alkohol oder rauchen Zigaretten, weil es in ihrer Clique einfach dazugehört. Wer selbstbewusst ist, sagt „Nein!". Denn: Je früher mit dem Trinken von Alkohol und mit Rauchen begonnen wird, desto größer ist die Gefahr von Missbrauch, Abhängigkeit und gesundheitlichen Folgeschäden. ↑1,2

Häufig wird durch den „Genuss" dieser Drogen nicht nur der eigene Körper geschädigt; auch andere Menschen werden gefährdet. So kann Autofahren unter Alkoholeinfluss schwere Unfälle verursachen. Nichtraucher, die im selben Raum wie Raucher leben oder arbeiten, werden durch Passivrauchen geschädigt.

Alkoholmenge	Wirkungen
3 Glas Bier oder 0,5 Liter Wein	Wärmegefühl, Wegfall von Hemmungen, Plauder-sucht, Gefühl des Angeheitertseins
6–7 Glas Bier oder 1 Liter Wein	erste Gleichgewichtsstörungen, vermindertes Reaktionsvermögen
12 Glas Bier oder 2 Liter Wein	Erbrechen, hilfloser Zustand, schwere Gleich-gewichtsstörungen
mehr	Verlust der Orientierung, schwere Störungen des Gedächtnisses, Bewusstsein setzt aus – Lebensgefahr!
regelmäßiger Alkoholgenuss (Alkoholabhängigkeit)	Langzeitschäden: Schädigungen des Nervensystems (u. a. nachlassende Gedächtnisleistung), Schädigungen von Herz und Kreislauf, Erkrankungen der Leber, Schädigungen der Nieren und der Muskeln

1 Wirkungen von Alkohol auf den Körper in Abhängigkeit von der Alkoholmenge

Inhaltsstoffe	Wirkungen
Teerstoffe	Ablagerung in Bronchien und Lungenbläschen – Behinderung der Atmung, erhöhte Anfälligkeit für Krankheiten (z. B. Bronchitis); krebserregend
Kohlenstoffmonoxid	Atemgift: behindert den Sauerstofftransport im Körper – ungenügende Durchblutung der Organe (Folge z. B.: Raucherbein)
Nikotin	starkes Gift (ab 50 mg für einen Menschen tödlich): beschleunigt den Herzschlag, verengt die Blutgefäße, macht abhängig

2 Inhaltsstoffe des Zigarettenrauchs und ihre Wirkungen

Kurz und knapp **Je früher man in Kontakt mit Zigaretten und Alkohol kommt, umso größer ist die Gefahr von Abhängigkeit und gesundheitlichen Folgeschäden.**

Projekt

Anti-Drogen-Kampagne

Drogen – wie uncool!

Leckere Getränke – ohne Alkohol!

Was ist Sucht?

Zigaretten – was ist da drin?

Tabletten – Helfer in allen Lebenslagen?

Neinsagen kann man lernen!

5 Mögliche Themen für ein Anti-Drogen-Projekt

Alkohol, Nikotin und andere Drogen schaden der Gesundheit. Im Rahmen eines Projekts könnt ihr euch näher mit diesem Thema beschäftigen.
Bildet Arbeitsgruppen, die die einzelnen Themen bearbeiten.↑5 Überlegt zunächst, welche Materialien ihr braucht und wie euch Lehrer oder Eltern bei der Arbeit unterstützen können. Ihr könnt auch Experten wie Apotheker oder Ärzte befragen. Zum Präsentieren eurer Ergebnisse könnt ihr beispielsweise Plakate erstellen, eine Radiosendung gestalten oder kleine Szenen spielen.
Im Folgenden findet ihr einige Anregungen zu ausgewählten Themen.

Neinsagen kann man lernen! Sammelt wichtige Gründe für das Nichtrauchen und den Verzicht auf Alkohol. Befragt auch Schüler aus höheren Klassen und Erwachsene.
Entwickelt Rollenspiele zum Neinsagen. Geht dabei von folgender Situation aus: Ein Schüler wird von einer Clique, zu der er gern gehören möchte, aufgefordert, mitzurauchen und Alkohol zu trinken. Stellt in der Klasse zwei unterschiedliche Spiele dazu vor und diskutiert diese.

Anti-Drogen-Kampagne Buttons sind ideal, um die eigene Meinung kurz und eindrucksvoll mitzuteilen. Überlegt, wie ihr eure Meinung zum Thema „Sucht" durch einen kurzen Spruch oder ein Bild treffend darstellen könnt. Entwerft Buttons dazu.

Wärme und Wärmeübertragung

Die Sonne scheint zwar – sie schafft es aber nicht, das Kätzchen warm zu halten. Trotzdem fühlt es sich warm und geborgen.↑1
Welche andere Wärmequelle trägt wohl dazu bei?

1 Kuschelig warm

Beobachten *Untersuchen* Experimentieren

1 Auf der Suche nach Wärmequellen

a Sieh nach, welche Wärmequellen es in eurem Haushalt gibt. Welchem Zweck dienen sie? Halte deine Ergebnisse in einer solchen Tabelle fest:

Bezeichnung der Wärmequelle	Zweck der Wärmequelle
Wärmflasche	Bett anwärmen, Bauch wärmen
…	…

b Welche Wärmequellen sind hier dargestellt?↑1–4 Welche Aufgaben erfüllen sie? Trage deine Antworten ebenfalls in die Tabelle ein.

3

2

4

2 Eine Lampe als Wärmequelle
Nimm eine Lampe (wenn möglich mit drehbarem Schirm).

a Drehe den Schirm der Lampe so, wie du es unten siehst.↑5 Halte deine Hand unter die Lampe, ohne sie zu berühren, und schließe die Augen.
Kannst du fühlen, ob die Lampe eingeschaltet ist oder nicht?

b Halte ein Blatt Papier zwischen Lampe und Hand. Was fühlst du?

5

GRUNDLAGEN: Woher die Wärme kommt

Unsere Wärmequelle Nr. 1 Die Sonne spendet uns jeden Tag Energie in Form von Licht und Wärme. ↑6 Ohne sie gäbe es kein Leben auf der Erde.

Brennstoffe als Wärmequellen In kalten Jahreszeiten brauchen wir noch weitere Wärmequellen, z. B. Öfen. Sie benötigen Brennstoffe wie Holz, Kohle, Erdöl oder Erdgas.

Wenn Brennstoffe verbrennen, wird ihre chemische Energie unter anderem in Form von Wärme frei. Auch die Energie, die in den Brennstoffen steckt, stammt eigentlich von der Sonne. Das kannst du dir so erklären: Kohle, Erdöl und Erdgas (die so genannten fossilen Brennstoffe) sind aus abgestorbenen Pflanzen und Tieren entstanden, die Millionen von Jahren unter der Erde vor dem Zerfall bewahrt wurden. Diese Pflanzen und Tiere konnten aber nicht ohne das Licht und die Wärme der Sonne leben. In ihren Zellen speicherten sie sozusagen Energie der Sonne.

Auch in Kraftwerken werden Brennstoffe wie z. B. Kohle verbrannt. Dabei wird die in den Brennstoffen enthaltene Energie genutzt und nach der Umwandlung in elektrische Energie in das Stromnetz eingespeist. Mit elektrischer Energie wiederum werden z. B. Elektroherde und Mikrowellen betrieben, die elektrische Energie letztendlich wieder in Wärme umwandeln.

Woran erkennt man, dass in einem Körper Energie steckt? Vereinfacht kann man so sagen: In einem Körper steckt Energie in Form von Wärme, wenn er einen anderen Körper erwärmen kann. Diese Energie, die in einem warmen Körper steckt, nennt man thermische Energie.

Ist ein Körper wärmer als ein anderer, kann er an diesen Körper Wärme, also thermische Energie, abgeben. ↑7

Kurz und knapp **Alles Leben auf der Erde ist auf Wärme (thermische Energie) angewiesen. Unsere wichtigste Wärmequelle ist die Sonne. Auch in sämtlichen Brennstoffen wie Holz oder Kohle ist Energie der Sonne gespeichert.**

Wenn eine Wärmequelle einen anderen Körper erwärmt, geht Wärme von ihr auf den anderen Körper über. Die Temperatur des Körpers steigt.

6 Unsere wichtigste Wärmequelle

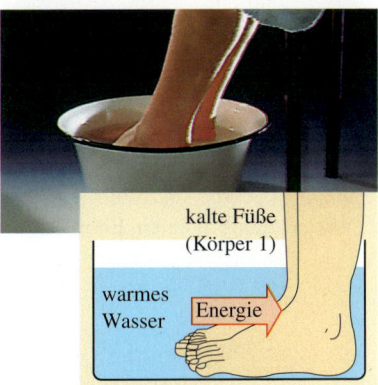

7 Warmes Wasser besitzt Energie.

8 Iglu – ein Haus aus Eis und Schnee

Arbeitsaufträge

1 Erkläre, warum die Sonne unsere wichtigste Wärmequelle ist.

2 Ein Feuer oder eine Heizung gibt es im Iglu nicht. ↑8 Warum frieren die Menschen im Iglu nicht?

3 Wie sind Kohle und Erdöl entstanden?
a Sammle möglichst viele Informationen darüber.

b Versuche die Entstehung von Kohle bzw. Erdöl in einer Bildreihe darzustellen.

4 Woran erkennt man, dass in einem Körper Energie in Form von Wärme gespeichert ist?

5 Bei einem Fußbad wird die Energie in Form von Wärme übertragen. ↑7 Welcher Körper gibt Wärme ab und welcher Körper nimmt die Wärme auf?

6 Ein Lagerfeuer brennt mit Sonnenenergie.
a Erläutere. *Tipp:* Überlege, wie Holz entstanden ist.
b Informiere dich über moderne Holzheizungen. Wie funktionieren sie? Welche Vorteile haben sie?

GRUNDLAGEN: Wie sich Wärme ausbreitet

1 Wärmeleitung durch den Topfboden

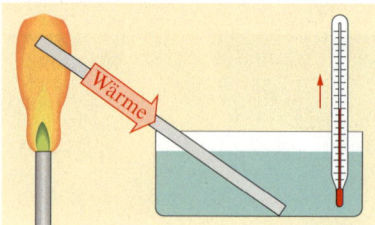

2 Wärmeleitung in einem Eisenstab

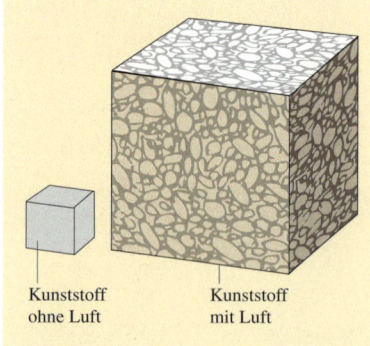

Kunststoff ohne Luft   Kunststoff mit Luft

3 Ein Block aus Hartschaum wäre ohne eingeschlossene Luft wesentlich kleiner.

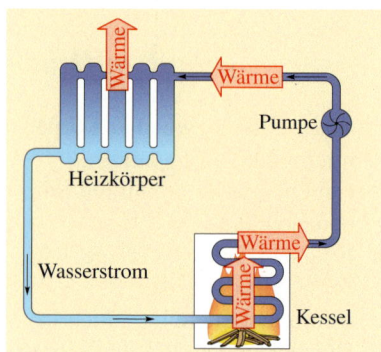

4 Wärmetransport mit Wasserkreislauf

Die Wärmeleitung So wird Wärme in einem Eisenstab weitergeleitet: Sie breitet sich vom heißen Ende des Stabs zum kalten Ende hin aus. Dadurch wird das Wasser erwärmt; seine Temperatur steigt. ↑2 Diesen Vorgang bezeichnet man als Wärmeleitung. Auch beim Kochtopf wird die Wärme von der Herdplatte in den Topfboden und dann ins Wasser geleitet. ↑1

Wie gut oder wie schlecht ein Körper die Wärme leitet, hängt vom Stoff ab, aus dem er besteht. Metalle sind gute Wärmeleiter. Kunststoffe und Schaumstoffe hingegen leiten Wärme schlecht: Sie sind Isolatoren. Ein besonders schlechter Wärmeleiter ist Luft. Darauf beruht die Wirkungsweise der meisten Dämmstoffe: Sie alle schließen sehr viel Luft ein. ↑3 Auch Winterkleidung besteht oft aus einem Gewebe mit viel Luft.

sehr gute Wärmeleiter	alle Metalle, z. B. Eisen, Kupfer, Silber
schlechte Wärmeleiter	z. B. Wasser, Glas, Beton, Stein
sehr schlechte Wärmeleiter (Isolatoren)	z. B. Luft und andere Gase, Hartschaum, Wolle, Glaswolle, trockenes Holz

Der Wärmetransport In erhitztem Wasser ist Wärme gespeichert. Sie kann deshalb zusammen mit dem Wasser an einen anderen Ort transportiert werden. Bei der Warmwasserheizung z. B. strömt Wasser mithilfe einer Pumpe in den Heizkörper – gemeinsam mit der im Wasser gespeicherten Wärme. ↑4

Wasser und auch Luft können aber auch ohne Pumpe Wärme transportieren. So können wir z. B. unsere Hände über einer Kerze aufheizen und eine Weihnachtspyramide dreht sich, wenn man die Kerzen entzündet. ↑5,6 Über der Kerze wird die Luft erwärmt. Sie dehnt sich aus und vergrößert so ihr Volumen – sie wird also leichter. Dadurch steigt sie auf, trifft auf die schrägen Flügel der Weihnachtspyramide und schiebt sie zur Seite; das Flügelrad beginnt sich zu drehen.

Wenn Wärme wie in diesen Beispielen zusammen mit einem anderen Stoff, z. B. Wasser oder Luft, transportiert wird, nennt man das Wärmetransport.

5 Wärmetransport

6 Die Weihnachtspyramide wird durch Wärme angetrieben.

Die Strahlung Wenn ein Auto „in der Sonne steht", wird es innen oft heiß. Im Sommer am Strand kann der Sand so heiß werden, dass man kaum noch barfuß darauf laufen kann. Für beide Beispiele gilt: Körper auf der Erde werden durch die Sonne erwärmt – durch Strahlung, die von der Sonne zur Erde gelangt. ↑7 Der Raum zwischen der Sonne und der Erde sowie den anderen Himmelskörpern ist luftleer. Strahlung breitet sich also auch im luftleeren Raum aus – im Gegensatz zu Wärmeleitung und Wärmetransport, für die Stoffe notwendig sind.

Strahlung geht aber nicht nur von der Sonne, sondern auch von anderen Körpern aus. Körper, die sehr heiß sind, wie z. B. heiße Herdplatten oder Glühlampen, senden sichtbare Strahlung, also Licht, aus. Aber auch andere Körper strahlen etwas. Diese für uns unsichtbare Wärmestrahlung kann man mit speziellen Wärmebildkameras sichtbar machen. ↑8

Wenn die Strahlung auf einen dunklen Körper trifft, wird sie von diesem teilweise aufgenommen. Man sagt: Die Strahlung wird absorbiert. Der Körper erwärmt sich. Helle und glänzende Körper werfen einen großen Teil der Strahlung zurück; sie reflektieren sie. Aus diesem Grund erwärmen sich diese Körper weniger. ↑9–11

Kurz und knapp **Wärme kann sich auf drei verschiedene Arten ausbreiten: Wärmeleitung, Wärmetransport und Strahlung. Diese treten oft gemeinsam auf.**

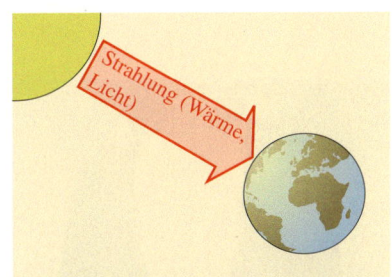

7 Energietransport durch Strahlung

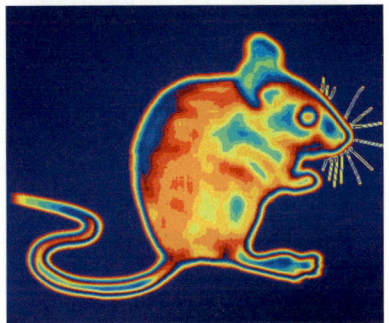

8 Wärmebild einer Maus

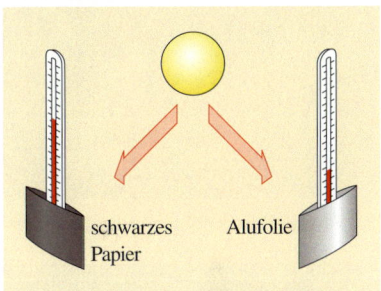

9 Die schwarze Oberfläche nimmt mehr Strahlung auf und wird deshalb wärmer.

10 Dunkle Sonnenkollektoren

11 Helle, glänzende Raumanzüge

Arbeitsaufträge

1 „Zieh dir eine warme Jacke an!" Diese Aufforderung kennst du sicherlich. Wie wirkt die Jacke? Welche Wärmequelle ist vorhanden?

2 Ein Bussard kann in die Höhe steigen, ohne die Flügel zu bewegen. Suche eine Erklärung dafür.

3 Warum sind Kühlwagen hell gestrichen und Rohre von Sonnenkollektoren schwarz?

4 Nenne drei Körper, die Energie in Form von Wärme und Licht abstrahlen.

5 Was bedeutet absorbieren bzw. reflektieren?

6 Gib bei den folgenden Beispielen an, ob es sich um Wärmeleitung, Wärmetransport oder Strahlung handelt. Versuche die einzelnen Beispiele zu erklären.

a Um sich nicht an heißen Töpfen zu verbrennen, benutzt man Topflappen.

b Über Heizkörpern werden weiße Wände und Decken schnell schmutzig.

c Eine Weihnachtspyramide dreht sich ohne Motor.

d Heißer Tee wird selten in Metallbechern serviert.

e Die Sonne erwärmt die Erde.

GRUNDLAGEN: Wärmedämmung in Natur und Technik

Wärmedämmung bei Tieren Säugetiere und Vögel sind gleichwarm. Ihre Körpertemperatur bleibt immer ziemlich gleich. Das ist sehr erstaunlich, da viele Tiere zum Teil extremen Temperaturen ausgesetzt sind. ↑1, 3

Nach dem, was du über die Wärmestrahlung weißt, sollte der Eisbär am besten ein schwarzes Fell besitzen. Das wäre zur Jagd zwar etwas unpraktisch, aber die Wärmestrahlung der Sonne würde besser absorbiert werden. Doch die Natur ist viel erfindungsreicher: Die weißen Haare sind durchsichtig und leiten wie Glasfasern das Sonnenlicht bis zur schwarzen Körperhaut. Das bis zu 7 cm lange Fell ist eine hervorragende Wärmedämmung. Beim Schwimmen im eiskalten Wasser hilft das alles jedoch wenig. Die bis zu 10 cm dicke Fettschicht verhindert dann fast vollständig, dass Wärme an das Wasser abgeführt wird. Der Eisbär ist so gut isoliert, dass es bisher nicht gelang, ihn mit einer Wärmebildkamera vom Flugzeug aus aufzuspüren.

Auch Pinguine sind „Weltmeister" bei der Wärmedämmung. In der Antarktis ist es noch wesentlich kälter als in der Arktis und Temperaturen unter −30 °C sind keine Seltenheit. Trotzdem brüten einige Pinguinarten dort während der schlimmsten Eisstürme. Dass der Pinguin gut gedämmt ist, sieht man schon daran, dass Schneeflocken auf seinem Gefieder nicht schmelzen. Eine Schneedecke hilft sogar bei der Dämmung. Ein dichtes Kleid aus winzigen Federn mit flaumigen Schäften verhindert den Verlust von Körperwärme fast vollständig. Beim Tauchen im eiskalten Wasser verlieren die Pinguine trotz ihrer gefetteten Federn und der eingeschlossenen Luft ihre Wärme bis zu 100-mal schneller als an Land. Die Temperatur senkt sich dann kurzfristig in allen nicht benötigten Körperteilen auf zum Teil unter 20 °C ab.

Wärmedämmung bei Kleidung Wir Menschen schützen uns vor Kälte vor allem durch bauschige Kleidung. ↑4 Sie besteht aus einem Gewebe mit viel Luft. Luft ist nämlich ein schlechter Wärmeleiter.

Wärmedämmung bei Häusern Auch bei Häusern ist die Wärmedämmung wichtig, damit die Heizungswärme möglichst lange in der Wohnung bleibt. Sonst muss die Heizung zu viel Wärme nachliefern.

Ein geheiztes Haus gibt durch Wand, Dach, Keller und Fenster Energie in Form von Wärme an die kühlere Umgebung ab. ↑6 Deshalb sind zur Dämmung solche Baumaterialien gut geeignet, die Wärme schlecht leiten bzw. gut isolieren. ↑5 Luft ist der beste Isolator und so wird in modernen Häusern auch meist mit Luft gedämmt. Hartschaum, Glaswolle, Mineralwolle und viele andere moderne Baustoffe sind eigentlich nur verpackte Luft. ↑S. 60 Abb. 3

Luftgefüllte Zwischenräume dürfen aber auch nicht zu groß sein. So dämmen z. B. zwei Fensterscheiben mit großem Abstand, also mit viel Luft dazwischen, nicht unbedingt besser als eine Doppel- oder Dreifachglasscheibe. Bei diesen wird wegen des geringen Abstands der Scheiben die Zirkulation der Luft verhindert, wodurch weniger Wärme das Fenster passiert. ↑7

1 Kaiserpinguine

2 Wärmebild von Kaiserpinguinen

3 Eisbären

4 Quietschvergnügt auf Eis und Schnee …

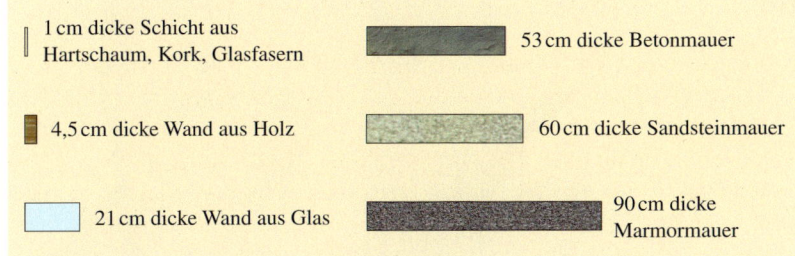

5 Baumaterialien: gleich gute Isolation bei unterschiedlicher Dicke

Legende:
- 1 cm dicke Schicht aus Hartschaum, Kork, Glasfasern
- 4,5 cm dicke Wand aus Holz
- 21 cm dicke Wand aus Glas
- 53 cm dicke Betonmauer
- 60 cm dicke Sandsteinmauer
- 90 cm dicke Marmormauer

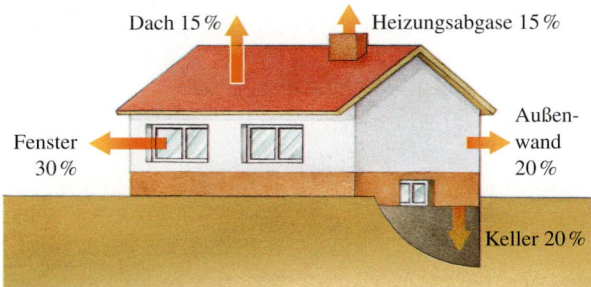

6 Energieabgabe an die Umgebung

Dach 15 % · Heizungsabgase 15 % · Fenster 30 % · Außenwand 20 % · Keller 20 %

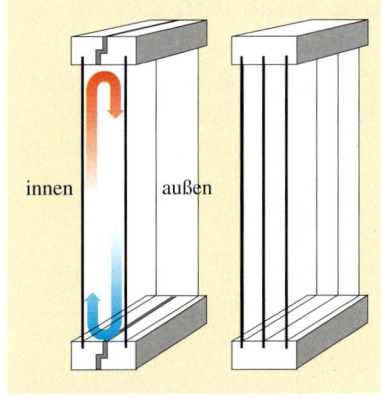

7 Bei engen Zwischenräumen kann keine Luftzirkulation entstehen.

innen · außen

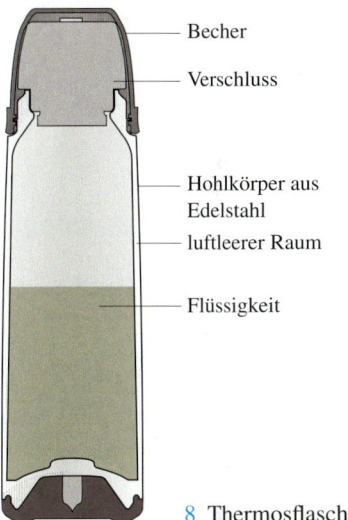

8 Thermosflasche

- Becher
- Verschluss
- Hohlkörper aus Edelstahl
- luftleerer Raum
- Flüssigkeit

Für heiße und kalte Getränke – die Thermosflasche Es ist Sommer – kühle Getränke sind gefragt. Deshalb kommt das Mineralwasser schön kalt aus einer Thermosflasche. Aber warm halten kann sie doch auch! Und wie soll das gehen?

Die Thermosflasche ↑8 besteht innen und außen aus blankem Stahl. Dazwischen ist ein Hohlraum, aus dem die Luft abgesaugt wurde. Dort ist also kein Stoff vorhanden, der die Wärme weiterleiten könnte. Der Hohlraum verhindert also, dass die Wärme zum Inhalt der Flasche weitergeleitet wird. Die blanke Außenfläche sorgt dafür, dass z. B. die Sonnenstrahlung reflektiert wird; das Metall wird sich also nicht so stark erwärmen.

Arbeitsaufträge

1 Beschreibe, warum die Thermosflasche Getränke nicht nur kalt, sondern auch warm halten kann. Fange deinen Satz so an: „Der heiße Tee erwärmt das Metall im Innern der Flasche …"

2 Es gibt verschiedene Möglichkeiten, Heizkosten zu sparen. Man muss dafür sorgen, dass die Wärme im Haus bleibt. Was könnte man tun?

3 Bastle dir ein Versuchshaus aus einem Schuhkarton – mit und ohne Wärmedämmung. ↑9 Nimm als „Ofen" eine Limodose mit 50 °C heißem Wasser. An die Decke hängst du ein Zimmerthermometer.

a Stelle das Haus (ohne „Ofen") in einen kühlen Raum. Lies nach 30 min die Temperatur ab.

b Jetzt kommt der Ofen in das Haus. Miss die Temperatur nach 30 min.

c Kleide das Haus rundherum mit Hartschaum aus. Fülle den Ofen wieder mit 50 °C heißem Wasser. Miss nach 30 min erneut die Temperatur.

d Vergleiche die Ergebnisse. Suche eine Erklärung für die Unterschiede.

4 Das Gewebe gut isolierender Kleidung ist elastisch. Es soll wieder bauschig werden, wenn man es zusammendrückt und loslässt. Begründe.

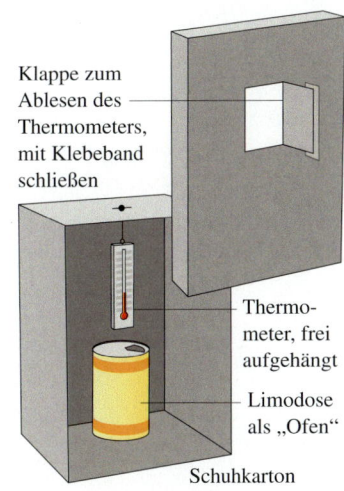

9 „Versuchshaus" (Bastelanleitung)

- Klappe zum Ablesen des Thermometers, mit Klebeband schließen
- Thermometer, frei aufgehängt
- Limodose als „Ofen"
- Schuhkarton

Die Haut und deren Hygiene

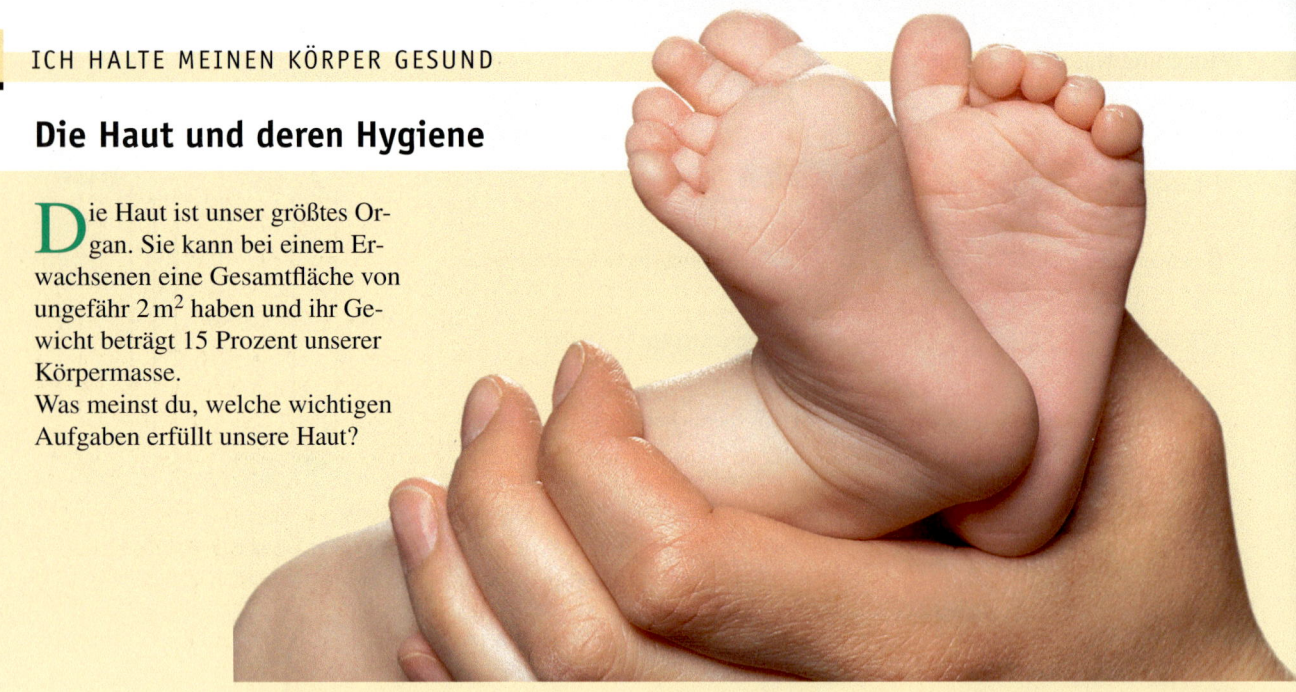

Die Haut ist unser größtes Organ. Sie kann bei einem Erwachsenen eine Gesamtfläche von ungefähr 2 m² haben und ihr Gewicht beträgt 15 Prozent unserer Körpermasse.
Was meinst du, welche wichtigen Aufgaben erfüllt unsere Haut?

1 Die Haut – ein vielseitiges Organ

Beobachten **Untersuchen** *Experimentieren*

1 Wie groß ist deine Hautoberfläche?
Die Hautoberfläche eines Menschen hängt von der Körpergröße und dem Gewicht ab. Ermittle deine Körperoberfläche mithilfe der Skala in Abbildung ↑2. Verbinde dazu mit einem Lineal deine Körpergröße mit deinem Körpergewicht.

2 Wie viel wiegt deine Haut?
Das Gewicht der Haut beträgt rund 15 Prozent des Körpergewichts. Berechne das Gewicht deiner Haut.

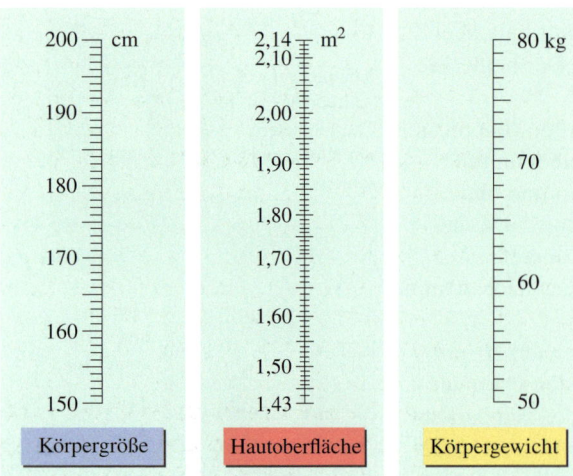

2 Messskala

3 Warm oder kalt?
Material: 3 Wasserschalen, Thermometer, Eiswürfel, Wasserkocher
Durchführung: Füllt je eine Schale mit etwa 5 °C, 20 °C und 35 °C warmem Wasser auf.
Die Versuchsperson taucht je eine Hand für 1 min in das ganz warme und ganz kalte Wasser.
Was empfindet die Versuchsperson?
Anschließend legt die Versuchsperson beide Hände für eine halbe Minute in die mittlere Wanne mit dem lauwarmen Wasser. Was empfindet die Versuchsperson jetzt?
Auswertung: Versucht gemeinsam eine Erklärung für die Empfindungen zu finden.

4 „Mit den Händen sehen?"
a Reicht einer Versuchsperson verschiedene Gegenstände, die sie mit geschlossenen Augen, also nur durch Tasten, erkennen soll.
Woran hat die Versuchsperson die Gegenstände erkannt?
b Führt den Versuch noch einmal durch. Verwendet andere Gegenstände, die jetzt aber nur mit dem Handrücken berührt werden dürfen.
Vergleicht die Ergebnisse mit euren Ergebnissen bei Aufgabe 4a. Welche Schlussfolgerungen könnt ihr aus dem Vergleich ziehen?

GRUNDLAGEN: Unsere Haut

Bau der Haut Die Haut bedeckt die gesamte Körperoberfläche beim Menschen: Das sind bei einem Erwachsenen etwa $2\,m^2$.

Man unterscheidet die äußere Haut und die innere Haut, die unter anderem unsere Körperhöhlen, z.B. den Mund (Mundschleimhaut), auskleidet.

Die äußere Haut ist aus drei unterschiedlichen Schichten aufgebaut. ↑3 Die Oberhaut bildet die äußerste Hautschicht. Nur der untere Teil der Oberhaut, die Keimschicht, lebt. Hier werden ständig neue Hautzellen gebildet. Diese Zellen wandern nach außen; dabei verhornen sie. So entsteht die tote Hornschicht (Hornhaut).

Die mittlere Hautschicht ist die Lederhaut. Hier liegen viele Sinneskörperchen, mit deren Hilfe man Kälte, Wärme, Druck und Schmerz wahrnehmen kann. In der Lederhaut liegen auch bestimmte Drüsen, die Schweiß- und Talgdrüsen. Sie münden durch feine Poren nach außen.

In der dritten Schicht, der Unterhaut, befinden sich sehr viele Fettzellen, die unseren Körper unter anderem vor Druck und Stoß schützen.

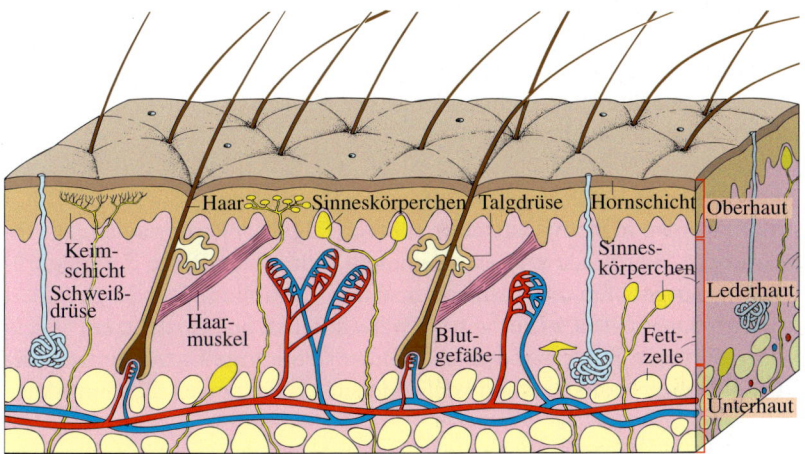

3 Schematischer Aufbau der Haut

Schon gewusst?

Erstaunliche Haut
Unter $1\,cm^2$ Haut befinden sich durchschnittlich:

    1 m Blutgefäße
    4 m Nerven
  100 Schweißdrüsen
   15 Talgdrüsen
    2 Wärmepunkte
   10 Kältepunkte
  100 Schmerzpunkte
   20 Tastkörperchen

Basiskonzept

Struktur und Funktion
Als Kontaktfläche zur Außenwelt liefert die Haut viele wichtige Informationen. Das ist von großer Bedeutung, damit wir auf Veränderungen der Umwelt reagieren können. So werden mit den Sinneskörperchen Wärme, Kälte, Druck und Schmerz erfasst. Ist uns heiß, so wird Schweiß aus den Schweißdrüsen abgegeben, der unseren Körper kühlt.

Funktionen der Haut Unsere Haut ist ein Sinnesorgan. Mit den Sinneskörperchen können wir Wärme und Kälte spüren. Aber auch Druck und Schmerz nehmen wir mit ihrer Hilfe wahr.

Die Haut dient auch als Schutzorgan. Sie grenzt unseren Körper nach außen ab und verhindert das Eindringen von Krankheitserregern. In der Unterhaut befinden sich viele Fettzellen, die als Polster gegen Druck und Stoß dienen. Das in ihnen gespeicherte Fett isoliert auch. Es verhindert, dass der Körper zu viel Wärme nach außen abgibt.

Darüber hinaus ist unsere Haut ein wichtiges Ausscheidungsorgan. Wenn wir schwitzen, gelangt Schweiß aus den Schweißdrüsen auf die Haut. Schweiß kühlt unseren Körper und enthält neben Wasser auch Abfallstoffe wie Harnstoff und Kochsalz sowie Bakterien tötende Stoffe. Auch Kohlenstoffdioxid wird in geringen Mengen über die Haut abgegeben.

Arbeitsaufträge

1 Nenne die drei Schichten der Haut.

2 Beschreibe wichtige Aufgaben der Haut.

GRUNDLAGEN: **Die Haut braucht Schutz und Pflege**

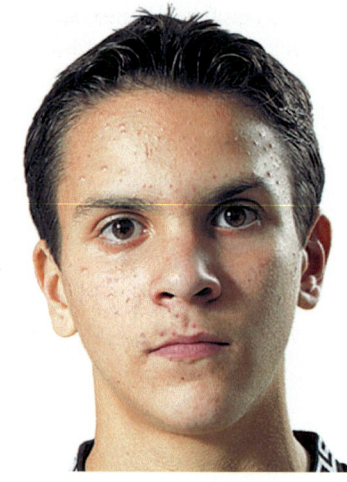

1 Tägliche Körperpflege ist wichtig!

Hygiene der Haut Damit die Haut ihre vielfältigen Aufgaben erfüllen kann, muss sie gereinigt und gepflegt werden.

Eine wichtige Pflegemaßnahme ist das tägliche Waschen, um Schmutz, Schweiß und Krankheitserreger zu beseitigen. Eine geeignete Creme hält deine Haut nicht nur geschmeidig und feucht, sondern schützt auch vor Sonne, Wind und Frost. Sonnencremes schützen deine Haut zusätzlich vor übermäßiger UV-Strahlung. Auch das regelmäßige Kämmen und Waschen der Haare sowie das Schneiden und Säubern von Finger- und Fußnägeln gehören zur regelmäßigen Pflege dazu.

Eine gesunde Haut benötigt ständig Nährstoffe, Vitamine, Mineralstoffe und Flüssigkeit. Ernähre dich deshalb ausgewogen. Viel Bewegung an der frischen Luft sowie warmes und kaltes Duschen im Anschluss härten dich ab. Trage auch der Witterung entsprechende Kleidung. Nur so kannst du im Winter verhindern, dass es zu einer Unterkühlung bzw. zu Erfrierungen von Körperteilen kommt. Im Sommer solltest du auf das Tragen von zu warmer Kleidung verzichten, da sonst ein Wärmestau (Hitzeschlag) ausgelöst werden kann. Bei starker Sonneneinstrahlung trage außerdem eine Kopfbedeckung, um einen Sonnenstich zu vermeiden. Achte auch darauf, dass deine nackte Haut nicht zu lange der Sonne ausgesetzt ist, damit du keinen Sonnenbrand bekommst. ↑S. 67

Akne In der Pubertät macht die Haut eine Veränderung durch: Die Talgdrüsen werden in dieser Zeit zu verstärkter Talgabsonderung angeregt. Abgestorbene Hautzellen und Talg sammeln sich in den Poren der Talgdrüsen, formen Stopfen und verhindern so den Talgabfluss. Der Talg reagiert mit dem Sauerstoff der Luft; ein schwarzes Pünktchen entsteht, ein Mitesser. ↑3 Dringen Bakterien dort ein, bilden sich eitrige Entzündungen, die Pickel. Dieses Krankheitsbild kennst du sicher: Es handelt sich um Akne.

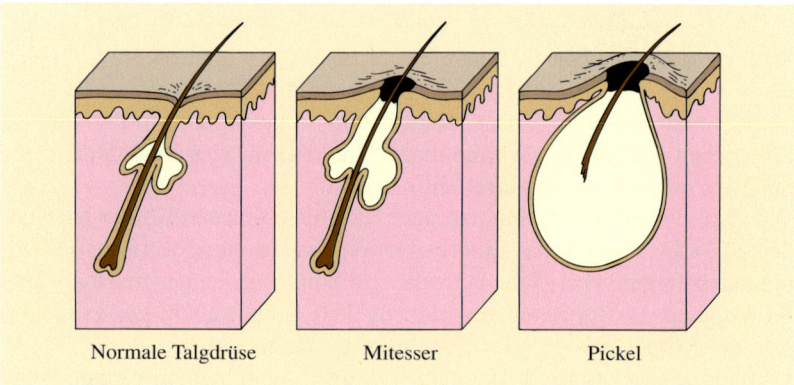

Normale Talgdrüse — Mitesser — Pickel

2 Pickel in der Pubertät sind nicht selten.

3 Ein Mitesser entsteht, wenn die Pore der Talgdrüse verstopft. Ein Pickel entsteht, wenn sich eine verstopfte Talgdrüse entzündet.

Arbeitsaufträge

1 Erläutere drei Maßnahmen zum Schutz der Haut.

2 Informiere dich beim Hautarzt oder in der Apotheke, wie man Pickel am besten behandeln sollte.

GRUNDLAGEN: Sonne und Haut

Hauttyp 1
sehr helle Haut; viele Sommersprossen; blaue, manchmal auch braune Augen; rötliche Haare; häufiger, schmerzhafter Sonnenbrand
Eigenschutzzeit: 5–10 Minuten

Hauttyp 2
helle Haut; wenig Sommersprossen; blaue, grüne oder graue Augen; blonde oder braune Haare; häufiger, schmerzhafter Sonnenbrand
Eigenschutzzeit: 10–20 Minuten

Hauttyp 3
helle bis hellbraune Haut; keine Sommersprossen; graue oder braune Augen; dunkelblonde bis braune Haare; mäßiger Sonnenbrand
Eigenschutzzeit: 20–30 Minuten

Hauttyp 4
hellbraune bis olivfarbene Haut; keine Sommersprossen; braune Augen; braune bis schwarze Haare; kaum Sonnenbrand
Eigenschutzzeit: 40 Minuten

4 Jeder Hauttyp hat eine bestimmte Eigenschutzzeit.

Gefährliche UV-Strahlen Von der Sonne gelangt nicht nur Wärmestrahlung und sichtbares Licht auf die Erde, sondern auch unsichtbare UV-Strahlung. UV-Strahlung kann in die Haut eindringen und dort Schäden hervorrufen. Die Haut altert schneller, Sonnenbrand und Hautkrebs können entstehen.

Schutz durch Pigmente In der Haut stellen besondere Zellen dunkle Farbstoffe, die Pigmente, her. Diese Farbstoffe verteilen sich in der Oberhaut und bestimmen die Hautfarbe eines Menschen. Die Pigmente schützen tiefere Hautschichten vor der Schädigung durch UV-Strahlen.
An Stellen, die der Sonne ausgesetzt sind, bilden die Zellen mehr Pigmente. Die Haut wird dunkler. Bis die Pigmente in die oberen Hautschichten gelangen, vergehen einige Tage. Daher muss man sich mit ungebräunter Haut vor starker und zu langer Sonneneinstrahlung schützen.

Hauttypen und Sonnenschutzmittel Nach der Menge der Pigmente, die die Haut bildet, unterscheidet man verschiedene Hauttypen. ↑4 Je nach Hauttyp verträgt man Sonne unterschiedlich lange. Die Zeit, die man ungeschützt in starker Mittagssonne verbringen kann, ohne Schaden zu nehmen, heißt Eigenschutzzeit.
Die Eigenschutzzeit kann man mithilfe eines Sonnenschutzmittels verlängern. Je höher dessen Lichtschutzfaktor ist, desto stärker hält es die UV-Strahlen von der Haut ab. Die Schutzzeit mit einem Sonnenschutzmittel berechnet man, indem man seine Eigenschutzzeit mit dem Lichtschutzfaktor des Sonnenschutzmittels multipliziert.

Schon gewusst?

Tipps für gesundes Sonnenbaden

– Die Haut im Frühling langsam an die Sonne gewöhnen!
– Sonnenbrand vermeiden, indem du für deinen Hauttyp Sonnenschutzmittel mit dem richtigen Lichtschutzfaktor verwendest!
– In der Sonne stets eine Sonnenbrille und eine Kopfbedeckung tragen!
– Die Mittagssonne meiden!
– Nicht mehr als 50 Sonnenbäder im Jahr nehmen!
– Beim Baden mit wasserfestem Sonnenschutzmittel einreiben!

Arbeitsaufträge

1 Im Frühling bekommt man schneller einen Sonnenbrand als im Sommer. Erkläre.
2 Ordne dich einem Hauttyp zu. ↑4 Begründe.
3 Du cremst dich mit einem Sonnenschutzmittel mit Lichtschutzfaktor 12 ein. Berechne, wie lange du in der Sonne bleiben darfst.

Zusammenspiel der Organsysteme

Ein Fußballspiel: Der Gegner hat gerade den Ball gespielt. Nun gilt es, die Flugbahn des Balls zu erahnen, einen Plan für den eigenen Schuss zu entwerfen und die dafür notwendige Bewegung des ganzen Körpers zu koordinieren. Gleichzeitig müssen der Herzschlag und die Atmung an die körperliche Betätigung angepasst werden.
Alle Leistungen unseres Körpers erfordern das perfekte Zusammenspiel der Organe. Wie arbeiten sie zusammen?

1 Bei so einem Schuss wird im Körper zusammengearbeitet!

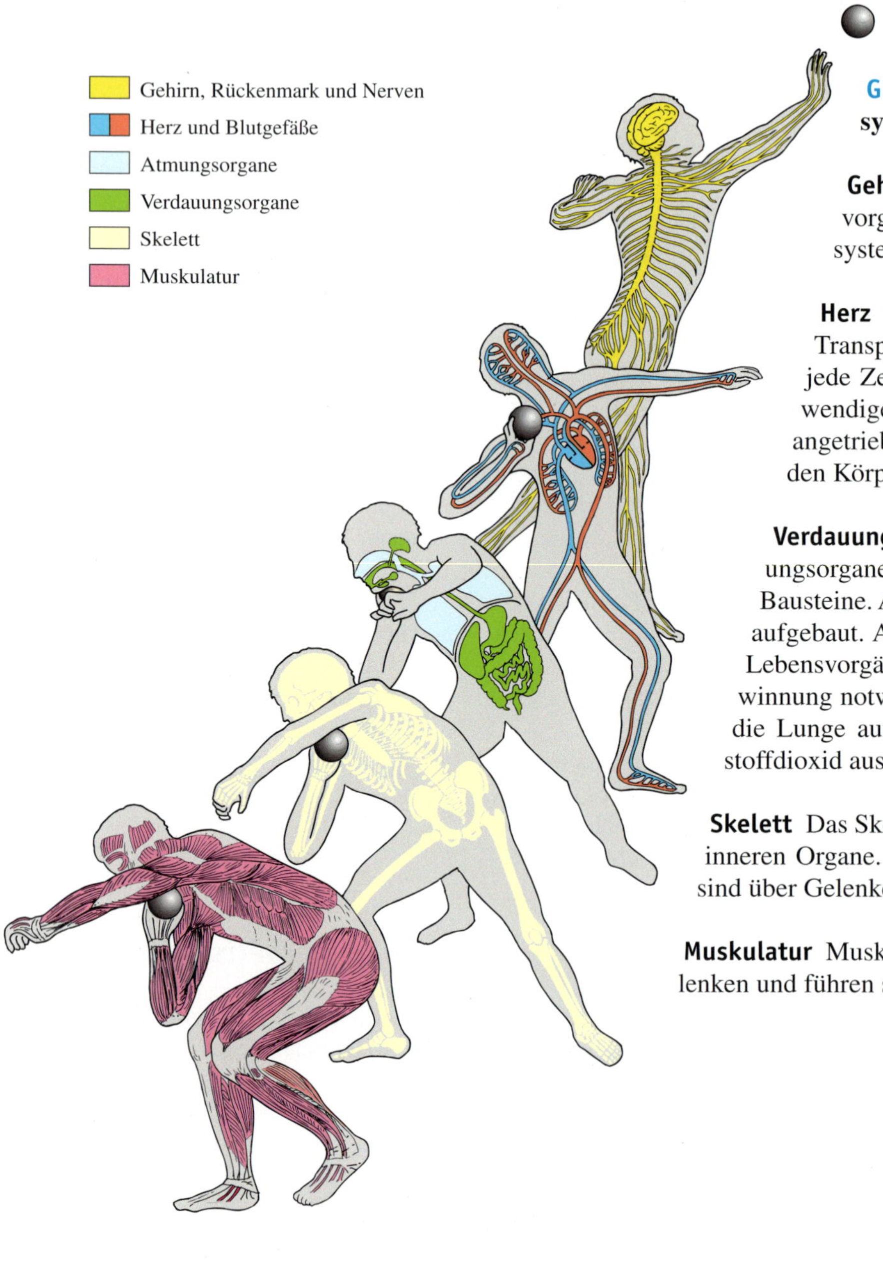

- Gehirn, Rückenmark und Nerven
- Herz und Blutgefäße
- Atmungsorgane
- Verdauungsorgane
- Skelett
- Muskulatur

GRUNDLAGEN: Organe und Organsysteme unseres Körpers

Gehirn und Nervensystem Alle Lebensvorgänge werden von Gehirn und Nervensystem überwacht und gesteuert.

Herz und Blutkreislauf Das Blut ist das Transportsystem des Körpers. Es versorgt jede Zelle in unserem Körper mit allen notwendigen Stoffen. Das Blut wird vom Herzen angetrieben und fließt in Blutgefäßen durch den Körper.

Verdauungs- und Atmungsorgane Die Verdauungsorgane zerlegen die Nahrung in kleinste Bausteine. Aus ihnen werden körpereigene Stoffe aufgebaut. Außerdem wird aus ihnen Energie für Lebensvorgänge gewonnen. Den zur Energiegewinnung notwendigen Sauerstoff nehmen wir über die Lunge auf. Über sie atmen wir auch Kohlenstoffdioxid aus.

Skelett Das Skelett stützt den Körper und schützt die inneren Organe. Die einzelnen Knochen des Skeletts sind über Gelenke beweglich miteinander verbunden.

Muskulatur Muskeln bewegen die Knochen an den Gelenken und führen so die Körperbewegungen aus.

GRUNDLAGEN: Der menschliche Körper – ein biologisches System

Der menschliche Körper ist ein biologisches System. Die einzelnen Organe bzw. Organsysteme arbeiten zusammen und sind in ihrer Tätigkeit aufeinander abgestimmt.

Abgestimmte Organleistungen Das Ziel dieser Teamarbeit besteht darin, die Stoff- und Energieumwandlung in den Körperzellen an die Körperleistungen anzupassen.

Beispielsweise benötigen wir bei einem Fußballspiel mehr Energie als beim Lesen eines Buches. Dafür muss unter anderem die Energiebereitstellung in den Muskeln gesteigert werden. Die Muskelzellen gewinnen Energie durch Zellatmung, bei der die Bausteine der Nährstoffe mithilfe von Sauerstoff verbrannt werden. Dabei entstehen Wasser und Kohlenstoffdioxid; gleichzeitig wird Energie freigesetzt.↑2

Bei großen körperlichen Leistungen müssen also größere Mengen Sauerstoff und mehr Nährstoffbausteine zu den Organen bzw. Körperzellen transportiert werden; zugleich steigt auch die Menge Kohlenstoffdioxid an, die abtransportiert werden muss. Das Blut kann diese größere Transportleistung nur erbringen, wenn das Herz häufiger schlägt. Auch die Zahl der Atemzüge pro Minute steigt.

Basiskonzept

System

Der menschliche Körper ist aus vielen Organen aufgebaut. Nur das Zusammenwirken aller Organe ermöglicht das Ablaufen der Lebensvorgänge.

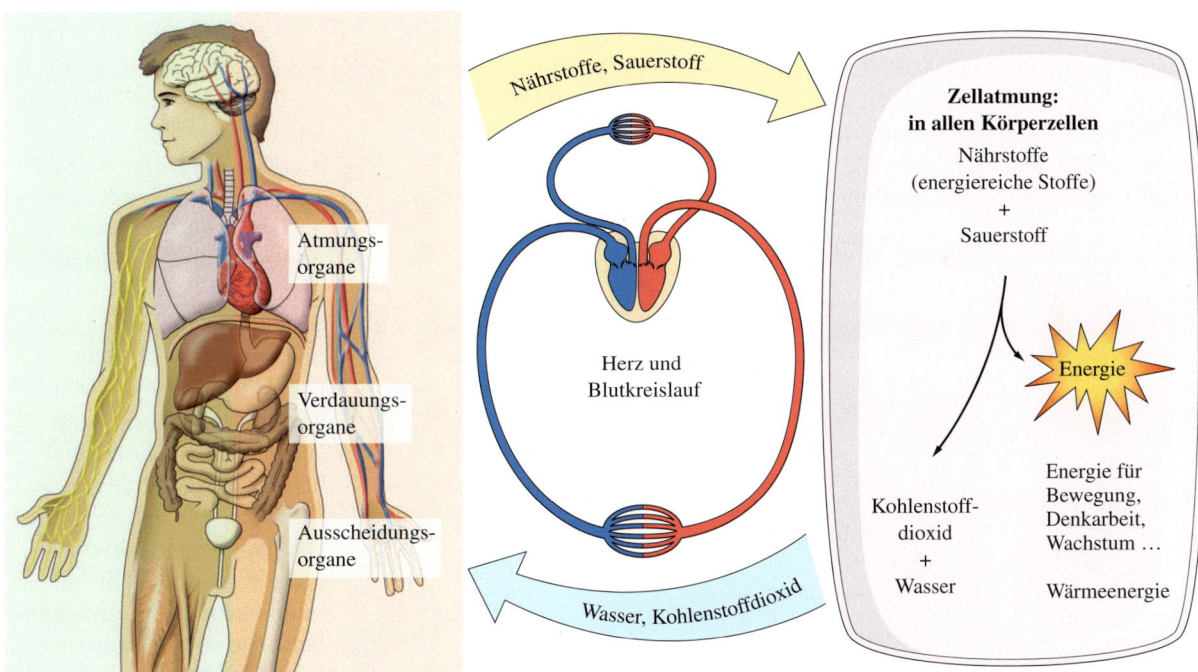

2 Die Leistungen des Körpers erfordern das Zusammenwirken der Organe.

Arbeitsaufträge

1 Kann man sagen, in unserem Körper wirke ein „Organteam"? Begründe deine Meinung.

2 Erläutere den Zusammenhang zwischen Atmung und Stoff- und Energieumwandlung in den Zellen.

3 Beschreibe die Vorgänge in deinem Körper, wenn du dich nach einem langen Schultag ausruhst. Berücksichtige dabei die Stoff- und Energieumwandlung in deinen Muskelzellen.↑2

Pickel, Freundschaft, Lust und Frust – was in der Pubertät geschieht

Wegen Umbauarbeiten vorübergehend geschlossen! So ein Schild würden sich vielleicht manche Mädchen und Jungen zwischen 10 und 15 Jahren gerne umhängen. Denn sie sind in der Pubertät – in einer Phase, in der sich nicht nur der Körper verändert. Oft kennen sich die Jugendlichen selbst nicht mehr. Was genau geschieht in der Pubertät?

1 Wieso versteht mich keiner?

2 Was passiert gerade mit mir?

Methode *Wir erstellen eine Mindmap*

Sicher fällt dir zum Thema „Pubertät" einiges ein. Eine Mindmap eignet sich gut dazu, Ideen zu sammeln und zu ordnen. Das englische Wort *mindmap* heißt übersetzt Gedankenkarte – und sie sieht auch aus wie eine Karte deiner Ideen und Gedanken. Du kannst die Methode auch anwenden, um dir etwas einzuprägen oder um Gelerntes übersichtlich darzustellen.

1 Sammle zunächst Begriffe, die dir zu diesem Thema einfallen.

2 Markiere Begriffe, die zusammengehören, mit derselben Farbe und suche nach übergeordneten Leitbegriffen.

3 Schreibe das Thema – also „Pubertät" – in die Mitte eines DIN-A3-Blattes. Male von dort aus Hauptäste in verschiedenen Farben und beschrifte sie mit den Leitbegriffen. Zeichne zu jedem Hauptast weitere Verzweigungen, auf die du die gesammelten Begriffe schreibst.

4 Versuche einzelne Begriffe durch einfache kleine Symbole zu veranschaulichen.

Diskutiert anhand eurer Mindmaps, welche Themen euch besonders interessieren. Besprecht auch, in welcher Sprache ihr über Körper und Sexualität reden möchtet.

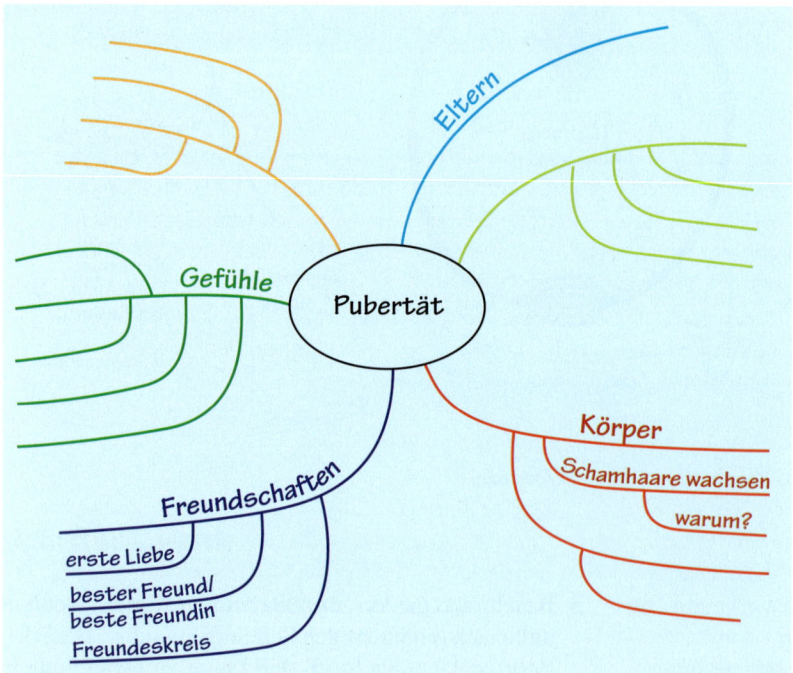

3 Mindmap zum Thema „Pubertät"

GRUNDLAGEN: Pubertät – auf dem Weg zum Erwachsensein

Wann beginnt die Pubertät? Die Pubertät beginnt meist zwischen dem 10. und dem 15. Lebensjahr, bei Mädchen etwas früher als bei Jungen. Das ist aber bei jedem anders: Jeder Körper hat sein eigenes Tempo.

Körperliche Veränderungen Am auffälligsten ist, dass Jugendliche in der Pubertät sehr schnell wachsen. ↑4 Auch sonst werden viele Veränderungen des Körpers sichtbar. ↑5 Dies liegt daran, dass der Körper in der Pubertät beginnt, neue Signalstoffe, so genannte Hormone, zu produzieren. Sie steuern die Entwicklung. Was man nicht sehen kann, ist, dass in den Geschlechtsorganen reife Eizellen bzw. Spermien gebildet werden.

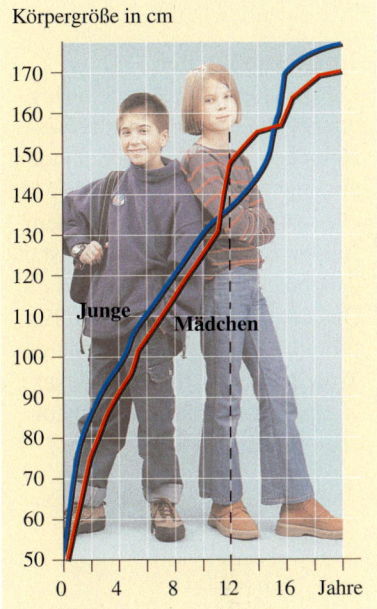

4 Zunahme der Körpergröße bei Kindern und Jugendlichen

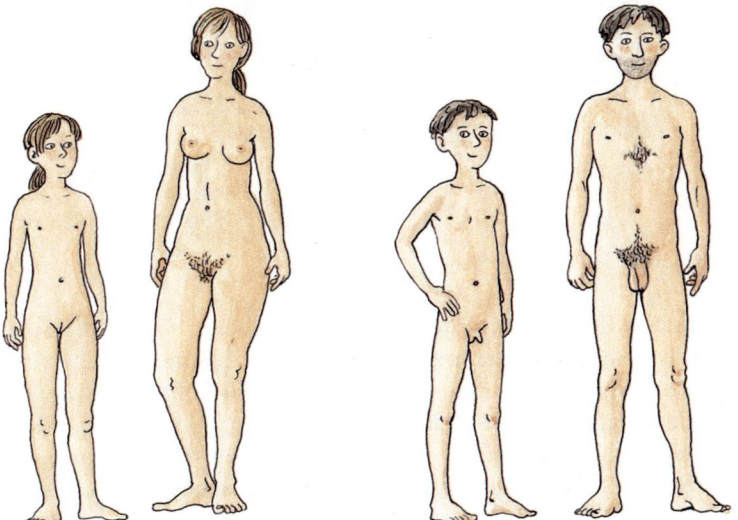

5 Vom Mädchen zur Frau – vom Jungen zum Mann

Veränderungen des Verhaltens Jungen und Mädchen in der Pubertät sind oft hin und her gerissen zwischen Erwachsen-sein-Wollen und Sich-wie-ein-Kind-Fühlen. Auch die Stimmung scheint Achterbahn zu fahren: Sie sind mal super drauf, dann plötzlich total genervt, traurig oder unsicher. Die Jugendlichen wollen mehr selbst entscheiden, was oft zu Diskussionen mit den Eltern führt. Beste Freunde und beste Freundinnen werden vielleicht wichtiger. Manche verlieben sich und haben das Bedürfnis, „ihn" oder „sie" häufiger zu sehen oder auch zu berühren. Manchmal haben Jugendliche aber auch das Gefühl, dass keiner sie versteht. Die Pubertät ist eine sehr spannende, aber auch komplizierte Zeit.

Basiskonzept

Entwicklung
Lebewesen verändern sich ständig. Sie durchlaufen verschiedene Phasen, in denen sich Organe verändern und allmählich eine Funktion erlangen. So bilden beispielsweise die Geschlechtsorgane reife Geschlechtszellen erst mit Beginn der Pubertät.

Arbeitsaufträge

1 Seid ihr noch Kinder oder schon Erwachsene? Welche Veränderungen könnt ihr im Moment an euch bemerken? Was erwartet ihr vom Erwachsensein? Besprecht diese Fragen in der Gruppe.

2 Viele Jugendliche haben in der Pubertät mit Pickeln zu kämpfen. Informiere dich, warum das so ist und was man dagegen tun kann.

3 Stelle anhand der Abbildung ↑5 die körperlichen Veränderungen von Mädchen und Jungen während der Pubertät in einer Tabelle zusammen. Nenne auch körperliche Veränderungen, die nicht äußerlich sichtbar sind.

4 Werte das Diagramm in Abbildung ↑4 aus. Formuliere die Aussage in zwei Sätzen.

GRUNDLAGEN: Vom Mädchen zur Frau

Jungfernhäutchen

Das Jungfernhäutchen, ein ring- oder halbmondförmiges feines Häutchen, bedeckt den Scheideneingang teilweise. Wenn ein Mädchen zum ersten Mal mit einem Jungen schläft, wird es sehr stark gedehnt. Meist reißt es dabei ein. Das kann jedoch auch beim Einführen eines Tampons passieren. Trotzdem ist es für manche sehr wichtig, dass das Jungfernhäutchen unversehrt ist.

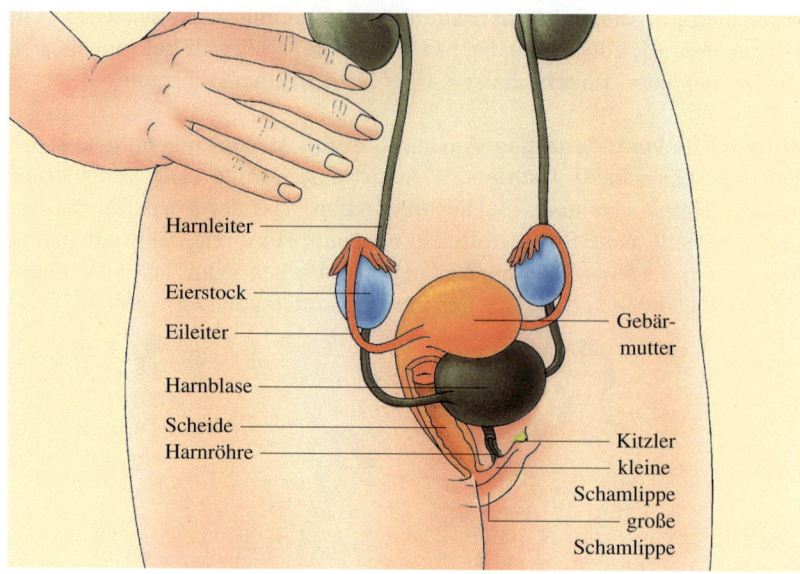

1 Die weiblichen Geschlechtsorgane

Die weiblichen Geschlechtsorgane ↑1 Bei Mädchen sind äußerlich der Schamhügel zu sehen und die großen Schamlippen. Diese Hautfalten bedecken die kleinen Schamlippen, den Kitzler, die Harnröhrenöffnung und den Scheideneingang. Die Scheide ist ein dehnbarer Schlauch, der in die Gebärmutter mündet. Die Gebärmutter ist ein Hohlmuskel, etwa so groß wie eine Birne. Sie ist mit Gebärmutterschleimhaut ausgekleidet. Vom oberen Ende der Gebärmutter führen die Eileiter zu den Eierstöcken.

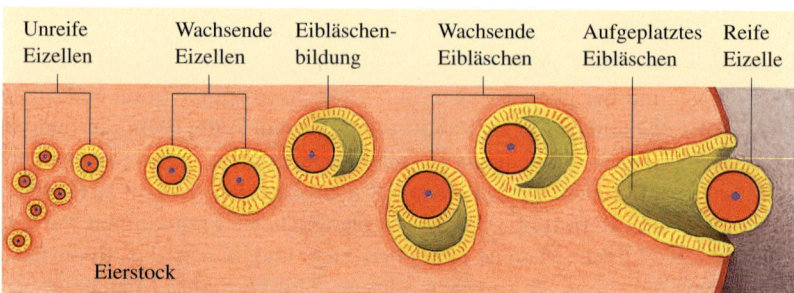

2 Reifung der Eizelle im Eierstock

Reifung der Eizelle Jeder Eierstock enthält schon bei der Geburt des Mädchens mehrere Hunderttausend Eizellen. Mit Beginn der Pubertät reift – gesteuert durch Hormone – monatlich eine von ihnen heran. Um die Eizelle herum bildet sich das Eibläschen. ↑2 Es wandert zur Oberfläche des Eierstocks, platzt und gibt die Eizelle frei. Dies wird als Eisprung bezeichnet. Die reife Eizelle gelangt in den Eileiter, wo sie befruchtet werden kann, und von dort in die Gebärmutter. Das im Eierstock verbleibende leere Eibläschen wird wegen seiner gelben Farbe Gelbkörper genannt. Es bildet nun weitere wichtige Hormone für eine mögliche Schwangerschaft.

GRUNDLAGEN: Vom Jungen zum Mann

Die männlichen Geschlechtsorgane [↑3] Penis und Hodensack bilden die äußeren Geschlechtsorgane. Der empfindliche vordere Teil des Penis, die Eichel, wird von der Vorhaut bedeckt. Mit Einsetzen der Pubertät kommt es bei Jungen vor, dass sich der Penis plötzlich versteift. Dabei füllen sich die Schwellkörper in seinem Innern mit Blut. Der Penis wird dicker und länger und richtet sich auf.

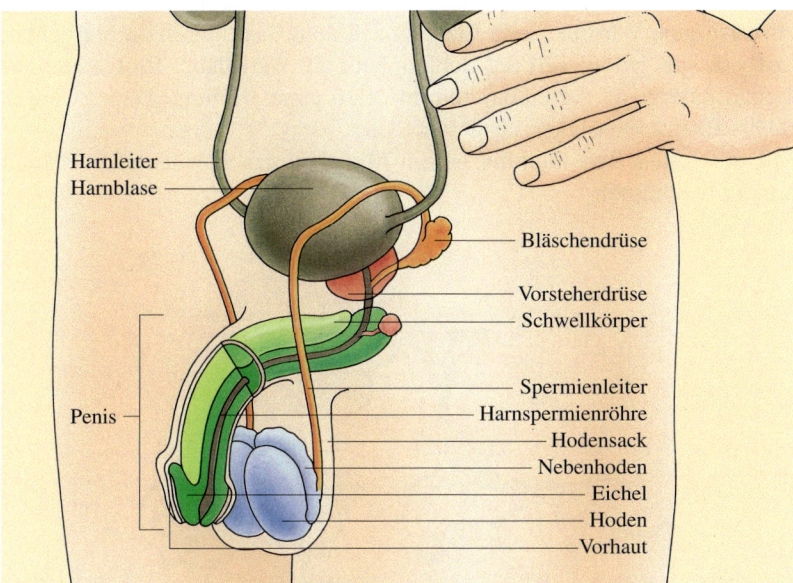

Harnleiter
Harnblase
Bläschendrüse
Vorsteherdrüse
Schwellkörper
Penis
Spermienleiter
Harnspermienröhre
Hodensack
Nebenhoden
Eichel
Hoden
Vorhaut

3 Die männlichen Geschlechtsorgane

Spermienbildung Im Hodensack liegen je zwei Hoden und Nebenhoden. Die Hoden bilden die männlichen Geschlechtszellen, die Spermien. In den Nebenhoden werden sie gespeichert. Ist der Speicher voll, kommt es zu einem Spermienerguss. Dabei werden die Spermien über die Spermienleiter und die Harnspermienröhre ausgestoßen. Gleichzeitig geben die Bläschendrüse und die Vorsteherdrüse eine Flüssigkeit ab, die die Spermien beweglicher macht. Diese Flüssigkeit zusammen mit den Spermien heißt Sperma.

Schon gewusst?

Stimmbruch
In der Pubertät werden die Stimmen von Mädchen und Jungen tiefer und dunkler. Das liegt daran, dass in dieser Zeit der Kehlkopf wächst. Da bei Jungen die Stimmbänder jetzt stärker wachsen und um bis zu 1 cm länger werden, kommt es bei ihnen zum Stimmbruch. Die Stimme klingt rau und kippt oft zwischen der männlichen Stimmlage und der Kinderstimme. Der Stimmbruch dauert etwa ein halbes Jahr.

Arbeitsaufträge

1 Nenne die weiblichen Geschlechtsorgane. Unterscheide innere und äußere Geschlechtsorgane. [↑1]
2 Ordne die Texte A bis C den passenden Geschlechtsorganen zu.
3 Beschreibe deinem Nachbarn die Reifung der Eizelle sowie ihren Weg durch die inneren Geschlechtsorgane. [↑1, 2]

A *Sie nimmt beim Geschlechtsverkehr den Penis auf. Das Kind wird durch diesen Gang geboren.*
B *In ihr kann sich eine befruchtete Eizelle einnisten und zum Kind heranwachsen.*
C *Er reagiert sehr empfindlich auf Berührung. Streicheln kann Erregung auslösen.*

4 Erstelle eine Tabelle, in die du links die männlichen Geschlechtsorgane und rechts deren Funktion einträgst.
5 Erläutere, was bei einer Erektion geschieht.
6 Beschreibe den Weg eines Spermiums von der Bildung bis zum Spermienerguss. [↑3]

GRUNDLAGEN: **Endlich erwachsen? Die erste Regelblutung**

Schon gewusst?

Hygiene

Während der Pubertät beginnen die Schleimhäute der Scheide Schleim abzusondern, der als durchsichtige bis milchige Flüssigkeit aus der Scheide fließt. Außerdem produziert der Körper mehr Talg und Schweiß. Die äußeren Geschlechtsorgane, das Gesicht und die Achselhöhlen sollten daher täglich gewaschen werden.

Menstruation – was ist das? Die Regelblutung (Menstruation) setzt meist zwischen dem 10. und dem 16. Lebensjahr ein. Sie findet alle drei bis fünf Wochen statt und dauert 3 bis 7 Tage. Die rote Flüssigkeit besteht aus Blut und Gebärmutterschleimhaut.

Während die Eizelle im Eierstock reift, wächst die Gebärmutterschleimhaut auf das Vierfache ihrer normalen Dicke an.↑1 Sie hat die Aufgabe, eine befruchtete Eizelle aufzunehmen und mit Nährstoffen und Sauerstoff zu versorgen. Wird die reife Eizelle nach dem Eisprung nicht befruchtet, löst sich der größte Teil der Schleimhaut ab. Weil dabei Blutgefäße der Gebärmutterwand zerreißen, kommt es zu einer Blutung. Dabei werden 60 bis 100 ml Flüssigkeit ausgeschieden.

Mit der ersten Regelblutung ist ein Mädchen geschlechtsreif und kann Kinder bekommen.

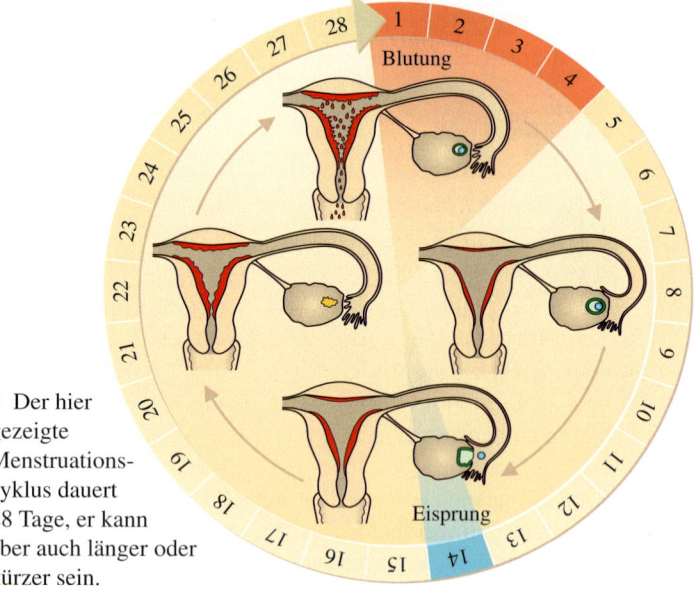

1 Der hier gezeigte Menstruationszyklus dauert 28 Tage, er kann aber auch länger oder kürzer sein.

Menstruationsbeschwerden Während der Menstruation zieht sich die Gebärmutter zusammen. Viele Mädchen und Frauen haben daher Bauch- oder Rückenschmerzen. Oft lindern Kräutertee, ein warmes Bad oder eine Wärmflasche die Beschwerden.

Monatshygiene Während der Regelblutung kann man Binden oder Tampons benutzen, um das Blut aufzufangen.↑2 Sie sollten mehrmals am Tag gewechselt werden, wie oft, hängt von der Stärke der Blutung ab. Während der Regelblutung können sich besonders schnell unangenehme Gerüche bilden. Auch Krankheitserreger vermehren sich leichter. Deshalb ist tägliches Waschen mit Wasser oder milden Waschlotionen noch wichtiger.

Kurz und knapp **In den Eierstöcken reift jeden Monat eine Eizelle heran. Durch den Eileiter gelangt sie zur Gebärmutter. Wird die Eizelle nicht befruchtet, wird sie mit der Gebärmutterschleimhaut bei der Regelblutung (Menstruation) abgestoßen.**

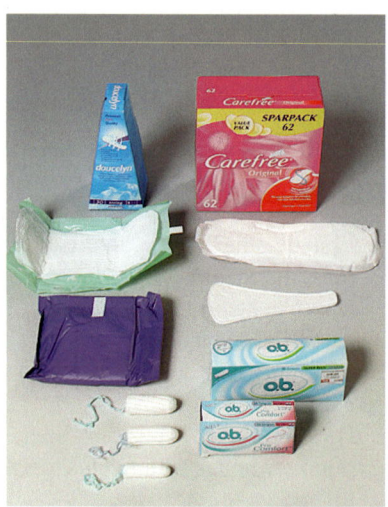

2 Binden, Tampons und Slipeinlagen saugen das Blut auf.

GRUNDLAGEN: Endlich erwachsen? Der erste Spermienerguss

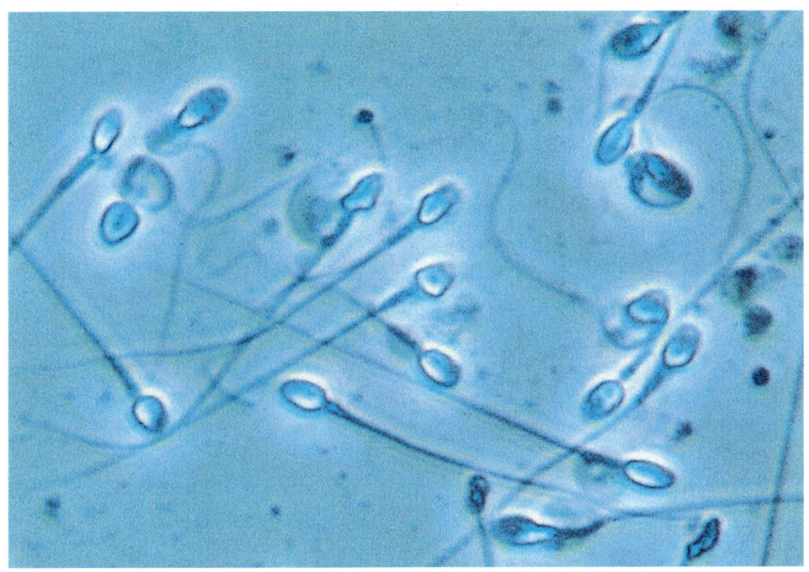

3 Spermien unter dem Mikroskop, etwa 1000-fach vergrößert

Spermienerguss Der erste Spermienerguss passiert meist im Schlaf. Nach so einem „feuchten Traum" findet der Junge morgens weißliche Flecken in der Unterhose oder auf dem Bettlaken. Dies ist völlig normal. Ein Spermienerguss kann aber auch dadurch ausgelöst werden, dass der Penis gestreichelt oder gerieben wird. Dies führt zu angenehmen Gefühlen. Auf dem Höhepunkt der Erregung, dem Orgasmus, wird das Sperma ausgeschleudert. Mit dem ersten Spermienerguss ist ein Junge geschlechtsreif und kann Kinder zeugen.

Hygiene In der Pubertät produziert der Körper mehr Talg und Schweiß. Daher sollten das Gesicht, die Achselhöhlen und die Geschlechtsorgane täglich gewaschen werden. Um den Bereich zwischen Eichel und Vorhaut zu säubern, muss man die Vorhaut zurückziehen, weil sich hier sonst Bakterien ansiedeln.

Kurz und knapp Zu den männlichen Geschlechtsorganen gehören Penis, Hodensack, Hoden, Nebenhoden, Spermienleiter, Harnspermienröhre sowie Vorsteher- und Bläschendrüse. Mit dem Beginn der Pubertät werden in den Hoden reife Spermien gebildet. Sie werden zusammen mit Spermaflüssigkeit beim Spermienerguss durch den Penis ausgestoßen.

Schon gewusst?

Sperma
Anders als Eizellen sind Spermien – so lautet die Mehrzahl von Spermium – sehr klein. Bei jedem Spermienerguss werden etwa 4 ml Sperma abgegeben, worin ungefähr 200 bis 300 Millionen Spermien enthalten sind. Das Sperma wird mit einer Geschwindigkeit von 14 bis 18 km/h ausgeschleudert.

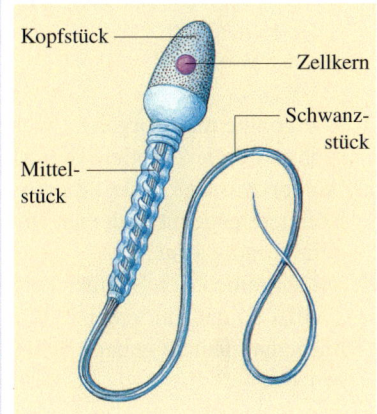

4 Aufbau eines Spermiums

Arbeitsaufträge

1 Beschreibe anhand von Abbildung 1 den Menstruationszyklus.
2 Überlege dir, wie du die Saugkraft von Tampons und Binden überprüfen kannst. Führe diesen Versuch anschließend durch.
3 Die erste Regel und der erste Spermienerguss sind ein wichtiger Schritt auf dem Weg zum Erwachsensein. Erkläre.
4 Begründe, weshalb die Hygiene der Geschlechtsorgane besonders wichtig ist.

„Willst du mit mir gehen?"

Plötzlich ist alles anders. Ständig denkst du nur noch an eine Person und möchtest am liebsten die ganze Zeit mit ihr zusammen sein. Leider weißt du noch gar nicht, ob der- oder diejenige das auch möchte.
Wie kannst du herausbekommen, ob sich jemand für dich interessiert? Wie kann man jemandem zeigen, dass man ihn besonders gerne mag?

1 „Ich finde ihn so nett. Wie kann ich ihm das nur sagen?"

Beobachten Untersuchen Experimentieren

Verliebt – was nun?

1 Wie könnte man vorgehen, wenn man jemanden sehr nett findet? Notiere drei Möglichkeiten.
2 Welche Aussage findest du am besten? ↑2–4 Erläutere gegenüber deinen Mitschülern, was dir gefällt und was nicht.
3 Oft schreiben sich Schüler Zettelchen mit der Frage: „Willst du mit mir gehen?" Was heißt das eigentlich, mit jemandem zu gehen? Schreibe dazu einen kurzen Text.

4 Probiert in einem Rollenspiel aus, euch mit jemandem fürs Kino zu verabreden. Spielt dabei folgende Möglichkeiten durch:
A Die Person sagt „Ja" und beide verabreden sich.
B Die Person sagt „Nein". Die andere Person versucht sie zu überreden.
C Die Person sagt „Nein" und möchte in Zukunft nicht mehr angesprochen werden. Sie versucht der anderen Person dies klarzumachen, ohne sie zu verletzen.
Überlegt euch noch andere Situationen und spielt sie in verschiedenen Varianten durch.

Wenn ich ein Mädchen nett finde, suche ich Blickkontakt zu ihr und lächle sie an. Wenn sie mich dann nicht anspricht, spreche ich sie an, gebe ihr ein Getränk aus oder fordere sie zum Tanzen auf. Später schreibe ich ihr Briefe oder lade sie ins Kino ein.

Wenn ich einen Jungen nett finde, traue ich mich nicht, ihn direkt anzusprechen. Häufig springen meine Freundinnen ein und stellen mich vor. Wenn man erst mal mit dem Smalltalk angefangen hat, ist es gar nicht mehr so schwer, sich zu verabreden.

Wenn ich mich verliebt habe und den Jungen wahrscheinlich nicht zufällig wiedersehen werde, frage ich ihn nach seiner Telefonnummer. Erst am nächsten Tag melde ich mich oder noch später, damit es spannender ist.

2

4

3

GRUNDLAGEN: Die erste Liebe

Sichkennenlernen In der Pubertät entstehen die ersten Liebesbeziehungen. Diese gehen über Reden, Kinobesuch und Kuscheln hinaus. Plötzlich sehnt man sich ganz anders als früher nach körperlicher Nähe. Dabei muss jeder für sich erst einmal herausfinden: Was möchte ich? Was tut mir gut und was nicht? Und was möchte der andere von mir?

Regeln gibt es nicht Vieles ist neu. Deswegen ist es ganz normal, dass man unsicher ist und Angst hat, etwas falsch zu machen. Eindeutige Regeln, wie man jemanden streicheln soll oder was man bei einem Zungenkuss machen muss, gibt es aber nicht. Wichtig ist, nur das zu tun, was man wirklich will und was sich „richtig" anfühlt.

Liebe braucht Vertrauen Man muss offen sagen, wenn einem etwas zu viel wird oder zu schnell geht. Das fällt manchmal schwer. Auch für den Partner kann es schwierig sein zu akzeptieren, dass der andere noch nicht so weit ist. Beide Partner sollten aber darauf vertrauen können, dass der andere ihn so mag, wie er ist. Wenn zwei zusammen herausfinden, was sie wollen und was gut für sie ist, sind sie mittendrin im Abenteuer Liebe.

Tipps für Bekanntschaften im Internet

Gib niemals deinen vollständigen Namen, deine Anschrift, den Namen deiner Schule oder deine Telefonnummer im Internet an.

Schicke niemandem ein Foto von dir.

Antworte nie auf E-Mails, Chat- oder Forenbeiträge, bei denen du dich unwohl oder bedroht fühlst.

Erzähle es sofort einem Erwachsenen, dem du vertraust, wenn du etwas liest oder siehst, was dir unangenehm ist.

Verabrede dich niemals mit einer Internet-Bekanntschaft, ohne es mit deinen Eltern oder einem Erwachsenen, dem du vertraust, zu besprechen. Triff dich nur an einem öffentlichen Ort und nimm einen Erwachsenen mit.

Eine Person, die du im Internet kennenlernst, kann jemand anderes sein, als sie vorgibt. Wenn jemand erzählt, er sei ein 12-jähriges Kind, kann es sich in Wirklichkeit um einen Erwachsenen handeln.

Schon gewusst?

Beratung und Hilfe
Wenn jemand etwas von dir verlangt, was du nicht willst, sage klar: „Nein!" Beratung und Hilfe bekommst du bei der „Nummer gegen Kummer" 0800-1110 333 und über Internetseiten wie: www.bzga.de, www.profamilia.de, www.wildwasser.de oder www.zartbitter.de.

Arbeitsaufträge

1 Tragt in der Gruppe eure Erfahrungen zusammen, was eine gute Freundschaft auszeichnet und was sie gefährden kann.

2 Schreibe auf und ergänze: „Ich erwarte von meinem Partner ..."

3 Überlege dir, mit wem du ganz persönliche Fragen besprechen kannst und willst.

4 Betrachte die in Abbildung ↑5 dargestellte Situation.

a Nenne mindestens drei Möglichkeiten, die Sprechblase zu füllen.

b Überlege, wie sich die Situation in den verschiedenen Fällen weiterentwickelt.

c Was könnte die Person rechts tun, wenn sie die andere Person nicht küssen möchte, sie aber als Freund auch nicht verlieren will? Besprich mit einem Partner verschiedene Möglichkeiten.

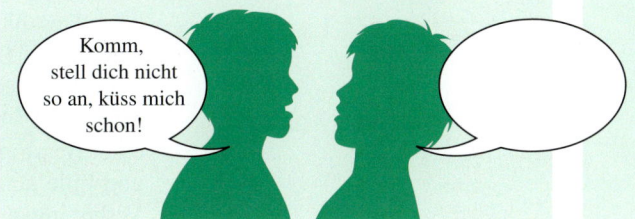

5 Wie könnte es weitergehen?

Das erste Mal

Max und Nicole sind seit einem halben Jahr zusammen. Auf dem Schulfest hatten sie schon die ganze Zeit miteinander getanzt. Als das Fest zu Ende war, gingen sie zu Max nach Hause. Sie küssten sich und schmusten immer heftiger miteinander. Und dann ist es passiert. Was sollen sie jetzt tun?

Sie nimmt bestimmt die Pille.

Hoffentlich bin ich nicht schwanger.

Er wird schon aufpassen.

Von dem einen Mal werd' ich mir schon nichts geholt haben.

1 Das erste Mal passiert oft ungeplant, kommt aber selten völlig überraschend.

Beobachten **Untersuchen** Experimentieren

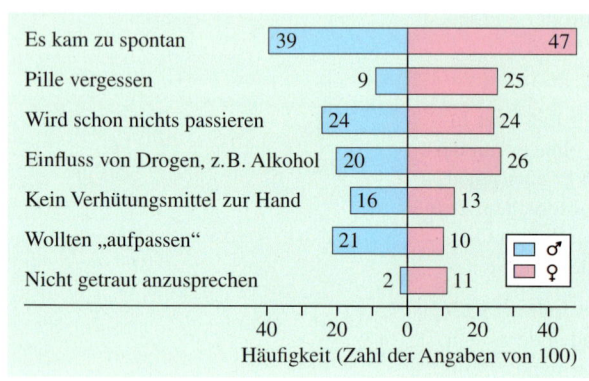

	♂	♀
Es kam zu spontan	39	47
Pille vergessen	9	25
Wird schon nichts passieren	24	24
Einfluss von Drogen, z.B. Alkohol	20	26
Kein Verhütungsmittel zur Hand	16	13
Wollten „aufpassen"	21	10
Nicht getraut anzusprechen	2	11

Häufigkeit (Zahl der Angaben von 100)

2 Warum Jugendliche nicht immer verhüten.

1 Versuche die oben dargestellte Situation zu beschreiben. ↑1 Was ist passiert? Versuche das Verhalten des Mädchens und des Jungen zu erklären. Hätte es anders laufen können?

2 Was können die beiden jetzt tun? Informiere dich bei einer Beratungsstelle oder bei einem Arzt und stelle verschiedene Lösungen zusammen.

3 Werte das Diagramm aus. ↑2 Überlege, was man tun kann, damit es nicht zu unverhütetem Geschlechtsverkehr kommt.

4 Diskutiert in der Gruppe die Goldenen Verhütungsregeln. ↑3 Schreibt zu jeder Regel eine kurze Erklärung. Was würdet ihr ändern oder ergänzen?

GRUNDLAGEN: Miteinander schlafen

Menschen, die sich lieben, haben das Bedürfnis, sich körperlich näherzukommen, und wollen irgendwann miteinander schlafen. Wenn beide durch Schmusen, Küssen und Streicheln sexuell erregt sind, wird der steife Penis des Mannes in die Scheide der Frau eingeführt. Dabei gelangen Spermien des Mannes in die Scheide der Frau. Damit kann es zu einer Schwangerschaft kommen.

Verhütung Empfängnisverhütung (kurz: Verhütung) bedeutet, dass man beim Geschlechtsverkehr Methoden anwendet, die eine Schwangerschaft verhindern. Beide Partner sind in gleichem Maß für die Verhütung verantwortlich. Das bedeutet zum Beispiel, dass sie schon vor dem „ersten Mal" offen über Verhütung sprechen. Das Paar kann sich auch gemeinsam bei einer Beratungsstelle oder von einer Frauenärztin beraten lassen. Kondom und Pille sind besonders geeignete und bei richtiger Anwendung sichere Verhütungsmittel für Jugendliche.

Kondom Das Kondom wird unmittelbar vor dem Geschlechtsverkehr über dem steifen Penis abgerollt. Die Spitze muss dabei luftleer sein, damit hier das Sperma aufgefangen werden kann. Am besten ist es, den Gebrauch vorher zu üben, weil das Kondom nur bei richtiger Anwendung sicher ist. Kondome verhindern nicht nur, dass Spermien in die Scheide gelangen. Sie schützen auch vor der Ansteckung mit sexuell übertragbaren Krankheiten und vor Aids.

Pille Die Pille muss immer von einem Arzt verschrieben werden. Sie enthält Hormone, die den Eisprung verhindern. Die Hormone bewirken auch die Verdickung des Schleims im unteren Teil der Gebärmutter, sodass kein Spermium eindringen kann. Die Pille verändert außerdem die Gebärmutterschleimhaut so, dass sich keine befruchtete Eizelle einnisten kann. Trotz des ausbleibenden Eisprungs kommt es regelmäßig zu einer Blutung. Die Pille wirkt sehr sicher, muss aber täglich eingenommen werden.

Schon gewusst?

Petting
Petting kommt vom englischen *pet* = streicheln und bezeichnet Sexualität ohne Geschlechtsverkehr. Dazu gehören Kuscheln, Streicheln, Küssen und gegenseitiges Berühren der Geschlechtsorgane. Auch dabei kann es zu einer Schwangerschaft kommen, wenn Spermien in die Scheide gelangen.

„Goldene Verhütungsregeln"

– Plane die Verhütung schon vor dem ersten Mal.
– Bestehe auf Verhütung.
– Schütze dich mit Kondomen.
– Sex mit neuem Partner nur mit Kondom.
– Achte auf die richtige Einnahme der Pille.
– Verhüte auch während der Regel.
– Verhütungspanne: Pille danach – je früher, desto besser.
– Suche dir Rat, Hilfe und Beratung.

Quelle: BZgA

3 Regeln für die Verhütung

Gegen Kurzsichtigkeit!
GIB AIDS KEINE CHANCE
mach's mit

4 Mach's mit!

Kurz und knapp **Für Verhütung sollten sich beide Partner verantwortlich fühlen. Kondom und Pille sind für Jugendliche geeignete und – bei richtiger Anwendung – sichere Verhütungsmittel. Kondome schützen zudem vor sexuell übertragbaren Krankheiten.**

Arbeitsaufträge

1 Stelle in einer Tabelle die Unterschiede von Pille und Kondom gegenüber.

2 Informiere dich unter www.loveline.de über die Benutzung von Kondomen und über weitere Verhütungsmethoden. Präsentiere deine Ergebnisse in einer Kleingruppe.

3 Wofür wirbt das Plakat in Abbildung ↑4? Erläutere den Titel.

4 Erstellt selbst eine Werbung für Kondome, die Leute in eurem Alter anspricht.

5 „Beim ersten Mal kann man gar nicht schwanger werden!" – „Quatsch! Sogar ein Mädchen, das seine erste Regelblutung noch gar nicht hatte, kann schwanger werden." Was meinst du dazu? Beziehe Stellung und begründe deine Meinung.

6 Mareike berichtet über ihr erstes Mal: „Also mein erstes Mal war eigentlich ganz schön, aber ich könnte mir jetzt einen anderen vorstellen, mit dem ich es gemacht hätte. Ich war nicht ganz ich selbst und ich wollte es, weil meine Freundinnen es schon hatten und ich nicht alleine dastehen wollte." Was würdest du ihr antworten?

Ein neuer Mensch entsteht

Wenn eine Eizelle und ein Spermium miteinander verschmelzen, beginnt ein neues Leben. Durch die Verschmelzung entsteht eine befruchtete Eizelle. Aus ihr entwickelt sich ein vollständiger kleiner Mensch, der aus 10 bis 100 Billionen Zellen besteht! Wie verläuft diese Entwicklung?

1 Aus einer Eizelle und einem Spermium entwickelt sich ein neuer Mensch.

Beobachten Untersuchen **Experimentieren**

Die Funktion des Fruchtwassers

Der Embryo bzw. Fetus entwickelt sich im Bauch der Mutter. Dort liegt er gut geschützt in der Fruchtblase. Du kannst dies in einem Modellversuch ausprobieren.

2 Modell

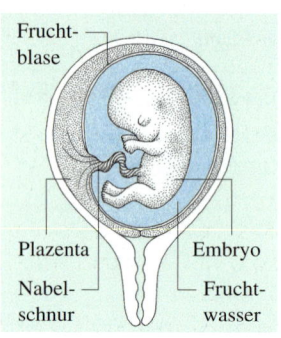

3 Embryo in der Gebärmutter

1 Stelle aus einem Einmachglas, einem Plastikbeutel, einem Gummiring, einem Hühnerei und Wasser ein Modell her, wie es in Abbildung ↑2 gezeigt wird.

2 Schüttle das Einmachglas hin und her und beobachte die Bewegungen des Eies.

3 Mache den gleichen Versuch ohne Wasser im Kunststoffbeutel. Verwende hierzu eine Eierkerze oder ein Gipsei. Notiere deine Beobachtungen. Was wäre mit einem rohen Hühnerei passiert?

4 Schreibe eine Deutung des Versuchs. Gehe dabei auf die Funktion des Wassers ein.

5 Vergleiche das Modell mit dem Mutterleib. ↑3 Stelle dazu in einer Tabelle die Teile des Modells den Organen im Mutterleib gegenüber. Was lässt sich durch das Modell nur schlecht darstellen?

GRUNDLAGEN: Entwicklung im Mutterleib

Befruchtung und Einnistung Wenn Paare miteinander schlafen, gelangen Spermien des Mannes in die Scheide der Frau. Diese wandern über die Gebärmutter in die Eileiter und treffen dort auf eine Eizelle. Ein Spermium kann in die Eizelle eindringen. Die Zellkerne beider Zellen verschmelzen. Dies bezeichnet man als Befruchtung. Die befruchtete Eizelle beginnt sich noch im Eileiter zu teilen. Nach drei bis vier Tagen hat der kugelförmige, vielzellige Keim die Gebärmutter erreicht, wo er sich in die Schleimhaut einnistet. ↑4 Den eingenisteten Keim nennt man Embryo.

Versorgung und Schutz des Embryos Mit der Einnistung des Keims in die Gebärmutterschleimhaut beginnt die Schwangerschaft einer Frau. Die Einnistung bewirkt, dass keine weiteren Eizellen heranreifen.

Dort, wo sich der Keim bzw. Embryo eingenistet hat, bildet sich ein besonders gut durchblutetes Gewebe: die Plazenta. Diese versorgt über die Nabelschnur den Embryo mit allen wichtigen Nährstoffen und Sauerstoff. Über die Plazenta können jedoch auch Krankheitserreger, z.B. das Rötelnvirus, sowie Giftstoffe und Drogen zum Kind gelangen und es stark schädigen. Deshalb sollte jede schwangere Frau auf eine gesunde Lebensführung achten.

Der Embryo liegt in einer schützenden Hülle, der Fruchtblase. Sie ist mit Fruchtwasser gefüllt, das wie ein Stoßdämpfer gegen Erschütterungen von außen wirkt.

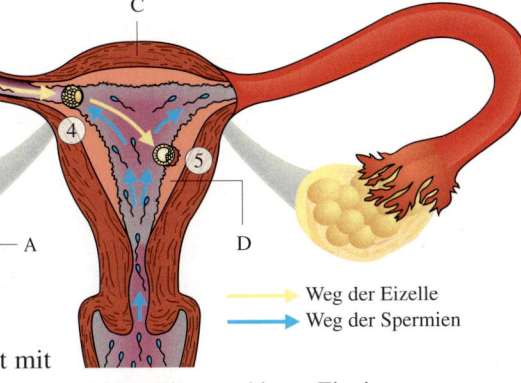

→ Weg der Eizelle
→ Weg der Spermien

4 Vom Eisprung bis zur Einnistung des Keims

Vom Embryo zum Fetus Der Embryo wächst sehr schnell. Dies geschieht durch rasche Zellteilungen und starkes Zellwachstum. Die Zellen entwickeln sich unterschiedlich, sodass verschiedene Gewebe und Organe entstehen. Schon nach 12 Wochen sind alle Organe angelegt. Der Embryo heißt nun Fetus. ↑7 In den noch verbleibenden Wochen der Schwangerschaft müssen die Organe nur noch reifen und sich ausformen.

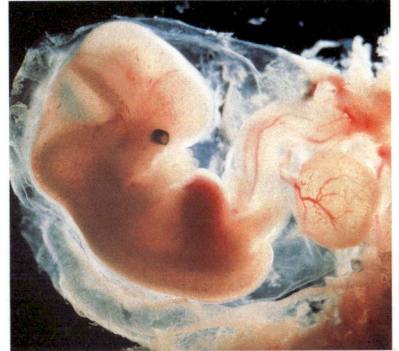

5 Sechs Wochen alter Embryo

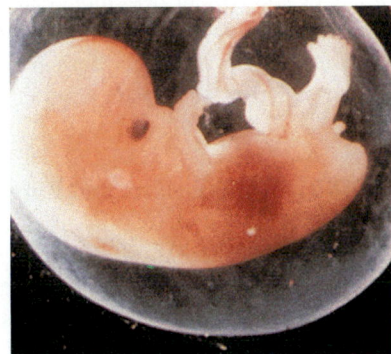

6 Acht Wochen alter Embryo

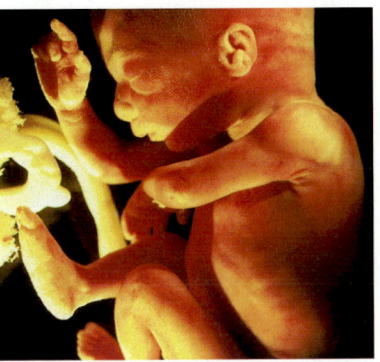

7 Zwanzig Wochen alter Fetus

Kurz und knapp **Bei der Befruchtung verschmelzen die Zellkerne eines Spermiums und einer Eizelle miteinander. Aus der befruchteten Eizelle entwickelt sich in der Gebärmutter ein geburtsfähiges Kind. Es wächst geschützt in der mit Fruchtwasser gefüllten Fruchtblase heran. Über die Plazenta und die Nabelschnur wird es mit allen Stoffen versorgt, die es für sein Wachstum benötigt.**

Arbeitsaufträge

1 Schreibe für jeden der folgenden Begriffe einen kurzen Merksatz: befruchtete Eizelle, Embryo, Fetus.

2 Benenne die mit Buchstaben beschrifteten Organe (Teile) in Abbildung ↑4 .

3 Beschreibe die Entwicklung vom Eisprung bis zum Fetus mit eigenen Worten. Nimm den Text und die Abbildungen ↑4–7 zu Hilfe.

4 Begründe, warum eine schwangere Frau keinen Alkohol trinken und nicht rauchen darf.

Ein Kind wird geboren und entwickelt sich

Nun ist sie endlich auf der Welt! Nora wiegt 3200 Gramm und ist 51 cm groß. Ihre Eltern sind ganz stolz und glücklich und geben ihr durch den ersten Körperkontakt Fürsorge und Geborgenheit. Es ist schon erstaunlich, wie schnell so ein kleiner Mensch heranwächst und seine Umwelt wahrnimmt. Jeden Tag gibt es etwas Neues zu sehen. Was wird sich für Nora alles ändern, nachdem sie den schützenden Körper der Mutter verlassen hat?

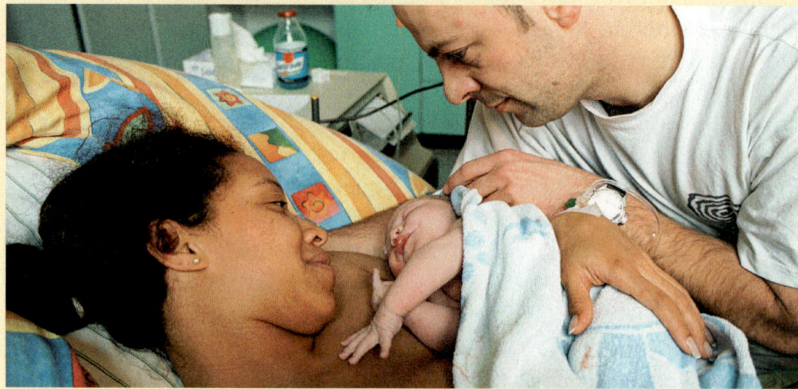

1 Eltern mit ihrem neugeborenen Kind

Beobachten *Untersuchen* Experimentieren

1 Schau im Mutterpass nach, wie schwer und wie groß du bei deiner Geburt warst.

2 Lass dir erzählen, wie es war, als du auf die Welt kamst. Schreibe eine Geschichte dazu.

3 Beschreibe die zwei verschiedenen Geburtsphasen. ↑3, 4

4 Nicht alle Kinder liegen bei der Geburt mit dem Kopf nach unten im Bauch der Mutter. Überlege, wie sich dies auswirken könnte.

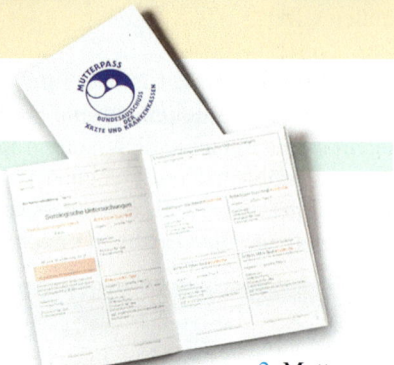

2 Mutterpass

GRUNDLAGEN: Geburt und Entwicklung des Kindes

Geburt Nach ungefähr 40 Wochen ist die Entwicklung des Kindes abgeschlossen. Die Muskeln der Gebärmutter ziehen sich in immer kürzeren Abständen kräftig zusammen. Das sind die Wehen, die die Geburt einleiten. In der Eröffnungsphase weitet sich der Gebärmuttermund mit jeder Wehe ein Stück, bis schließlich der Kopf des Kindes hindurchpasst. ↑3

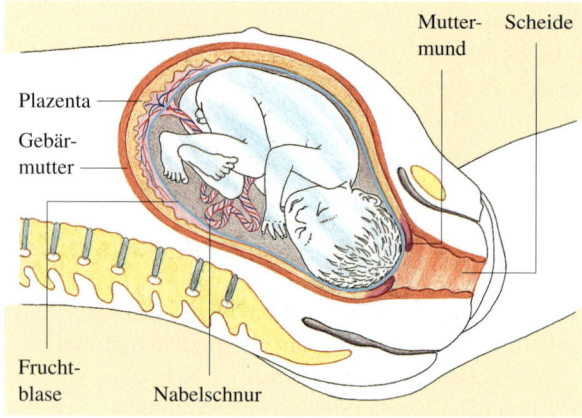

Mutter-
mund   Scheide

Plazenta

Gebär-
mutter

Frucht-
blase   Nabelschnur

3 Erste Phase der Geburt (Eröffnungsphase)

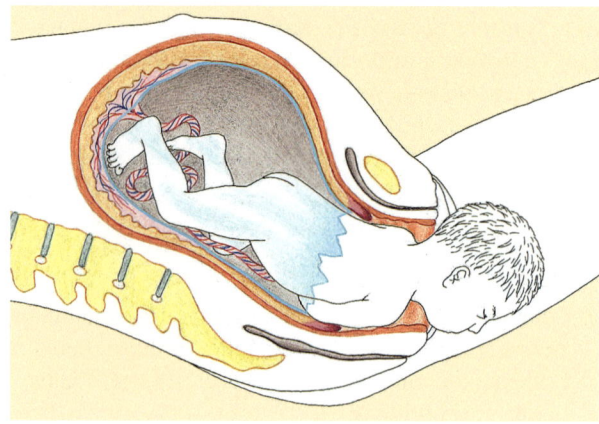

4 Zweite Phase der Geburt (Austreibungsphase)

In der folgenden Austreibungsphase wird das Kind durch die Scheide nach außen geschoben. ↑4 Wenn das Kind geboren ist, wird die Nabelschnur abgeklemmt, sodass kein Blut mehr hindurchfließen kann, und dann durchgetrennt. Kurze Zeit später werden Mutterkuchen, Fruchtblase und die restliche Nabelschnur als Nachgeburt ausgestoßen.

Der Säugling Schon kurz nach der Geburt sucht der Säugling nach der Brust der Mutter und saugt, sobald er die Brustwarze gefunden hat. Säuglinge werden mit Muttermilch oder Flaschennahrung ernährt. Erst mit vier bis fünf Monaten können sie Brei vom Löffel essen und schlucken. Das Baby reagiert auf Geräusche, Berührung und Licht. Es schreit, wenn es Hunger hat, müde ist oder wenn es sich durch andere Dinge gestört fühlt. Der enge körperliche Kontakt mit den Eltern und Geschwistern, die es streicheln und tragen, mit ihm sprechen und ihm vorsingen, gibt ihm das Gefühl von Sicherheit und Geborgenheit.

Verwandtschaft Verwandte, besonders Kinder und ihre Eltern, sehen einander oft sehr ähnlich. Dies liegt daran, dass im Spermium des Vaters und in der Eizelle der Mutter jeweils Informationen enthalten sind, die beispielsweise die Farbe der Haare und Augen bestimmen. Diese Informationen – die Erbanlagen – geben Eltern an alle ihre Kinder weiter. Daher sehen sich Geschwister ebenfalls oft sehr ähnlich. Dies nennt man Vererbung. Weil jeder Mensch Erbanlagen von Vater und Mutter bekommt, sieht kein Kind genauso aus wie ein Elternteil.

Schon gewusst?

Zwillinge
Eineiige Zwillinge sehen einander zum Verwechseln ähnlich. Sie entwickeln sich aus einer befruchteten Eizelle. Ganz selten reifen gleichzeitig zwei Eizellen in den Eierstöcken der Frau. Wenn beide befruchtet werden, können zweieiige Zwillinge entstehen. Diese sehen sich genauso ähnlich wie „normale" Geschwister.

5 Vom Säugling zum Schulkind

Arbeitsaufträge

1 Zähle auf, welche Aufgaben der Körper des Kindes nach der Geburt selbst übernehmen muss.
2 Lass dir erzählen, was du bis zu deinem ersten Geburtstag alles gelernt hattest. Vergleiche mit den Veränderungen seit deinem letzten Geburtstag. Welche Schlüsse für die Bedeutung des ersten Lebensjahrs kannst du daraus ziehen?

3 Beschreibe mithilfe der Abbildungen, was die Kinder schon alles können. ↑5 Welche Entwicklungsschritte sind nicht abgebildet? Erstelle eine Zeitleiste und trage wichtige Entwicklungsschritte ein. Präsentiere deine Zusammenstellung der Klasse.
4 Erkläre, warum sich Großeltern, Eltern, deren Kinder und Geschwister ähnlich sehen.

Unterschiedliche Beziehungen zwischen den Menschen

In deiner Klasse kommst du mit einigen Mitschülern sehr gut zurecht. Ihr geht gemeinsam einkaufen, besucht eine Arbeitsgemeinschaft oder trefft euch am Wochenende – kurz: Ihr unternehmt Dinge, die gemeinsam mehr Spaß machen. Auf diese Freundschaften möchtest du nicht verzichten. Welche Beziehungen gehen Menschen ein?

1 Viele Freundschaften entwickeln sich während der Schulzeit.

Freundschaft In den ersten Kinderjahren werden Freundschaften schnell geschlossen, aber auch schnell wieder gelöst. Werden die Kinder selbstständiger, bilden sich ihre Interessen und Neigungen stärker aus, dann werden meist auch die Freundschaften mit Gleichgesinnten enger. Musik hören, tanzen, lesen, ins Kino gehen, Sport treiben, basteln, alles macht mehr Spaß, wenn Freundinnen und Freunde mitmachen und wenn man sich mit ihnen über die Erlebnisse unterhalten kann.

2 „Was sich liebt, das neckt sich."

3 Die erste große Liebe

4 Gleichgeschlechtliches Paar

Liebe Mit dem Übergang zum Erwachsenwerden entstehen die ersten Liebesbeziehungen. Dabei spielen sexuelle Zuneigung zum anderen Geschlecht und das Bedürfnis nach körperlicher Zärtlichkeit eine große Rolle. Freundschaft empfindet man zu mehreren, Liebe in der Regel nur zu einem Menschen. Das Gefühl der Liebe oder des Verliebtseins ist meist viel stärker ausgeprägt als das der Freundschaft.
Die meisten Menschen wählen einen Partner des anderen Geschlechts. Sie sind heterosexuell. Es gibt jedoch überall Menschen, die Sexualpartner des gleichen Geschlechts bevorzugen. Sie sind homosexuell.

Sexueller Missbrauch Einige Menschen leiden unter einer fehlerhaften Entwicklung ihres Sexualverhaltens. Beispielsweise gibt es Männer, die keinen erwachsenen Partner suchen, sondern Kinder und Jugendliche zu Petting oder zu Geschlechtsverkehr überreden oder zwingen wollen. Oft locken sie Kinder mit einer Belohnung. Oder sie drohen: „Wenn du nicht tust, was ich sage, sage ich deinen Eltern, dass du böse bist" oder „dann bestrafe ich dich." Zwang zu sexuellen Handlungen gegen den eigenen Willen nennt man sexuellen Missbrauch.

Missbrauchte Menschen können körperliche Schäden (z. B. Verletzungen der Geschlechtsorgane) davontragen. Häufig haben sie bis ins Erwachsenenalter hinein Angst davor, einem Partner so weit zu vertrauen, dass sie Geschlechtsverkehr mit ihm haben möchten.

Damit dir so etwas nicht geschieht, solltest du besonders Fremden gegenüber misstrauisch sein, keine Einladungen annehmen und nicht mitgehen, um beispielsweise den Weg zu zeigen. Will dich jemand streicheln, dann habe keine Angst zu sagen: „Nein, ich will das nicht!", und rufe notfalls nach Hilfe. Sollte dich jemand missbraucht haben, auch wenn es ein Verwandter ist, erzähle es unbedingt deinen Eltern oder anderen Erwachsenen, denen du vertraust.

Schon gewusst?

Hilfe bei sexuellem Missbrauch
Der „Deutsche Kinderschutzbund" und der „Kindernotdienst" haben in fast allen Städten Mitarbeiter, die du anrufen kannst. Auch sie werden dir helfen.
Es gibt überall auch andere Vereine, die sich um missbrauchte Kinder kümmern. Adressen oder Telefonnummern lassen sich beispielsweise aus dem Telefonbuch oder in den Jugendfürsorgeämtern erfahren. ↑S. 77

5 Auch Kinder können Opfer werden.

6 Selbstbewusste Kinder wehren sich.

Arbeitsaufträge

1 Welche Eigenschaften magst du an deiner Freundin oder deinem Freund? Welche magst du nicht? Welche Eigenschaften hältst du für besonders wichtig? Begründe.

2 Wie kannst du dich verhalten, wenn andere Menschen dich zu sexuellen Handlungen zwingen wollen? Diskutiere diese Frage mit deinen Mitschülerinnen und Mitschülern. Entwickelt dazu gemeinsam ein Merkblatt.

3 Anke und Florian kennen sich schon seit ihrer Kindheit, hatten aber bisher wenig miteinander zu tun. Vor einiger Zeit hat sich das geändert. Auf einer Geburtstagsfeier haben sie sich ineinander verliebt. Florian möchte gern mit Anke noch enger zusammensein, er möchte mit ihr schlafen. Anke zieht sich aber zurück. Sie möchte nicht. Welche Begründung könnte Anke ihrem Freund gegeben haben?

Das Bewegungssystem

Bewegungen sind ein Zusammenspiel von Muskeln, Knochen und Gelenken. Gleichzeitig sind weitere Organe wie Gehirn und Auge beteiligt. Auch der Herzschlag und die Atmung passen sich der Belastung an.

Das aus Knochen bestehende Skelett stützt und trägt unseren Körper. Gleichzeitig schützt es viele wichtige Organe. Die Knochen sind über Gelenke beweglich miteinander verbunden. Die Knochen sind auch die Ansatzstellen für die Muskeln. Diese können sich zusammenziehen und wieder erschlaffen und so die Knochen an den Gelenken bewegen.

1 Sportliche Betätigung stärkt auch das Selbstbewusstsein.

Gesunde Lebensweise

Eine gesunde Lebensweise trägt dazu bei, unseren Körper gesund und fit zu halten.

Regelmäßige Bewegung und Sporttreiben kräftigen unser Bewegungssystem und beugen Haltungsschäden vor. Vermeide einseitige Belastungen der Wirbelsäule, trage gutes Schuhwerk und achte auf eine richtige Körperhaltung, besonders beim Heben von Gegenständen. Nutze dabei die Hebelgesetze aus.

Damit sich deine Organe richtig entwickeln können, verzichte auf Rauchen, Alkohol- und Drogenkonsum.

Achte auch auf eine vernünftige Körperpflege. Dazu gehören unter anderem das tägliche Waschen der Haut sowie richtiges Zähneputzen mehrmals am Tag.

Um Unterkühlungen bzw. Überhitzungen zu vermeiden, trage witterungsgerechte Kleidung.

Gesunde Ernährung

Zu einer gesunden Lebensweise gehört auch eine gesunde Ernährung. Die in der Nahrung enthaltenen Nährstoffe (Kohlenhydrate, Fette, Eiweiße) werden im Körper als Baustoffe und Betriebsstoffe (Energielieferanten) benötigt. Eine ausgewogene und abwechslungsreiche Nahrung enthält die richtige Menge an Nährstoffen, Vitaminen, Mineralstoffen, Ballaststoffen und Wasser.

Unsere Ernährung sollte dem Bedarf des Körpers angepasst sein. Der tägliche Energiebedarf hängt unter anderem vom Alter, vom Geschlecht sowie der körperlichen Tätigkeit ab. Wir sollten täglich fünf kleinere Mahlzeiten zu uns nehmen. Eine wichtige Voraussetzung für eine gesunde Ernährung ist auch ein gesundes Gebiss.

2 Pubertät – aus Kindern werden Erwachsene.

Pubertät

In der Pubertät beginnen Kinder erwachsen zu werden. Unter dem Einfluss von Hormonen verändert sich der kindliche Körper. Die Spermien und Eizellen reifen: Jungen und Mädchen werden geschlechtsreif.

Auch die Beziehungen zwischen Kindern und Eltern sowie zwischen Mädchen und Jungen verändern sich.

Die Pubertät ist eine spannende, aber auch schwierige Zeit.

Erste Liebe

Es gibt keine Rezepte für die erste Liebe. Jeder Mensch muss seinen eigenen Weg finden. Drei Dinge sind dabei besonders wichtig:

– Sag „Ja!" zu dir und deinem Körper.
– Vertrauen ist die Grundlage dafür, dass Liebe wachsen kann.
– Dein Körper gehört dir. Sag „Nein!", wenn du etwas nicht möchtest.

Menschen, die sich lieben, möchten irgendwann auch miteinander schlafen. Wer miteinander schläft, trägt Verantwortung. Kondom und Pille schützen – richtig angewandt – sicher vor einer Schwangerschaft. Das Kondom schützt zudem vor der Ansteckung mit sexuell übertragbaren Krankheiten und vor Aids.

Alles klar?

1 Die Knochen und Knorpel unseres Körpers bilden zusammen das Skelett.

a Benenne die mit Ziffern versehenen Teile des menschlichen Skeletts. ↑3

b Welche Aufgaben erfüllt das Skelett?

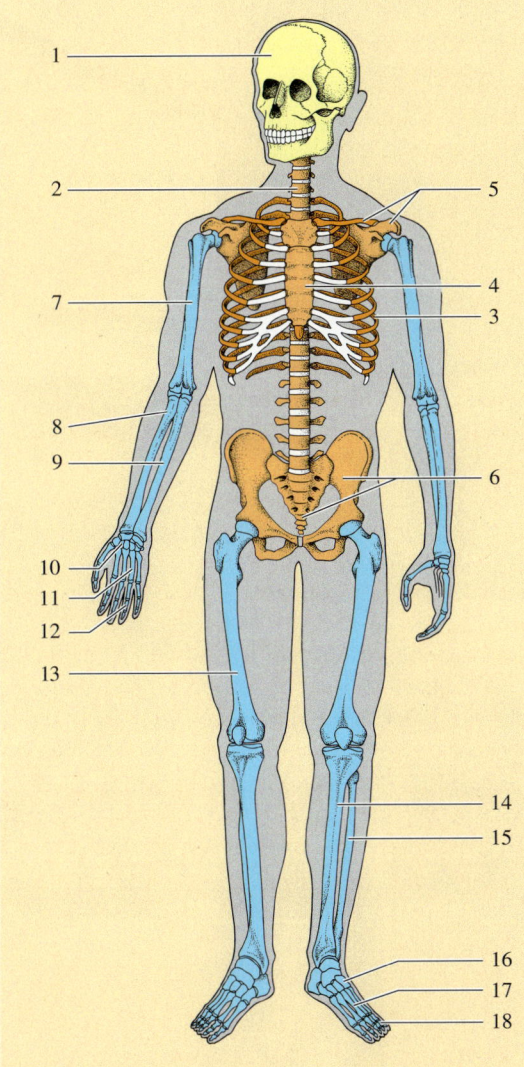

3 Skelett des Menschen

2 Viele Menschen, auch Kinder und Jugendliche, weisen Haltungsschäden auf.

a Nenne mögliche Gründe dafür.

b Erläutere vorbeugende Maßnahmen.

3 Erläutere an zwei Beispielen die Wirkung von Hebelgesetzen am menschlichen Körper.

4 Stelle dar, was zu einer gesunden Ernährung gehört. Betrachte dazu auch die Abbildung ↑4.

5 Bei manchen Patienten muss aus medizinischen Gründen der Magen fast vollständig entfernt werden. Warum funktioniert ihre Verdauung trotzdem? Wie müssen solche Menschen ihre Essgewohnheiten ändern? Erkläre.

6 Oberflächenvergrößerung als „Bauprinzip" findet sich z. B. bei Lunge und Dünndarm. Erläutere die Bedeutung der Oberflächenvergrößerung für die Funktion der beiden Organe.

7 Rauchen schadet deiner Gesundheit.

a Nenne Schadstoffe im Zigarettenrauch.

b Beschreibe die Wirkung von drei Schadstoffen in deinem Körper.

8 Nenne Beispiele für Wärmedämmung in Natur und Technik.

9 Wie viele Zähne gehören zum Milch- bzw. Dauergebiss? Ordne sie nach Zahnarten.

4 Nahrungsmittel unseres täglichen Bedarfs

10 Ungenügende Zahnpflege und häufiges Essen von Süßigkeiten tragen maßgeblich zur Entstehung von Karies bei. Erkläre.

11 Begründe, warum du der Witterung entsprechende Kleidung tragen solltest.

12 Viele Menschen wissen, was zu einer gesunden Lebensweise gehört. Oft gelingt es ihnen aber trotzdem nicht, ein gesundes Leben zu führen. Nenne mögliche Gründe dafür und schlage Lösungen vor.

13 Nenne jeweils drei körperliche Veränderungen bei Jungen und Mädchen in der Pubertät.

14 Fasse in einer Mindmap zusammen, was du jetzt über Pubertät weißt. Ordne die neu gelernten Begriffe den passenden Unterthemen zu. Vergleiche mit deiner ersten Mindmap zu diesem Thema. ↑S. 70

15 Beschreibe Beziehungen, die Menschen untereinander eingehen.

16 Begründe, welche Verhütungsmethoden für Jugendliche besonders geeignet sind.

Was lebt in meiner Nachbarschaft?

Schaust du dich in deiner Wohngegend oder auf dem Schulweg etwas genauer um, wirst du viele verschiedene Pflanzen und Tiere entdecken.
Je nachdem, was sie zum Leben benötigen, besiedeln Lebewesen ganz unterschiedliche Lebensräume.

1 Jedes Lebewesen hat einen Lebensraum. Was braucht es dort?

2 Wodurch unterscheiden sich diese beiden Lebensräume? Wie sind die Lebewesen an die jeweiligen Bedingungen angepasst?

3 Lebensräume verändern sich mit dem Wechsel von Tag und Nacht oder mit den Jahreszeiten. Wie kommen Pflanzen und Tiere mit diesen Bedingungen zurecht?

4 Die Blaumeise am Nistkasten ist leicht zu entdecken. Wer lebt wohl noch in diesem Baum?

5 Hier leben Pflanzen und Tiere auf engstem Raum.
Welche Beziehungen gibt es zwischen ihnen?

Lebensräume am Schulweg

Vielleicht verlässt du deine Wohnung durch den Garten, gehst an einer Hecke, an Rasenflächen, unter Bäumen oder an einem Bach entlang oder du durchquerst einen Park. Egal, ob du eher in einer städtischen oder ländlichen Gegend wohnst, ganz bestimmt streifst du unterschiedliche Lebensräume, bis du das Schulgelände erreichst. Welches sind nun die Lebensräume, an denen du vorbeikommst? Was sind Lebensräume eigentlich?

1 Stadtplanausschnitt

2 Schulteich –
artenreich oder artenarm?

GRUNDLAGEN: Was ist ein Lebensraum?

Pflanzen und Tiere bewohnen für sie geeignete Lebensräume, auch Biotope genannt. Eine Hecke oder eine Wiese ist ein Biotop, aber auch ein einzelner Baum oder ein Wegrand. ↑Tabelle S. 91 Man spricht von artenreichen Lebensräumen, wenn in ihnen viele verschiedene Tier- und Pflanzenarten vorkommen. Kommen nur wenige Arten vor, spricht man von einem artenarmen Lebensraum.

Umweltfaktoren Jeder Lebensraum ist von ganz bestimmten Umweltbedingungen geprägt. Man bezeichnet sie als Umweltfaktoren. Dazu gehören Bodenbeschaffenheit, Lichtstärke, Feuchtigkeit, Windverhältnisse, Luft- und Bodentemperatur. ↑3 Pflanzen und Tiere haben unterschiedliche Ansprüche an die Umweltfaktoren. Die einen bevorzugen einen trockenen, der Sonne zugewandten Standort, die anderen eher feuchte und schattige Plätze. Unterschiedliche Lebensräume werden daher von verschiedenen Lebewesen besiedelt. Lebewesen sind an ihren Lebensraum angepasst.

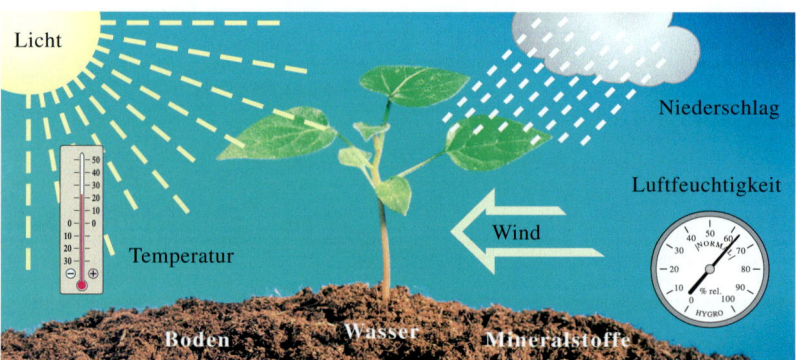

3 **Umweltfaktoren**

Auf dem Schulweg und auf dem Schulgelände findet ihr ganz unterschiedliche Lebensräume, die ihr untersuchen könnt.

Verschiedene Lebensräume	
Acker	landwirtschaftlich genutzte Fläche
Baum	besonders großer, alter Baum
Feldgehölz	kleines Wäldchen oder große Hecke auf landwirtschaftlicher Fläche
Feuchtgebiet	große Pfütze, Tümpel, nasse Wiese, Überschwemmungsgebiet
Garten	vom Menschen mehr oder weniger naturnah angelegte Fläche
Gewässer	Bach, Teich, See, Fluss
Grüne Fassade	mit Kletterpflanzen begrünte Gebäudewand
Hecke	Kräuter, Sträucher und Bäume, in einer Reihe wachsend
Rasen	Fläche, die hauptsächlich aus Gräsern besteht; wird in kurzen Abständen gemäht und auch gedüngt
Trockenmauer	Mauer aus Natursteinen, die ohne Zement errichtet wurde
Wald	Laub-, Nadel- oder Mischwald

1 Lebensräume am Schulweg

a Zeichne eine Karte deines Schulwegs. Zeichne die Lebensräume ein, die am Weg liegen. Nimm die Tabelle zu Hilfe.

b Beschreibe und vergleiche die Lebensräume. Wodurch unterscheiden sie sich? Welche Tiere und Pflanzen kommen vor?

c Fertige Fotos von den einzelnen Lebensräumen an und beschrifte sie.

2 Lebensräume auf dem Schulgelände

a Besorgt euch einen Plan vom Schulgelände. Macht in Kleingruppen einen Rundgang und notiert, welche Lebensräume ihr auf dem Schulgelände findet.

b Wählt für jeden Lebensraum ein Zeichen oder eine farbige Schraffur und zeichnet sie in euren Plan ein.

c Wertet eure Untersuchung aus. Notiert, wie viele verschiedene Lebensräume ihr finden konntet und wie oft sie vorkommen. Vergleicht mit den Ergebnissen der anderen Gruppen.
Beurteilt, ob das Schulgelände abwechslungsreiche Lebensräume bietet.

4 Schulgarten

5 Trockenmauer

Kurz und knapp **Lebensräume, auch Biotope genannt, sind gekennzeichnet durch ganz bestimmte Umweltfaktoren wie Bodenbeschaffenheit, Feuchtigkeit, Temperatur, Licht- und Windstärke. Pflanzen und Tiere sind an diese Umweltfaktoren angepasst.**

Arbeitsaufträge

1 Vergleiche die Abbildungen ↑2, 4, 5. Beschreibe, was einen Lebensraum ausmacht.

2 In so unterschiedlichen Lebensräumen wie Feuchtgebiet und Trockenmauer wirst du selten die gleichen Pflanzen und Tiere finden. Begründe.

3 Nenne Umweltfaktoren, die auf eine Zimmerpflanze wirken. Nimm Abbildung ↑3 zu Hilfe.

Wir erfassen Umweltfaktoren

Pflanzen und Tiere haben ganz bestimmte Ansprüche an Umweltfaktoren. Nur dort, wo diese Faktoren gegeben sind, können sie leben.

Das kannst du schon daran erkennen, dass zum Beispiel Schilf nicht überall wachsen kann, sondern nur dort, wo es sehr feucht ist, wie am Rande von Seen. Buschwindröschen findet man hingegen nur in schattigen Wäldern. ↑1, 2

1 Schilf

2 Buschwindröschen

GRUNDLAGEN: Verschiedene Standorte – verschiedene Lebewesen

Umweltfakoren Wichtige Umweltfaktoren sind Lichtstärke, Luft- und Bodentemperatur sowie Luft- und Bodenfeuchtigkeit. Umweltfaktoren, die an einem bestimmten Standort wirken, bezeichnet man als Standortfaktoren. Sie entscheiden über die Pflanzen- und Tiervorkommen des jeweiligen Standorts.

Pflanzen wie das einjährige Rispengras beispielsweise kommen mit einer niedrigen Boden- und Luftfeuchtigkeit aus und vertragen viel Sonnenlicht. Deshalb finden wir es oft auf trockenen Wiesen oder in Pflasterritzen. ↑3

Auch Tiere sind von den genannten Umweltfaktoren abhängig. So braucht ein Grasfrosch eine hohe Luftfeuchtigkeit und Schatten, sonst würde seine empfindliche Haut austrocknen. ↑4

3 Rispengras

4 Grasfrosch

Kurz und knapp Umweltfaktoren bestimmen das Wachstum und die Verbreitung von Pflanzen und Tieren an verschiedenen Standorten. Man bezeichnet sie deshalb auch als Standortfaktoren.

1 Umweltfaktor Temperatur

Miss die Luft- und Bodentemperatur an verschiedenen Standorten auf dem Schulgelände.
Achte darauf, dass das Thermometer zur Messung der Lufttemperatur, wenn möglich, nicht direkt der Sonne ausgesetzt ist.
Miss in etwa 1 m Höhe vom Boden entfernt.
Bohre zur Messung der Bodentemperatur erst ein Loch. Stecke dann das Bodenthermometer ca. 10 cm tief in den Boden und drücke es etwas fest. ↑5

5 Messung der Bodentemperatur

2 Umweltfaktor Luftfeuchtigkeit (Verdunstung)

Pflanzen verlieren Wasser durch Verdunstung. Je geringer die Luftfeuchtigkeit ist, umso höher ist die Verdunstung.
Miss die Luftfeuchtigkeit mit einem Hygrometer oder einem Multimeter (Mehrfachmess-

gerät). Du kannst auch die Verdunstung mit einem selbst gebauten Verdunstungsmessgerät ermitteln. ↑6 Hänge dazu das Messgerät am Untersuchungsort auf und lies einige Minuten später den Wasserverlust ab.

3 Umweltfaktor Licht

Für das Messen der Lichtstärke benutzt man ein Lux-Meter. ↑7
Es ist entweder ein eigenes Gerät oder Teil eines Multimeters.
Lege den Messkopf so aus, dass beim Ablesen am Gerät dein Körperschatten nicht auf den Messkopf fällt. Lass dir von deinem Lehrer vorher erklären, was die Zahlen bedeuten.

4 Auswertung der Messungen

a Übernimm die Messtabelle in dein Heft und trage alle zuvor ermittelten Daten ein. ↑8
b Werte die Tabelle aus. Welche Umweltfaktoren brauchen die Pflanzen an den jeweiligen Standorten?

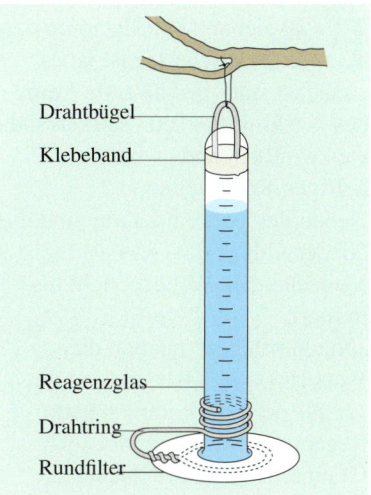

Drahtbügel
Klebeband
Reagenzglas
Drahtring
Rundfilter

6 Selbst gebautes Verdunstungsmessgerät

7 Die Lichtstärke ist einfach zu messen.

Standort	Lufttemperatur in °C	Bodentemperatur in °C	Relative Luftfeuchtigkeit in %	Lichtstärke in lux
Rasen				
Schulhof				
Gebäudesüdseite				
……				

8 Umweltfaktoren auf dem Schulgelände

Arbeitsaufträge

1 Überlege, warum man bei der Ermittlung von Umweltfaktoren an verschiedenen Standorten die Messungen immer zur gleichen Uhrzeit und wenn möglich am selben Tag durchführen sollte.

2 Bevor ein Landwirt seinen Boden bestellt, kann man häufig sehen, wie er eine Bodenprobe mit den Händen knetet. Was könnte er damit wohl herausfinden?

3 An welche Umweltfaktoren sind die Kräuter eines Waldes, einer Obstwiese und eines Ackers angepasst?

4 Welche Umweltfaktoren herrschen in einer Wüste, der Antarktis und in einem Regenwald? Beschaffe dir Informationen.

5 Überlege, ob es noch weitere Umweltfaktoren gibt, die für Pflanzen von Bedeutung sind.

Bewölkung und Niederschläge

Es ist sieben Uhr. Sie hören den Wetterbericht. Heute ist es zunächst stark bewölkt. Im Laufe des Nachmittags setzt starker Südwestwind ein und es kommt zu heftigen Regenfällen …"
Neben der Lufttemperatur sind die Niederschläge das, was die meisten Menschen am Wetterbericht interessiert.
„Niederschläge" nennen die Wetterforscher alles, was an Wasser aus der Luft kommen kann: Regentropfen, Schneeflocken, Graupel, Hagel, Tau, Nebel …

1 Bei solchen Wolken solltest du eine Regenjacke dabeihaben.

Beobachten Untersuchen Experimentieren

1 Beobachtung von Bewölkung und Niederschlägen
Benötigt werden:
Regenmesser (gekauft ↑2 oder selbst gebaut), Fotoapparat, Bücher mit Wolkenbildern.
Durchführung:
a Schreibt nach jedem Regen die Niederschlagsmenge auf und leert danach den Regenmesser. Addiert die Messwerte für einen Monat. Stellt die Summe in einem Säulendiagramm dar. Abbildung ↑3 dient euch als Beispiel.
b Protokolliert, was der Wetterbericht im Radio und in der Tageszeitung zu Bewölkung und Niederschlag vorhersagt. Notiert auch, wie das Wetter tatsächlich wird. ↑4, 5
c Beobachtet an unterschiedlichen Tagen wenigstens 10 Minuten lang, wie sich eine Wolke verändert.
d Fotografiert Wolken und notiert gleichzeitig die Wetterentwicklung an diesem und dem folgenden Tag.
e Versucht aus der Art der Bewölkung vorherzusagen, ob es bald regnen wird.
f „Morgenrot – schlecht Wetter droht." Informiert euch über „Bauern-Wetterregeln". Prüft, ob deren Vorhersagen zutreffen.

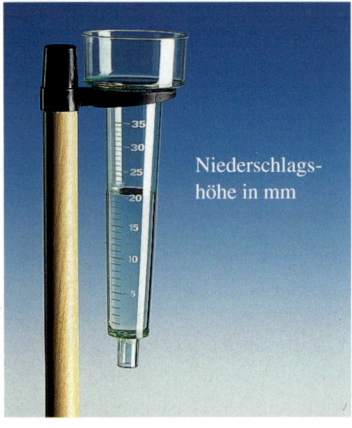

Niederschlagshöhe in mm

2 Regenmesser

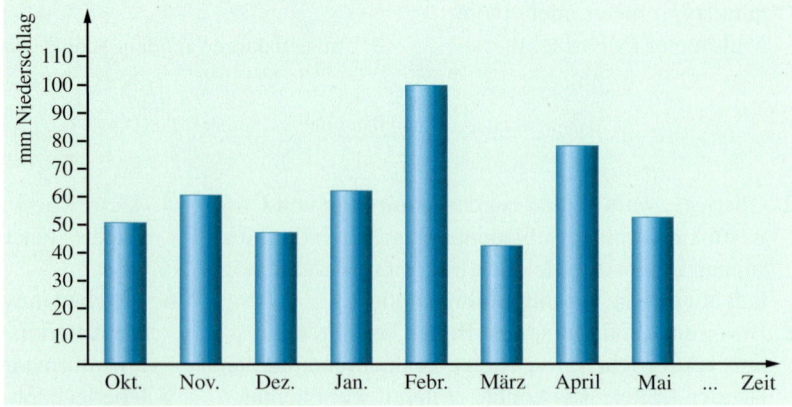

3 Niederschlagsmengen dargestellt in Form eines Säulendiagramms

Datum	Bewölkung vorhergesagt	Bewölkung tatsächlich	Niederschlag	Besondere Beobachtungen
1. Nov.	☁	☁	☁🌧	Regenbogen
2. Nov.	?	?	?	?
3. Nov.	?	?	?	?

4 Wetterprotokoll

heiter	wolkig	bedeckt
Schauer	Regen	Schnee
Nebel	Gewitter	Hagel

5 Symbole für Wetterphänomene

GRUNDLAGEN: Niederschläge sind Teil des Wasserkreislaufs

Wasser ist für Pflanzen, Tiere und Menschen unentbehrlich. So kann ein Mensch ohne Nahrung 1–2 Wochen auskommen, ohne Wasser aber nur 2–3 Tage.

Der Kreislauf des Wassers Wasser, das über den Ozeanen ständig verdunstet, bildet Wolken, die der Wind über weite Strecken transportiert. Das in den Wolken gespeicherte Wasser fällt als Niederschlag auf die Erde zurück und bildet dort Bäche, Flüsse oder auch Seen, in denen Lebewesen leben können. Ein Teil des Wassers versickert im Boden, wo es den Lebewesen ebenfalls zur Verfügung steht. So werden diese ständig mit frischem, sauberem Wasser versorgt. Überschüssiges Wasser fließt in die Ozeane zurück. So entsteht ein Kreislauf des Wassers, der letztendlich von der Sonne in Gang gehalten wird. ↑6
Die Niederschläge stehen in enger Wechselwirkung mit dem Wind sowie der Luft-, Boden- und Wassertemperatur. Sinken die Temperaturen, so fällt der Niederschlag z. B. als Regen, Schnee oder Hagel auf die Erde. Starker Wind kann ebenfalls kühlen. So müssen die Lebewesen mit ständigen Schwankungen der Temperatur und der Feuchtigkeit in ihren Lebensräumen auskommen.

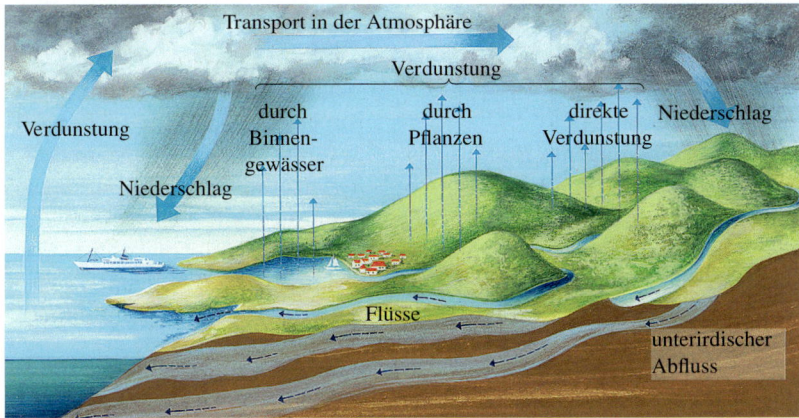

6 Der natürliche Wasserkreislauf

Ein alter Baum – Lebensraum für viele Tiere

In Parks, auf alten Friedhöfen oder an Alleen findet man große Bäume, die oft viele Hundert Jahre alt sind und die uns viel aus vergangener Zeit erzählen könnten. Das Besondere an diesen Bäumen ist aber nicht nur ihr Alter. Sie stellen eigene Lebensräume dar und beherbergen eine unglaublich große Zahl von Tieren. In einer alten Eiche können es 500 Arten sein. Wie können so viele Tiere in einem Baum leben?

1 Eine alte Eiche

Beobachten Untersuchen Experimentieren

Ein Baum und seine Bewohner

An einem großen, alten Baum kannst du vieles entdecken.

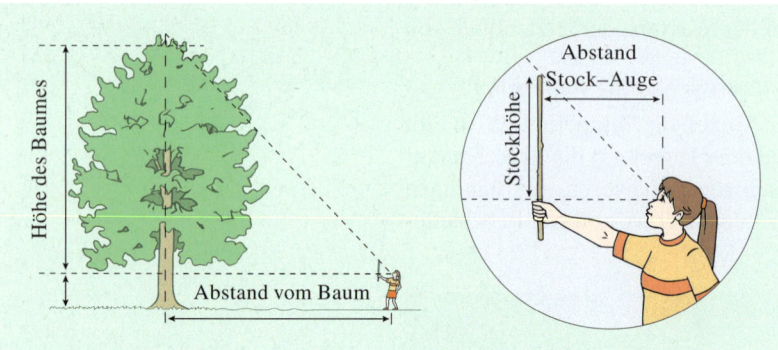

2 Wie hoch ist der Baum? – Stockmethode

1 Informiere dich über das genaue Alter eines alten Baums in deiner Nähe oder auf dem Schulgelände. Wann ist er gepflanzt worden? Wo kannst du dich erkundigen?

2 Schätze die Höhe des Baums. ↑2 Halte den Stock so, dass Stockhöhe und Abstand des Stockes vom Auge bei ausgestrecktem Arm gleich sind. Entferne dich so weit vom Baum, bis du die Baumspitze in einer Linie mit der Stockspitze siehst. Dein Abstand vom Baum entspricht nun der Baumhöhe.

3 Fertige einen Steckbrief für den ausgewählten Baum an. Wichtige Stichpunkte für einen Steckbrief sind: Stammumfang, Höhe, Kronenform, Laubaustrieb, Blattfall, Blütezeit, Blüten, Früchte.

4 Beobachte die Tiere, die sich im Baum aufhalten oder ihn besuchen. Notiere, um welche Tiere es sich handelt und was sie im Baum suchen (z. B. Nahrung).

5 Suche Blätter mit Gallen. ↑S. 97 Im Herbst kannst du Eichenblätter mit Gallen in ein Marmeladenglas stecken, das mit feinem Gardinenstoff verschlossen wird. Wenn du Glück hast, schlüpfen nach einigen Tagen oder Wochen die Gallinsekten aus.

6 Fasse alle Informationen in einem „Baumbuch" zusammen.

GRUNDLAGEN: Nahrung, Nistplatz und Versteck

Ein großer, alter Baum ist ein Lebensraum für zahlreiche Tiere. Die mächtige Baumkrone einer alten Eiche bildet einen dichten Dschungel. Dort können verschiedene Vögel ihr Nest bauen. Buntspechte oder Blaumeisen brüten in Höhlen des Stamms. Eichhörnchen suchen nach Eicheln. Auch Baummarder bewohnen gerne alte Eichen als „Untermieter". ↑4

Nahrungsbeziehungen Unter der rissigen Borke leben Pilze, Käferlarven und andere Insekten vom Holz der Eiche. Die Insekten wiederum dienen dem Kleiber und dem Buntspecht als Nahrung. ↑5 Der Marder lebt von Eiern und Küken der zahlreichen Vögel, aber auch von Insekten. Am Boden sammeln Mäuse und Eichelhäher die Eicheln auf. Zwischen den Pflanzen und Tieren gibt es vielfältige Nahrungsbeziehungen.
Insekten, Schnecken, Asseln und Pilze ernähren sich vom am Boden liegenden Laub. Regenwürmer leben von den verrotteten Pflanzenteilen, die sie in die Erde ziehen, wo Bakterien und Pilze die Zersetzung fortführen. Schließlich werden Mineralstoffe freigesetzt, die der Baum und andere Pflanzen zum Wachsen benötigen.

Kurz und knapp **Ein einzelner alter Baum ist Lebensraum für zahlreiche Tiere. Er bietet von der Wurzel bis zur Krone Nahrung, Brutplatz und Unterschlupf für Säugetiere, Vögel, Insekten und Spinnen. Zwischen den Lebewesen bestehen Nahrungsbeziehungen.**

Schon gewusst?

Gallinsekten in Vollpension
Im Sommer und Herbst kannst du an den Blättern vieler Bäume und Sträucher kugel- oder linsenförmige Wucherungen finden. Diese Gallen kommen an Eichen, Buchen, Pappeln, Ahorn, Weiden, Heckenrosen und Fichten vor. Sie haben unterschiedliche Formen. Weiche Gallen kannst du vorsichtig aufschneiden. Mit der Lupe erkennt man weiße, beinlose Larven. Sie sind aus Eiern geschlüpft, die meistens von Gallwespen in das Blatt gelegt worden sind.

Arbeitsaufträge

1 Nenne die verschiedenen Möglichkeiten, wie die unterschiedlichen Tiere die Eiche oder einen anderen großen, alten Baum nutzen.

3 Die Kreuzspinne fängt in ihrem Netz Insekten.

4 Baummarder

2 Erstelle mithilfe des Textes eine Liste der verschiedenen Tiere und ihrer jeweiligen Nahrung.
3 Fertige Steckbriefe zu den abgebildeten Tieren an. ↑3–5 Informiere dich in Büchern oder im Internet.

5 Buntspecht

Methode

Laubbäume anhand der Blätter bestimmen

Um einen Baum zu bestimmen, kann man verschiedene Merkmale betrachten: die Blätter, die Blüten und Früchte, das Aussehen der Rinde, die Gestalt des Baums. Laubbäume lassen sich besonders leicht anhand ihrer Blattformen und Blattränder unterscheiden. ↑1 Mit dem folgenden Bestimmungsschlüssel kannst du einen Laubbaum anhand eines Blattes bestimmen. Beginne dazu bei „Start" und entscheide dich jeweils zwischen zwei Möglichkeiten. ↑2

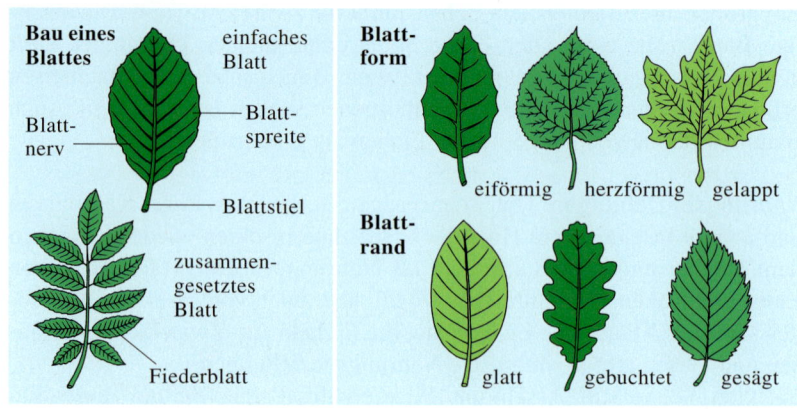

1 Bau von Laubblättern

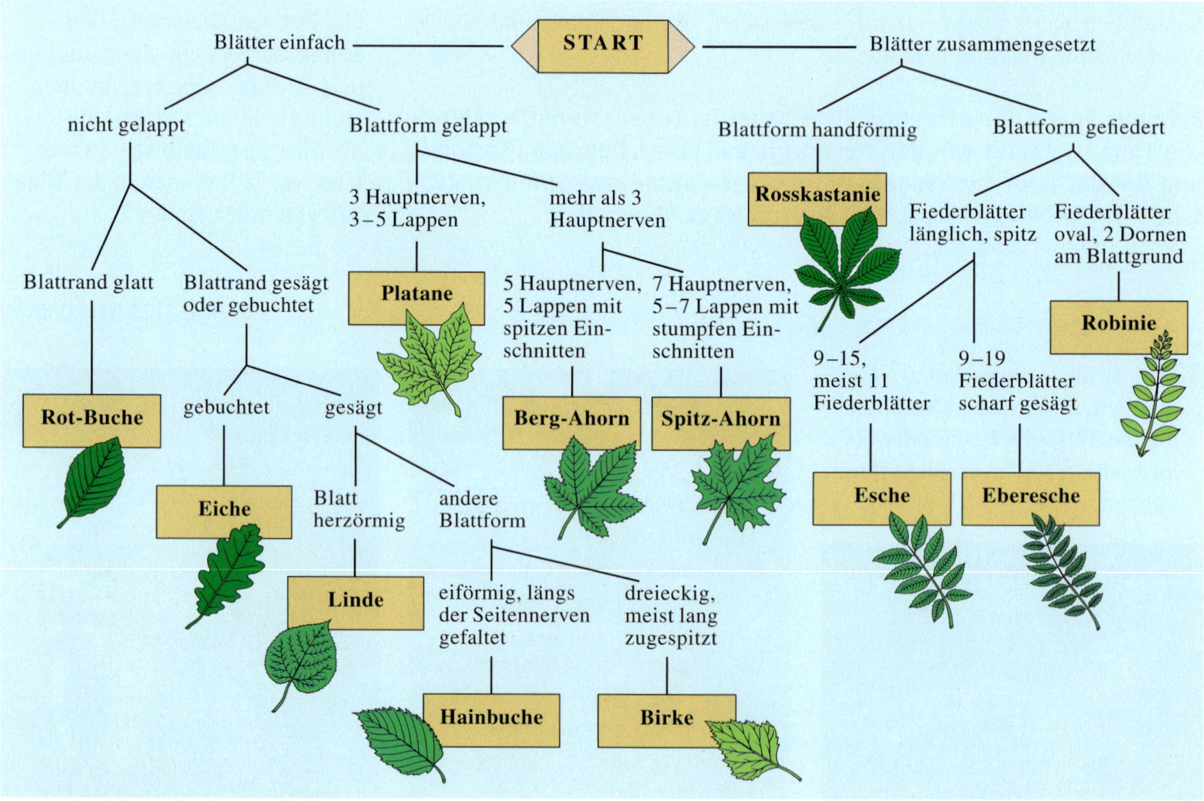

Bau eines Blattes — einfaches Blatt, Blattnerv, Blattspreite, Blattstiel, zusammengesetztes Blatt, Fiederblatt

Blattform — eiförmig, herzförmig, gelappt

Blattrand — glatt, gebuchtet, gesägt

START

Blätter einfach

- nicht gelappt
  - Blattrand glatt → **Rot-Buche**
  - Blattrand gesägt oder gebuchtet
    - gebuchtet → **Eiche**
    - gesägt
      - Blatt herzörmig → **Linde**
      - andere Blattform
        - eiförmig, längs der Seitennerven gefaltet → **Hainbuche**
        - dreieckig, meist lang zugespitzt → **Birke**
- Blattform gelappt
  - 3 Hauptnerven, 3–5 Lappen → **Platane**
  - mehr als 3 Hauptnerven
    - 5 Hauptnerven, 5 Lappen mit spitzen Einschnitten → **Berg-Ahorn**
    - 7 Hauptnerven, 5–7 Lappen mit stumpfen Einschnitten → **Spitz-Ahorn**

Blätter zusammengesetzt

- Blattform handförmig → **Rosskastanie**
- Blattform gefiedert
  - Fiederblätter länglich, spitz
    - 9–15, meist 11 Fiederblätter → **Esche**
    - 9–19 Fiederblätter scharf gesägt → **Eberesche**
  - Fiederblätter oval, 2 Dornen am Blattgrund → **Robinie**

2 Bestimmungsschlüssel für einheimische Laubbäume

Arbeitsaufträge

1 Sammle in deiner Umgebung Blätter verschiedener Laubbäume und versuche sie mithilfe des Bestimmungsschlüssels zu bestimmen.

2 Sammelt Blätter auf dem Schulgelände und bestimmt sie. Fertigt ein Plakat mit der Überschrift „Bäume und Sträucher auf dem Schulgelände" an. Klebt die Blätter auf und beschriftet sie.

Methode

Kartieren: Baumarten auf dem Schulgelände

Das Kartieren ist eine Methode, mit der Biologen die Pflanzenarten auf einer bestimmten Fläche oder in einem Lebensraum ermitteln. Dazu werden die Pflanzen zunächst bestimmt. Anschließend wird auf einer Karte eingetragen, wo die betreffenden Pflanzenarten wachsen. So kann man sich ein „Bild" von einem Lebensraum machen und kann zum Beispiel auch herausfinden, ob er artenreich oder eher artenarm ist.

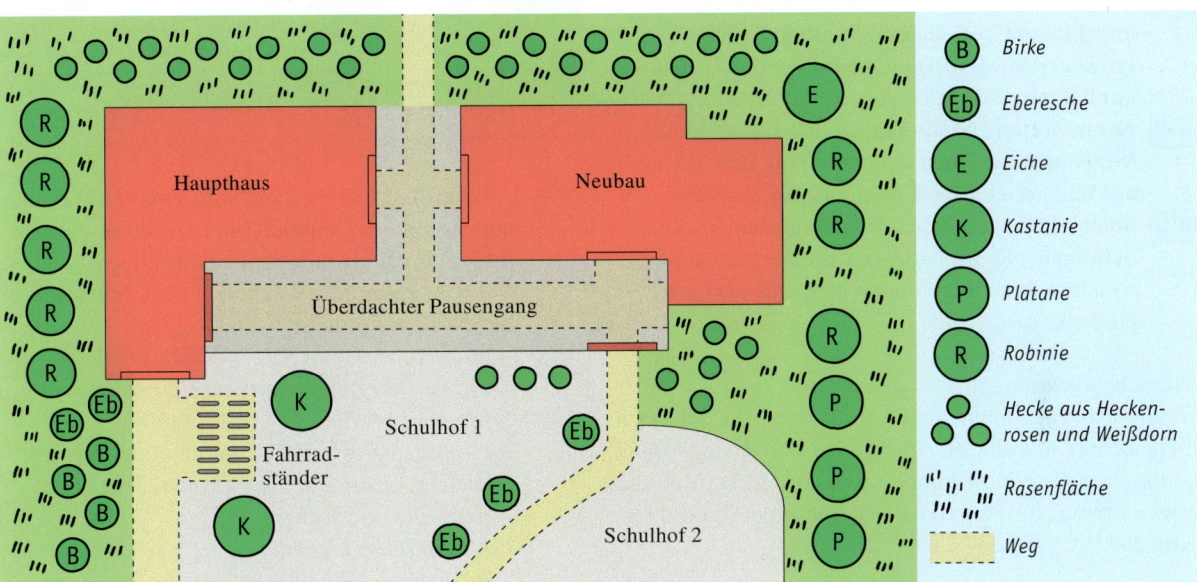

Haupthaus

Neubau

Überdachter Pausengang

Schulhof 1

Fahrrad-
ständer

Schulhof 2

(B) Birke

(Eb) Eberesche

(E) Eiche

(K) Kastanie

(P) Platane

(R) Robinie

○ Hecke aus Hecken-
rosen und Weißdorn

Rasenfläche

Weg

3 Beispiel für eine Kartierung

1 Material:
Schreibzeug, Schreibunterlage, Karte vom Schulgelände, Bestimmungsbücher für Bäume und Sträucher, Bestimmungschlüssel↑2 und Abbildungen↑1–3 S.104/105.

2 Durchführung:

a Bestimmt die Bäume. Teilt dazu das Schulgelände in mehrere Abschnitte ein. Jeder Abschnitt wird von einer Kleingruppe untersucht. Am einfachsten wird die Bestimmung im Sommer oder im frühen Herbst sein, wenn die Bäume Blätter und zum Teil Früchte haben.

b Legt eine Legende für die verschiedenen Baumarten an, zum Beispiel Kreise mit den Anfangsbuchstaben, also B für Birke, E für Eiche usw.↑3

c Besorgt euch eine Karte vom Schulgrundstück, in die ihr die Bäume einzeichnen könnt. Wenn ihr einen Baum bestimmt habt, tragt ihn in eure Karte mit dem entsprechenden Zeichen an der richtigen Stelle ein.↑3

d Im Klassenraum werden die Eintragungen in eine große Karte übertragen.

3 Auswertung:
Anhand der Kartierung könnt ihr eine Liste aller Baumarten erstellen. Diskutiert die Anzahl der Arten und deren Standorte. Würdet ihr etwas ändern?

4 Spitz-Ahorn, ein häufiger Laubbaum

Vögel erkennen und bestimmen

Kennübungen

Manche Vogelarten in deiner Umgebung sind dir vielleicht schon bekannt, andere kannst du mithilfe von Abbildungen bestimmen. Auf der rechten Seite siehst du Fotos häufiger Vogelarten.

1 Ordne die abgebildeten Vögel nach ihrer ungefähren Größe in drei Spalten: Taubengröße – Amselgröße – Sperlingsgröße. Ergänze um weitere Vogelarten, die du kennst.

2 Nenne weitere Merkmale, anhand derer du die Vögel unterscheiden kannst. Wähle drei Vögel aus und notiere ihre Erkennungsmerkmale.

3 Suche die abgebildeten Vögel auf dem Schulgelände, im Park oder im Garten. Notiere, welche Vögel du gefunden hast und wo du sie entdeckt hast.

Vögel bestimmen

Häufig wirst du auch Vögel entdecken, die du noch nicht kennst und die hier nicht abgebildet sind. Dann benötigst du zur Bestimmung weitere Hilfsmittel und etwas Übung. Im Folgenden erfährst du, wie du dabei vorgehst.

1 Material:
Notizbuch, Schreibzeug, Fernglas, Vogelbestimmungsbuch, eventuell MP3-Player und Dateien mit Vogelstimmen

2 Durchführung:

a Mache dich mit deinem Bestimmungsbuch vertraut. Meist sind die Vögel dort nach ihrer Verwandtschaft geordnet und ähnlich aussehende Vögel sind auf den gleichen Seiten abgebildet. Um mit dem Bestimmungsbuch zurechtzukommen, benötigst du einige Fachausdrücke. ↑2

Rotkehlchen

Größe: etwas kleiner als ein Sperling
Gefiederfarbe: Kehle und Brust orangerot Bauchseite gräulich weiß, sonst olivbraun
Schnabel: spitz

1 Steckbrief

b In Parks und Gärten kannst du Vögeln oft recht nahe kommen. Dennoch brauchst du etwas Geduld und solltest dich möglichst ruhig verhalten. Wenn du einen Vogel entdeckt hast, betrachte ihn mit dem Fernglas.

c Achte besonders auf folgende Merkmale:
– *Größe:* Vergleiche mit einer dir bekannten Vogelart (Amsel, Sperling, Taube).
– *Gestalt:* Ist der Vogel rundlich oder schlank? Welche Form und Länge haben Schnabel, Schwanz und Beine?
– *Färbung des Gefieders*
– *Bewegung:* Wie bewegt sich der Vogel am Boden (hüpfend, trippelnd, schreitend)? Ist der Flug wellenförmig oder geradlinig?
– *Stimme und Gesang:* Vögel haben typische Ruflaute und Gesänge. Wenn ihr Aufnahmen von Vogelstimmen habt, könnt ihr vergleichen.

d Vergleiche den Vogel mit einer dir bekannten Art und versuche ihn im Bestimmungsbuch wiederzufinden.

e Notiere die Namen der Vogelarten, die du bestimmt hast, und den Ort, an dem du sie beobachtet hast. Fertige Steckbriefe zu den Arten an, die du sicher erkannt hast. ↑1

2 Fachausdrücke zur Vogelbestimmung

Schnabelformen

spitz, gebogen   hakenförmig   kräftig

gekreuzt   zierlich

Gestalt

kräftig   rundlich   schlank

Tipp: „Die häufigsten Gartenvögel auf einen Blick – Von der Amsel bis zum Zilpzalp" kannst du im Internet unter www.nabu.de (Naturschutzbund Deutschland) kennenlernen.

Methode

Vögel erkennen und bestimmen

3 Haussperling: Weibchen und Männchen (14,5 cm)

4 Amsel (24 cm)

5 Singdrossel (23 cm)

6 Buchfink (15 cm)

7 Zaunkönig (9,5 cm)

8 Hausrotschwanz (14,5 cm)

9 Kohlmeise (14 cm)

10 Blaumeise (11,5 cm)

11 Kleiber (14 cm)

12 Star (21,5 cm)

13 Ringeltaube (40 cm)

14 Elster (46 cm)

Lebensraum Hecke

Eine Hecke ist doch nichts Besonderes, eher langweilig, wirst du vielleicht denken. Das trifft für manche Hecken zu, die als Begrenzung und Sichtschutz gepflanzt werden. Oft sind Hecken aber viel mehr als lebende Zäune. Eine Hecke kann ein Lebensraum für zahlreiche Pflanzen und Tiere sein.
Was macht eine Hecke zu einem besonderen Lebensraum?

1 Artenreiche Hecke

Beobachten **Untersuchen** Experimentieren

2 Aufbau einer naturnahen Hecke

Hecke ist nicht gleich Hecke
Wenn du dir Hecken näher anschaust, wirst du feststellen, dass sie gar nicht so langweilig sind. Hecken können nämlich ganz unterschiedlich aussehen. Du findest sie auf Feldern, in Gärten, Parks und vielleicht auch auf dem Schulgelände.

1 Nenne Vor- und Nachteile einer Gartenhecke im Vergleich zu einem Zaun.

3 Geschnittene Hecke

2 Vergleiche eine geschnittene Hecke, die aus einer Pflanzenart besteht, mit einer artenreichen naturnahen Hecke. ↑1–3

a Zeichne den Aufbau einer naturnahen Hecke vereinfacht in dein Heft ab. ↑2

b Lies den Text auf der rechten Seite zum Aufbau einer Hecke aufmerksam durch, schreibe die Fachausdrücke heraus und beschrifte in deiner Zeichnung die verschiedenen Bereiche der Hecke (A–D).

c Zeichne den Querschnitt einer geschnittenen Hecke. ↑3 Vergleiche mit deiner Zeichnung der naturnahen Hecke.

d Erkläre, warum eine artenreiche Hecke einem Waldrand ähnelt. Nenne Unterschiede.

3 Bestimme Heckenpflanzen im Garten oder auf deinem Schulweg. ↑S. 98, 104/105

4 Erkundige dich in einer Baumschule, welche Heckenpflanzen im Garten verwendet werden. Erstelle Steckbriefe mit Bildern.

GRUNDLAGEN: Hecken – mehr als lebende Zäune

Aufbau einer naturnahen Hecke In der offenen Landschaft sind Hecken entlang von Wegen, Feldrändern, Bahndämmen und Gräben zu finden. Höhere Hecken besitzen einen inneren Bereich, die Kernzone. Hier können auch hohe Sträucher und Bäume (z. B. Feldahorn oder Stieleiche) wachsen, deren Kronen das Dach der Hecke bilden. Auf beiden Seiten schließt sich eine Mantelzone aus niedrigen und höheren Sträuchern wie Heckenrose oder Weißdorn an. Die beidseitige Saumzone besteht aus krautigen Pflanzen und Gräsern. Typisch für den Saum sind oft Rainfarn, Echtes Johanniskraut und die Große Brennnessel. ↑5–7

Hecken sind schützenswert Naturnahe Hecken sind ein vielfältiger Lebensraum: Auf engstem Raum wechseln die Umweltfaktoren wie Licht, Temperatur, Windgeschwindigkeit sowie Luft- und Bodenfeuchtigkeit. Aus diesem Grund bieten Hecken zahlreichen Tieren mit unterschiedlichen Ansprüchen an die Umweltfaktoren Platz zum Leben. ↑S. 106/107 Naturnahe Hecken sind jedoch nicht nur ein artenreicher Lebensraum. Sie haben auch eine Schutzfunktion: Sie brechen den Wind, schützen den Boden vor Austrocknung, Verwehung und Abschwemmung und bremsen herablaufendes Regenwasser. Außerdem machen sie die Landschaft abwechslungsreicher. Deshalb müssen bestehende Hecken erhalten bleiben und neue naturnahe Hecken gepflanzt werden.

Hecken wie grüne Mauern Am häufigsten siehst du Hecken, die nur aus einer Pflanzenart bestehen und regelmäßig mit der Heckenschere geschnitten werden. ↑3 Sie werden als Garten- und Grundstücksbegrenzung gepflanzt und bestehen oft aus den Laubgehölzen Hainbuche, Weißdorn oder Liguster. Manchmal sieht man auch immergrüne Nadelgehölze wie Eibe, Lebensbaum oder Fichte als Heckenpflanzen. Diese geschnittenen Hecken sind zwar als Sichtschutz geeignet, bilden sozusagen einen grünen Zaun, können aber nur für wenige Tierarten Schutz, Brutplatz oder Nahrungsquelle sein.

4 Naturnahe Hecke

5 Rainfarn

6 Echtes Johanniskraut

7 Große Brennnessel

Beobachten *Untersuchen* Experimentieren

Was wächst in unserer Hecke?

Untersucht eine Hecke, in der verschiedene Pflanzen wachsen, oder eine Gehölzhecke auf dem Schulgelände oder in der Nähe der Schule. Bestimmt die Bäume und Sträucher und führt eine Kartierung durch. ↑S. 99

Material:

Schreibzeug und Schreibunterlage, Zollstock, Bestimmungsbücher sowie die Abbildungen auf dieser Doppelseite

Durchführung:

Arbeitet in kleinen Gruppen. Markiert einen Abschnitt einer Hecke (z. B. 5 m lang) mit farbigen Bändern. Bestimmt die Bäume und Sträucher anhand der Blätter, Blüten und Früchte.

Dornen oder Stacheln?

Dornen entspringen aus dem Holz, Stacheln dagegen werden aus der Rinde einer Pflanze gebildet und lassen sich leicht ablösen.

Auswertung:

Erstellt eine Liste der Pflanzenarten, die ihr gefunden habt. Fertigt eine Skizze an, in der ihr die Verteilung der Pflanzenarten in der Hecke eintragt. ↑S. 99 Bestimmt und kartiert zusätzlich die Kräuter am Saum der Hecke. Nehmt eine Bewertung vor: Handelt es sich eher um eine artenreiche Hecke oder um eine, in der nur wenige Pflanzenarten vorkommen?

Blüten von Heckenpflanzen

Im Frühling ziehen blühende Kornelkirschen, verschiedene Weiden und andere blühende Sträucher viele Insekten an, vor allem Honigbienen. Für sie sind Nektar und Blütenstaub (Pollen) wertvolle Nahrung. Nebenbei übernehmen sie bei der Nahrungssuche die Bestäubung.

1 Blüten von Heckenpflanzen

Früchte von Heckenpflanzen

Die meisten Früchte reifen im Sommer und Herbst. Die roten, blauen und schwarzen Früchte sind für viele Vögel eine nährstoffreiche Kost – Schlehen und Hagebutten bis in den Winter hinein. Meist sorgen Vögel für die Samenverbreitung.

2 Früchte von Heckenpflanzen

Typische Heckenbäume

In größeren artenreichen Hecken, die weitgehend naturbelassen sind, wachsen auch Bäume. Außer den gezeigten Arten stehen mitunter auch Schwarzerle, Esche und Stieleiche in Hecken.

3 Heckenbäume

1 Zu welchen auf der linken Seite abgebildeten Pflanzen gehören die Früchte in den Abbildungen unten? ↑4–6 Ordne zu.

2 Schneide mit einem Messer vorsichtig durch einen Stängel der Heckenrose und der Schlehe. Welche Pflanze hat Dornen, welche Stacheln? Begründe.

4

5

6

Wer lebt in der Hecke?

Draußen dämmert es bereits. Anna und Karla haben beschlossen, noch einen kurzen Spaziergang zu machen. Als sie an der Hecke des Nachbargrundstücks vorbeigehen, raschelt es im Unterholz. „Sieh mal", ruft Anna, „ein Igel!" Die beiden bleiben stehen und beobachten, wie das Tier schnüffelnd an der Hecke entlangwandert.

Der Igel ist ein typischer Heckenbewohner. Welche Tiere leben noch in der Hecke?

1 Igel in einer Hecke

1 Sperber	8 Zauneidechse
2 Grünfink	9 Feldhase
3 Neuntöter	10 Feldspitzmaus
4 Amsel	11 Igel
5 Goldammer	12 Feldmaus
6 Blaumeise	13 Erdkröte
7 Rotkehlchen	14 Mauswiesel
	15 Blindschleiche

2 Naturnahe Hecken sind Lebensräume für viele Tierarten.

Basiskonzept

System

In einer Hecke leben verschiedene Lebewesen, die als Lebensgemeinschaft aufeinander angewiesen sind. Zwischen den Pflanzen, Tieren und Kleinstlebewesen gibt es vielfältige Wechselbeziehungen, z.B. Nahrungsbeziehungen.
↑S. 109

GRUNDLAGEN: So viele Tierarten in einer Hecke?

Artenvielfalt Wer sieht einer naturnahen Feldhecke schon an, dass sie eine einmalige Artenvielfalt beherbergt? Mehr als 1 000 Tierarten entdeckten Biologen in Feldhecken: 8 Kriechtierarten, fast 20 verschiedene Säugetiere, knapp 40 Vogelarten und rund 1 000 Insekten- und Bodentierarten. Diese leben ständig oder zeitweilig im Lebensraum Hecke und sind auf ihn angewiesen. Für manche Kleinsäuger ist eine dichte Hecke ein ideales Versteck, z.B. für Feldhase und Igel. Viele Tiere suchen hier auch ihre Nahrung oder nutzen die Hecke als Stützpunkt für die Jagd. Zahlreiche Vögel finden in der Hecke einen Nistplatz. ↑2

Beobachten Untersuchen Experimentieren

Ackerhummel **Heupferd** **Goldlaufkäfer** **Blattkäfer** **Hainbänderschnecke** **Kreuzspinne**

Honigbiene **Ohrwurm** **Florfliege** **Marienkäfer** **Bockkäfer** **Beerenwanze** **Assel** **Weberknecht**

Schwebfliege **Blattlaus** **Wegameise** **Rüsselkäfer** **Feuerwanze** **Grüne Stinkwanze** **Schnurfüßer**

3 Häufige Kleintiere in Hecken

Safari zu den Heckentieren
Wenn ihr euch auf Heckensafari begebt, werdet ihr staunen, wie viele Tiere ihr entdecken könnt. Besonders Kleintiere wie Insekten, die auf den ersten Blick nicht zu sehen sind, könnt ihr leicht finden.

1 Beobachtet zunächst verschiedene Heckenabschnitte vorsichtig zu verschiedenen Tageszeiten. Welche größeren Tiere könnt ihr entdecken?

Kescher
Federstahlpinzette
Küchensieb
Fangschere
Pinsel
Becherlupe   Sammel-   Selbstbau-
gefäße   Exhaustor

4 Gefäße und Geräte zum Fangen

2 Bestimmt und beobachtet die Vögel in der Hecke. ↑S.100/101

3 **Kleintiere fangen**
Material: verschiedene Gefäße und Geräte zum Fangen ↑4, Regenschirm oder weißes Tuch, Schuhkarton, Stock, Schreibzeug, Schreibunterlage, Fotokamera, Bestimmungsbücher, Karte der Hecke, Etiketten
Durchführung: Manche Tiere kannst du direkt mit einem Gefäß einfangen oder du lässt sie vorsichtig hineinkriechen. Schließe dann den Deckel. Sehr kleine Tiere kannst du mit einem Pinsel aufnehmen oder mit einem Exhaustor aufsaugen. Bei der Abklopfmethode klopfst du mit einem Stock ein Mal kräftig auf einen Ast, ohne ihn vorher berührt zu haben. Vorher hast du ein weißes Tuch oder einen geöffneten Regenschirm daruntergelegt. Nun brauchst du die heruntergefallenen Tiere nur aufzusammeln.

Auswertung: Versuche die gefangenen Tiere zu bestimmen. Haben die Tiere 6 Beine (= Insekten), 8 Beine (= Spinnen), mehr als 8 Beine oder keine Beine? Nimm Abbildung ↑3 zu Hilfe. Notiere den Fundort. Trage deine Funde in die Karte der Hecke ein.
Beachte: Wenn die Tiere bestimmt sind, setze sie wieder in ihrem Lebensraum aus!

Fangt nicht alle Tiere – manche sind geschützt!
Lurche wie Erdkröte und Grasfrosch, aber auch Kriechtiere wie Zauneidechse und Ringelnatter unterliegen der Artenschutzverordnung. Sie sind ganzjährig geschützt und dürfen nicht gefangen werden. Bestimme sie an Ort und Stelle oder zeichne bzw. fotografiere sie. Das Gleiche gilt für Tiere, die zart und verletzlich sind. Schmetterlinge solltest du aus diesem Grund nicht einfangen, sondern gleich zu bestimmen versuchen.

Fressen und gefressen werden

Am Rand einer Hecke stehen Schlehenbüsche. Von deren Blättern fressen Raupen des Schlehenspinners, eines Schmetterlings. Wenig entfernt sitzt auf einer Ebersche eine Goldammer und hält Ausschau nach Beute. Plötzlich fliegt sie in den Schlehenbusch, ergreift eine Raupe mit dem Schnabel und will davonfliegen. Doch da nähert sich ein Sperber und stürzt sich auf die Goldammer.
Wer frisst hier eigentlich wen?

1 Ein Sperber hat eine Goldammer erbeutet.

Beobachten Untersuchen Experimentieren

Wer frisst wen?

Meist überlegt man sich nur, was ein bestimmtes Tier frisst, z. B. wenn man einen Steckbrief erstellt. Die meisten Tiere sind aber selbst Nahrung für andere Tiere. Zwischen den Lebewesen bestehen Nahrungsbeziehungen.

1 Im Garten kannst du folgende Tiere und Pflanzen beobachten: Katze, Blattläuse, Spinne, Blaumeise, Rosenblatt. Gib an, wer für wen Nahrung ist. Versuche die Beziehungen in einem Pfeilschema wie in Abbildung ↑2 darzustellen.

2 Auch zwischen den Lebewesen auf einem alten Baum bestehen Nahrungsbeziehungen. ↑S. 97 Stelle einige als Pfeilschema dar.

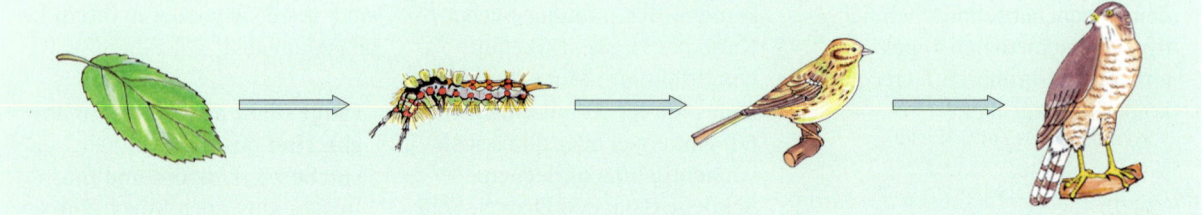

2 Beispiel für eine Nahrungskette

GRUNDLAGEN: Nahrungsbeziehungen

Nahrungsketten Das Beispiel mit dem Sperber beschreibt eine für Hecken typische Nahrungsbeziehung. Sie besteht aus vier Gliedern, die wie bei einer Kette ineinandergreifen. Man bezeichnet sie daher als Nahrungskette. Das erste Glied in jeder Nahrungskette sind Pflanzen, von denen sich Pflanzenfresser wie viele Insekten und manche Vögel ernähren. Die Pflanzenfresser werden von anderen Tieren (Fleischfressern) wie kleineren Säugetieren oder Vögeln gefressen. Diese sind wiederum Nahrung von größeren Fleischfressern z. B. Fuchs oder Greifvögeln. Nahrungsketten werden mit Pfeilen dargestellt. Der Pfeil bedeutet „wird gefressen von". ↑2

Nahrungsnetze Die meisten Tiere sind nicht nur auf eine Nahrung festgelegt. Die Goldammer frisst nicht nur Raupen, sondern auch andere Insekten und Spinnen und vor allem Samen. Goldammern werden auch von anderen Greifvögeln wie Habicht und Waldkauz und vom Baummarder gejagt. Jede Nahrungskette ist auf diese Weise mit den Kettengliedern anderer Nahrungsketten verknüpft. So ergibt sich aus verschiedenen Nahrungsketten ein vielteiliges Nahrungsnetz. Je artenreicher ein Lebensraum ist, umso umfangreicher ist auch sein Nahrungsnetz. ↑3

Lebensgemeinschaft und Ökosystem Pflanzen und Tiere in ihrem Lebensraum bilden eine Lebensgemeinschaft; sie sind durch Nahrungsbeziehungen und andere Wechselbeziehungen miteinander verbunden. So sind zum Beispiel viele Samenpflanzen auf die Bestäubung durch Insekten angewiesen.
Der Lebensraum ist gekennzeichnet durch die Umweltfaktoren, die auf die Lebewesen einwirken. ↑S. 90 Alles zusammen, den Lebensraum mit den ihn charakterisierenden Umweltfaktoren und die Lebensgemeinschaft, bezeichnet man als Ökosystem.

3 Nahrungsnetz in einer Hecke

Kurz und knapp **Zwischen den Lebewesen eines Lebensraums bestehen Nahrungsbeziehungen. Man kann sie als Nahrungsketten oder Nahrungsnetze darstellen. Lebensraum und Lebensgemeinschaft bezeichnet man zusammen als Ökosystem.**

Arbeitsaufträge

1 Erstelle eine Tabelle wie unten. Beginne in der rechten Spalte mit den Tieren, die Pflanzen fressen. Welche Nachteile hat eine solche Tabelle?

Nahrung/Beute	Tiere (Fressfeinde)
……	……

2 Bilde mit denselben Lebewesen zunächst Nahrungsketten. Erstelle dann ein Nahrungsnetz.
3 Notiere einige Nahrungsketten in einer Hecke mithilfe von Abbildung ↑3.
4 Übertrage das Nahrungsnetz in dein Heft. ↑3 Notiere dazu die Namen der Tiere. ↑S. 106, 107 Ergänze das Nahrungsnetz um weitere Tiere.

Methode

Ergebnisse vorstellen

Nachdem ihr die Lebensräume auf eurem Schulgelände und in der Umgebung eurer Schule so intensiv untersucht habt, solltet ihr eure Ergebnisse auch bekannt machen. Eure Mitschüler, Besucher der Schule und auch eure Eltern werden auf die Untersuchungsergebnisse gespannt sein.

1 Arbeitsergebnisse zusammentragen:
Tragt zunächst die Arbeitsergebnisse eurer Untersuchungen zusammen und ordnet sie: die Pläne (vom Schulweg und Schulgelände) und Fotos der verschiedenen Lebensräume, die Querschnittzeichnungen der Hecken, die Steckbriefe der Pflanzen und Tiere sowie die Messergebnisse eurer Untersuchungen zu den Umweltfaktoren.

2 Ideen sammeln:
Überlegt, was ihr mit den Ergebnissen machen wollt und wie ihr sie präsentieren könnt. Es gibt viele verschiedene Möglichkeiten, zum Beispiel könnt ihr
– mit Plakaten, Listen, Zeichnungen und Fotos eine Ausstellung im Schulgebäude gestalten,
– einen „Bio-Führer durch das Schulgelände" erstellen,
– einen „Schulhof-Lehrpfad" gestalten,
– Hinweistafeln für das Schulgelände erstellen oder
– die Ergebnisse mit einem ausführlichen, bebilderten Bericht an den Bürgermeister eurer Stadt schicken.

1   Ein Kurzreferat halten

3 Planung:
Wenn ihr euch auf eine Idee geeinigt habt, überlegt, wie ihr vorgehen könnt und was ihr bedenken müsst. Macht eine Planung und verteilt die Aufgaben in Gruppen.

2   Ausstellung auf dem Schulgelände

4 Durchführung:
Erstellt eure Materialien auf gesondertem Papier und übertragt sie erst im zweiten Schritt auf Plakate, Schilder oder Hinweistafeln. Überlegt, wie ihr die einzelnen Elemente übersichtlich anordnen könnt. Benutzt bei einer Ausstellung neben freien Wandflächen, wenn möglich, auch Stellwände. Dadurch wirkt die Ausstellung interessanter.

Fragt wegen eines günstigen Termins für die Eröffnung der Ausstellung die Schulleiterin oder den Schulleiter. Wählt nach Möglichkeit einen Zeitpunkt mit vielen Besuchern in der Schule, zum Beispiel einen Elternsprechtag oder eine besondere Veranstaltung. Ihr könnt auch andere Klassen durch eure Ausstellung oder über das Schulgelände führen und informieren.

STECKBRIEF – NEUNTÖTER

SINGVOGEL MIT RAUBVOGELARTIGEM SCHNABEL.
NAHRUNG: GROSSE INSEKTEN (HEUSCHRECKEN, KÄFER)
UND KLEINE WIRBELTIERE. JAGT VON „WARTEN" AUS
UND SPIESST DIE BEUTE MANCHMAL AN DORNEN UND
STACHELDRÄHTEN AUF.
BRÜTET IN DICHTEM GEBÜSCH – VORZUGSWEISE IN
DORNENSTRÄUCHERN – VON HECKEN UND
WALDRÄNDERN.

3 Steckbrief

Hier findet ihr einige Vorschläge zur Gestaltung von
Materialien, die ihr für eine Ausstellung zum Thema
„Lebensräume auf dem Schulgelände" nutzen könnt.

Pflanzen und Tiere auf dem Schulgelände:

a Zeichnet zunächst euer Schulgelände aus der
Vogelperspektive auf ein großes Plakat. Benutzt
dazu den Plan, den ihr schon besorgt bzw. ange-
fertigt habt. ↑S. 99 Teilt den großen Plan in
mehrere Teilpläne und bearbeitet diese in Kleingruppen. Kennzeichnet die Flächen mit Gebäuden, Wegen, Pflaster, Asphalt, Rasen, Beton,
Gehölzen, Bäumen und Hecken in unterschiedlichen Farben oder Mustern. Anschließend werden die Teilpläne wieder zu einem Gesamtplan
des Schulgeländes zusammengeklebt.

b Fertigt für alle Pflanzen und Tiere, für die ihr im
Laufe der Arbeit an diesem Kapitel Steckbriefe
erstellt habt, aus Zeichenkarton runde Pappscheiben an (Durchmesser ca. 8 cm). Übertragt
darauf eure Steckbriefe oder zeichnet eure Pflan-
zen- und Tierfunde und beschriftet sie. ↑3

c Klebt die runden Pappscheiben auf den Gesamtplan an den jeweiligen Fundort (Kartieren).

d Fertigt Plakate an mit Listen der auf dem Schulgelände gefundenen Pflanzen und Tiere.

e Bereitet Kurzreferate zu einigen Tier- und
Pflanzenarten vor. ↑1

4 Aus Pappscheiben Nahrungsketten legen

Nahrungsketten und Nahrungsnetze:
Schneidet aus rotem Karton Pfeile aus. Verwendet nun
die Scheiben mit Pflanzen- und Tierzeichnungen, um
Nahrungsbeziehungen darzustellen. Legt Nahrungsketten und kennzeichnet sie durch die roten Pfeile. Da
sich die Nahrungsketten verzweigen, entwickelt ihr
nach und nach Nahrungsnetze, die es auf eurem
Schulgelände gibt. ↑4, 5

5 So kann ein Nahrungsnetz aussehen.

Erfassen von Umweltfaktoren:
Fertigt aus euren Untersuchungen zu den Umweltfaktoren Berichte mit Zeichnungen, Tabellen und Diagrammen an. ↑S. 92/93 Stellt in einem Schaukasten
auch die Geräte aus, die ihr benutzt habt. Welche Untersuchung ist geeignet, um sie vorzuführen?

Lebensraum Gewässer

Wasser ist für den Menschen von großer Bedeutung. Ohne Wasser kann kein Lebewesen existieren. Mithilfe von Wasser wird Strom erzeugt. In Teichen, Seen und Meeren wachsen Fische für unsere Ernährung heran. Im Sommer gehen wir in einem Teich oder See baden.

Ist euch bewusst, dass Gewässer auch Lebensräume für viele Pflanzen- und Tierarten darstellen. Welche Wasserlebewesen kennst du?

1 Blick auf den Hohenwarte-Stausee

2 Die Bachforelle lebt in Bächen und Flüssen.

3 Teiche werden künstlich von Menschen angelegt.

GRUNDLAGEN: Gewässertypen

Fließend oder stehend, süß oder salzig In deiner Umgebung kannst du viele Arten von Gewässern finden. So gibt es z. B. fließende Gewässer wie Bäche und Flüsse. Der bekannteste Fluss in Thüringen ist die Saale. Nach ihr wurden viele Orte benannt, z. B. Saalburg und Saalfeld. Stehende Gewässer sind unter anderem Seen, Teiche und Tümpel. In Thüringen gibt es den größten deutschen Stausee: den Bleiloch-Stausee, der wie der Hohenwarte-Stausee durch Anstauung der Saale entstanden ist. ↑1
Alle genannten Gewässer sind Süßgewässer. Im Urlaub bist du sicher schon einmal an einem Meer gewesen. Dort hast du festgestellt, dass das Wasser salzig schmeckt. Dementsprechend spricht man von Salzwasser.

Lebensräume für Pflanzen und Tiere So unterschiedlich die Gewässer auch sind, so stellen sie doch alle Lebensräume für Pflanzen und Tiere dar. Da jedes Lebewesen aber auf ganz bestimmte Umweltfaktoren angewiesen ist, kommen in bestimmten Gewässertypen auch nur ganz bestimmte Lebewesen vor. Die Gewässer unterscheiden sich also auch durch die Pflanzen und Tiere, die auf oder in ihnen leben. So können Bachforellen z. B. nur in sauerstoffreichen Gewässern leben. Man findet sie daher meist in schnell fließenden Gewässern. ↑2

4 Seen sind natürlich entstanden.

5 Die Saale ist ein Fluss.

GRUNDLAGEN: Pflanzen am und im Teich

Verschiedene Pflanzen in verschiedenen Zonen In Gärten und Park-
anlagen findest du häufig Teiche. An vielen Teichen, aber auch an Seen,
kannst du verschiedene Bereiche oder Zonen entdecken, in denen jeweils
typische Pflanzen vorkommen. So findest du am Ufer Sumpfpflanzen wie
das Schilfrohr und den Rohrkolben. Wird das Wasser tiefer, kannst du
Schwimmblattpflanzen wie die Teich- und die Seerose erkennen. Noch
weiter vom Ufer entfernt wachsen Tauchblatt- und Schwimmpflanzen,
z.B. die Wasserpest und die Wasserlinse. ↑6
An die jeweils herrschenden Umweltfaktoren in den einzelnen Zonen sind
die Pflanzen in besonderer Weise angepasst.

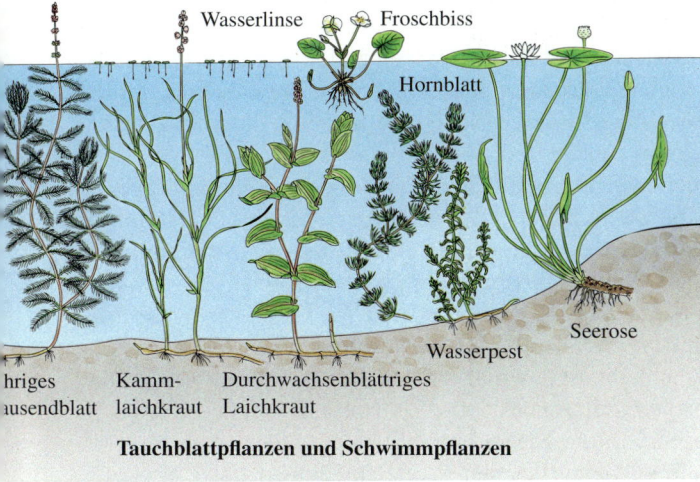
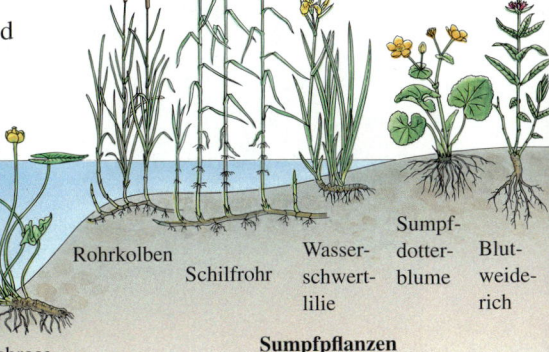

Wasserlinse Froschbiss

Hornblatt

Rohrkolben

Schilfrohr

Wasser-
schwert-
lilie

Sumpf-
dotter-
blume

Blut-
weide-
rich

Sumpfpflanzen

Teichrose

Schwimmblattpflanzen

Seerose

Wasserpest

...hriges
...ausendblatt

Kamm-
laichkraut

Durchwachsenblättriges
Laichkraut

Tauchblattpflanzen und Schwimmpflanzen

6 Pflanzen am und im Teich

Schon gewusst? Häufige Pflanzen im Teich

7 Raues Hornblatt. Bis zu 1 m lange,
wurzellose Wasserpflanze, Blätter mit
kleinen Stacheln.

8 Kleine Wasserlinse. Besteht aus frei
schwimmenden, 2–3 mm langen Glie-
dern mit einer Wurzel an der Unterseite. Blüht sehr selten.

9 Gewöhnlicher Froschbiss. Bis zu
30 cm große Schwimmpflanze. Blüte
von Mai bis August.

Arbeitsauftrag

1 Bestimme Pflanzen an und in einem Teich. Nutze
dazu Bestimmungsbücher und die Abbildungen auf
dieser Seite. ↑6–9 Dokumentiere deine Ergebnisse
mit Fotos und kurzen Steckbriefen über die einzelnen Pflanzen. Ordne die bestimmten Pflanzen den
entsprechenden Pflanzenzonen zu.

kahnförmiger Körper

Seihschnabel

Schwimmhäute

1 Ans Leben im Wasser angepasst

2 Stockentenpaar

GRUNDLAGEN: Tiere in Teich und See

Ein See oder Teich mit seinen Schilfflächen und unterschiedlich tiefen Wasserschichten ist ein abwechslungsreicher Lebensraum für verschiedene Tiere. Vor allem Fische, Lurche, Vögel, aber auch Insekten und deren Larven sowie Weichtiere (Schnecken, Muscheln) kommen hier vor.
Alle diese Tiere sind hervorragend an das Leben im Gewässer angepasst. Fische, Kaulquappen und viele Insektenlarven beispielsweise besitzen Kiemen, um den Sauerstoff aus dem Wasser zu filtern.
Den Winter verbringen viele wechselwarme Tiere in Kältestarre im Bodenschlamm des Gewässers, so z. B. Fische, Lurche, Krebstiere und Wasserinsekten. Wasservögel ziehen im Winter weg bzw. suchen geeignete Überwinterungsgebiete in der Nähe.

Stockenten sind an das Leben im Wasser angepasst Auf Parkteichen kann man zahlreiche Stockenten beobachten. Mit ihren Schwimmfüßen und ihrem kahnförmigen Körper gleiten sie mühelos durch das Wasser. Hier finden sie ihre Nahrung.
Zur Nahrungssuche taucht die Stockente nur Kopf und Vorderkörper ein und sucht dann mit ihrem Schnabel den Gewässergrund nach Nahrung ab. Man sagt: Sie gründelt. Die Stockente gehört deshalb zur Gruppe der Gründelenten. Mit ihrem Schnabel durchwühlt die Ente den Schlamm nach Würmern, Schnecken, Kleinkrebsen und Wasserpflanzen. Nach dem Auftauchen drückt sie Schlamm und Wasser über den Schnabelrand heraus. Die Nahrung bleibt im Innern des Schnabels an den Hornrippen hängen. Der so gebaute Entenschnabel wird als Seihschnabel bezeichnet. ↑1
Andere Entenarten wie die Reiher- und Tafelente tauchen ganz ab und suchen ihre Nahrung beim Tauchen oder Schwimmen unter Wasser. ↑3
Diese Enten gehören zur Gruppe der Tauchenten.

— 0 m
— 0,2
— 0,5
— 1,0
— 1,5 m

1	Graugans	4	Spießente
2	Krickente	5	Höckerschwan
3	Stockente	6	Reiherente

3 Entenvögel auf Nahrungssuche

Wasserläufer Diese Insekten hast du sicherlich schon beobachten können. ↑4 Sie sind auf stehenden und langsam fließenden Gewässern heimisch.

Wasserläufer gleiten ruckartig über die Wasseroberfläche. Ihre Beine sind fein behaart. Diese Haare können vom Wasser nicht benetzt werden. Zusammen mit der Oberflächenspannung des Wassers ermöglichen sie es den Tieren, auf dem Wasser zu laufen.

Wasserläufer ernähren sich von Kleintieren, die im Uferbereich des Gewässers leben oder die in das Wasser gefallen sind.

4 Wasserläufer

Nahrungsbeziehungen Auch in einem Gewässer sind die verschiedenen Lebewesen durch Nahrungsbeziehungen miteinander verknüpft. Ein Lebewesen frisst ein anderes und wird später von einem dritten gefressen. Eine solche Beziehung nennt man Nahrungskette. ↑5

Nun frisst z. B. ein Flussbarsch nicht nur Plötzen. Zu seinem Nahrungsspektrum gehören auch andere Fische. Der Flussbarsch ernährt sich also nicht nur von einer Tierart. Die Nahrungskette verzweigt sich auf diese Weise und überschneidet sich mit anderen Nahrungsketten. So ergibt sich aus verschiedenen Nahrungsketten ein vielteiliges Nahrungsnetz.

Kurz und knapp **Seen und Teiche sind abwechslungsreiche Lebensräume für viele Tierarten. Diese sind gut an das Leben im Wasser angepasst.**
Die Lebewesen in einem Gewässer sind durch vielfältige Nahrungsbeziehungen miteinander verknüpft. Es ergeben sich Nahrungsketten bzw. Nahrungsnetze.

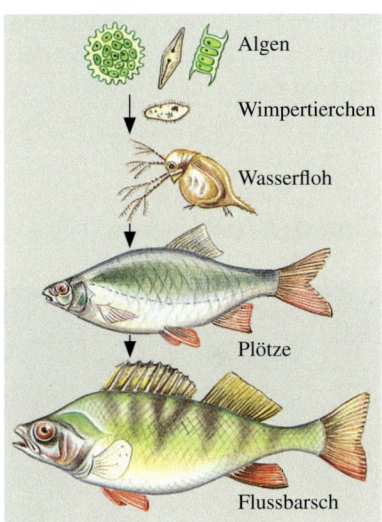

Algen
Wimpertierchen
Wasserfloh
Plötze
Flussbarsch

5 Nahrungskette in einem See

Arbeitsaufträge

1 Wir untersuchen Geruch und Trübung unterschiedlicher Wasserproben.

a Füllt Wasserproben aus einem Teich, einem Brunnen, einer Badeanstalt, einer Regentonne und aus der Wasserleitung in Standzylinder und vergleicht den Geruch.

b Stellt alle Zylinder auf weißes Papier und vergleicht die Wassertrübung. ↑6

2 Nenne Tiere, die an oder in Gewässern leben und erläutere, wie sie an das Wasserleben angepasst sind.

3 Erläutere, wie verschiedene Wassertiere den Winter überleben.

4 Stelle eine viergliedrige Nahrungskette in einem Gewässer auf.

5 Enten beobachten
Beobachtet Enten am Teich. Dazu benötigt ihr ein Fernglas, Bestimmungsbücher und Schreibmaterialien.

a Beschreibt das Aussehen verschiedener Entenvögel. Fertigt Zeichnungen von ihnen an. Bestimmt und benennt die Entenvögel mithilfe der Fachliteratur.

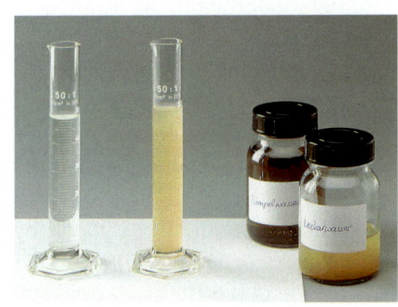

6 Wasseruntersuchung

b Beobachtet das Schwimm- und Tauchverhalten der Enten.

c Erstellt einen Steckbrief über eine Entenart. ↑7

d Erläutert, wie die Stockente an das Wasserleben angepasst ist.

e Überlegt, weshalb Stockentenweibchen und -männchen unterschiedliche Färbungen aufweisen. ↑2

Steckbrief
Zeichnung:

Beschreibung: …
Name: …
Schwimmverhalten: …
Flugverhalten: …
Nahrungsaufnahme: …
Besonderheiten: …

7 Steckbrief

Beobachtungen mit Lupe und Mikroskop

Zur genaueren Untersuchung von kleinen Lebewesen oder Teilen ihres Körpers reicht die Betrachtung mit dem bloßen Auge meist nicht aus. Viele Feinheiten werden erst sichtbar, wenn man diese mit einer Lupe betrachtet. Noch viel mehr kann man mit dem Mikroskop erkennen. Wie arbeitet man mit Lupe und Mikorskop?

1 Stiellupe und Einschlaglupe

Beobachten Untersuchen Experimentieren

2 Richtige Handhabung einer Einschlaglupe

3 Prachtlibelle

4 Fruchtstand des Löwenzahns

Beobachtungen mit einer Lupe

1 Eine Lupe als Vergrößerungshilfe Mit einer Stiellupe, die oft auch ältere Menschen als Lesehilfe verwenden, kannst du einen größeren Ausschnitt deines Untersuchungsgegenstands betrachten als mit einer Einschlaglupe. ↑1 Dafür vergrößert die Einschlaglupe zumeist stärker als eine Stiellupe. Während du eine Stiellupe dem Objekt annäherst, um ein scharfes Bild zu bekommen, gehst du mit der Einschlaglupe genau umgekehrt vor. Halte sie immer ganz dicht an ein Auge. Führe nun das Objekt mit der anderen Hand so weit an die Lupe heran, bis das Bild scharf ist. Lass dabei beide Augen geöffnet. ↑2

2 Mit der Lupe auf Spurensuche Viele Pflanzen und Tiere, auch Teile unseres eigenen Körpers haben wir schon so oft gesehen, dass wir glauben, an ihnen gäbe es kaum noch etwas zu entdecken. Doch auch Objekte, die wir genau kennen, offenbaren noch manches Geheimnis, wenn man sie mit der Lupe untersucht.

– Mit der Einschlaglupe kannst du zum Beispiel viele Feinheiten im Körperbau einer Prachtlibelle erforschen. ↑3
Da Prachtlibellen unter Naturschutz stehen, dürfen diese Insekten jedoch nicht gefangen werden. Nimm stattdessen das Foto auf dieser Seite zu Hilfe. Finde nun mittels deiner Lupe heraus, welche Besonderheiten der Kopf, die Flügel und die Beine der Prachtlibelle haben.

– Untersuche mit der Einschlaglupe den Fruchtstand eines Löwenzahns. ↑4 Zeichne einen der „Fallschirme" mit Bleistift möglichst groß auf einen Bogen unlinierten Papiers.

– Schau dir genau die Rillen in der Haut der Kuppe eines Zeigefingers an. Beschreibe und zeichne sie.
Halte dann die Lupe über einen deiner Fingernägel. Vergleiche das Muster der Fingerkuppe mit dem des Fingernagels.
Stelle deine Beobachtungsergebnisse in deinem Heft in einer Tabelle gegenüber.

Methode

Mikroskopieren

Das Mikroskopieren ist eine anspruchsvolle Untersuchungsmethode. Hier findest du alle notwendigen Informationen zu Bau und Funktion eines Mikroskops und nützliche Regeln für erfolgreiches Mikroskopieren.

Wie ermittelt man die Vergrößerung des Mikroskops?
Auf dem Okular und den Objektiven ↑5 steht, wievielmal sie vergrößern. Die Gesamtvergrößerung ergibt sich, wenn man die Objektivvergrößerung mit der Okularvergrößerung multipliziert.

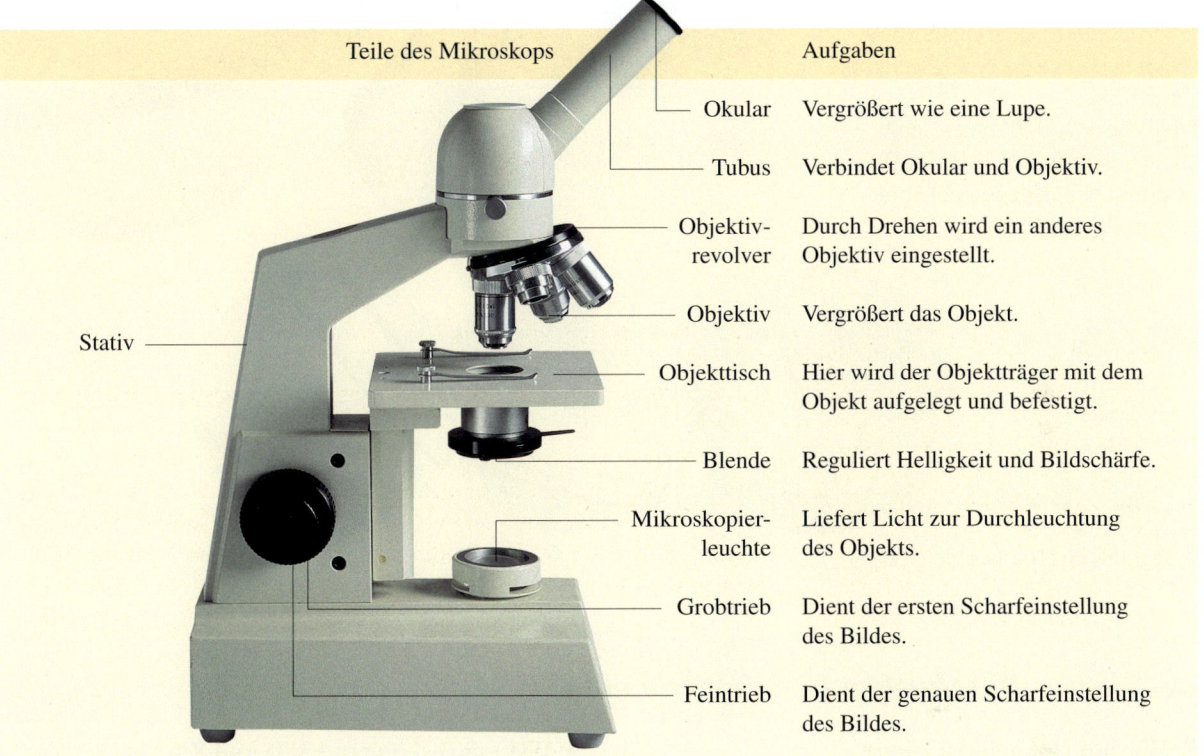

Teile des Mikroskops	Aufgaben
Okular	Vergrößert wie eine Lupe.
Tubus	Verbindet Okular und Objektiv.
Objektiv-revolver	Durch Drehen wird ein anderes Objektiv eingestellt.
Objektiv	Vergrößert das Objekt.
Objekttisch	Hier wird der Objektträger mit dem Objekt aufgelegt und befestigt.
Blende	Reguliert Helligkeit und Bildschärfe.
Mikroskopier-leuchte	Liefert Licht zur Durchleuchtung des Objekts.
Grobtrieb	Dient der ersten Scharfeinstellung des Bildes.
Feintrieb	Dient der genauen Scharfeinstellung des Bildes.

Stativ

5 Aufbau eines Lichtmikroskops

Regeln für erfolgreiches Mikroskopieren:

1 Achte vor dem Mikroskopieren auf folgende Grundeinstellungen:
Das kleinste Objektiv ist eingeschwenkt. Der Objekttisch ist weit nach unten gedreht. Die Blende ist zu etwa einem Drittel geöffnet. Schalte die Beleuchtung zu Beginn des Mikroskopierens ein. Bei vielen Mikroskopen kann man die Helligkeit der Lampe einstellen.

2 Lege das Präparat wie beschrieben auf:
Schneide aus einer Zeitung einen Buchstaben aus. Platziere ihn auf dem Objektträger. Lege das Deckglas auf. Lege den Objektträger mit dem Deckglas nach oben auf den Objekttisch und schiebe ihn unter die Halteklammern. Das zu beobachtende Objekt muss über der Tischöffnung liegen.

3 Stelle die richtige Vergrößerung ein:
Wähle das Objektiv mit der geringsten Vergrößerung. Bewege durch Drehen am Grobtrieb den Tisch mit dem Präparat vorsichtig nach oben, bis sich Objektträger und Objektiv fast (!) berühren. Kontrolliere von der Seite.
Schau durch das Okular und bewege den Tisch mit dem Grobtrieb wieder nach unten, bis ein Bild sichtbar wird. Nun kannst du mit dem Feintrieb das Bild scharf einstellen.

4 Durchmustere das Präparat:
Verschiebe das Präparat vorsichtig auf dem Objekttisch, bis in der Bildmitte eine günstige Stelle erscheint. Halte beim Mikroskopieren beide Augen offen.

Wir üben das Mikroskopieren

Beim Sichern von Spuren an einem Tatort spielen Haare und Textilfasern eine wichtige Rolle, insbesondere wenn keine Fingerabdrücke zu finden sind.

Mit dem Mikroskop kannst du sie unterscheiden: Haare von Menschen haben meist eine geschuppte Oberfläche. ↑1

Die Fasern von Pflanzen sehen längs gestreift aus. Kunststofffasern haben dagegen eine glatte Oberfläche. ↑2

Katzenhaar
(400-fach
vergrößert)

Pferdehaar
(200-fach
vergrößert)

Schafshaar,
Wollfaser
(400-fach
vergrößert)

Menschenhaar
(200-fach
vergrößert)

1 Haare

Polyacryl
(Kunstfaser)

Baumwolle
(Naturfaser)

Seidenfaden
(Naturfaser)

Wolle
(Naturfaser)

2 Textilfasern (160-fach vergrößert)

Beobachten Untersuchen Experimentieren

1 Wir mikroskopieren Haare

Lege ein Menschenhaar und ein bis zwei verschiedene Tierhaare in Längsrichtung nebeneinander auf einen Objektträger. Klebe sie links und rechts außen auf dem Objektträger mit durchsichtigem Klebeband fest. In dem Bereich, den du betrachten willst, darf sich kein Klebeband befinden. Schneide überstehende Bereiche der Haare ab. Mikroskopiere die Haare. Vergleiche ihre Dicke und Farbe. Wie sieht jeweils ihre Oberfläche aus? Beschreibe.

2 Wir mikroskopieren Textilfasern

a Zupfe mit einer Pinzette aus einem Textilstück eine Faser. Befestige die Faser mit Klebeband auf dem Objektträger und mikroskopiere die Faser. Vergleiche deine Faser mit den abgebildeten Fasern. ↑2 Kannst du die Art deiner Faser bestimmen?

b Informiere dich über eine Textilfaser. Wie wird sie gewonnen, verarbeitet und verwendet? Bereite einen Kurzvortrag vor und berichte in deiner Klasse.

3 Wir mikroskopieren Salz und Zucker

Mit dem Mikroskop kannst du Zucker und Salz voneinander unterscheiden – ohne zu probieren.

a Lass einen Tropfen Zuckersirup und Salzlösung auf einem Objektträger verdunsten. Mikroskopiere die Salz- und Zuckerkristalle und zeichne sie.

b Streue einige Körnchen Salz und Zucker direkt aus der Packung auf einen Objektträger. Mikroskopiere sie. Welche Unterschiede stellst du fest? Hast du eine Erklärung dafür?

4 Wir suchen Kristalle

Viele Stoffe, auch Zucker und Salz, sind aus Kristallen aufgebaut. Viele Kristalle haben ebene, glatte Flächen und gerade Kanten.

Untersuche z. B. Eiklar, Molke, Obstsäfte, Honig, flüssigen Blumendünger, Cola und Cola light auf Kristallrückstände. Gehe dabei so vor, wie du es mit der Salz- und Zuckerlösung bei Aufgabe 3a getan hast. Beschreibe deine Beobachtungen.

5 Blattzellen der Wasserpest

Du weißt, dass alle Lebewesen – auch Pflanzen, Tiere und Menschen – aus Zellen bestehen. ↑S. 8, 9 Sie sind in der Regel nicht mit dem bloßen Auge zu erkennen. Wir wollen nun Zellen unter dem Mikroskop betrachten.

Die Wasserpest ist eine Wasserpflanze, die in Nordamerika beheimatet ist. Bei uns kann man sie in Aquariengeschäften kaufen.

Ihre zarten Blättchen eignen sich sehr gut zum Mikroskopieren. ↑3

a Zupfe mit der Pinzette ein Blättchen der Wasserpest ab. Gib es in einen Wassertropfen auf den Objektträger und decke es mit einem Deckgläschen vorsichtig ab. ↑5

b Stelle zunächst bei der kleinsten Vergrößerung scharf. Vergrößere nun stärker.
Was erkennst du? Beschreibe deine Beobachtungen.

c Betrachte eine einzelne Zelle. Kannst du einzelne Zellbestandteile erkennen? Versuche, sie mithilfe deines Lehrbuchs zu benennen. ↑S. 8/9

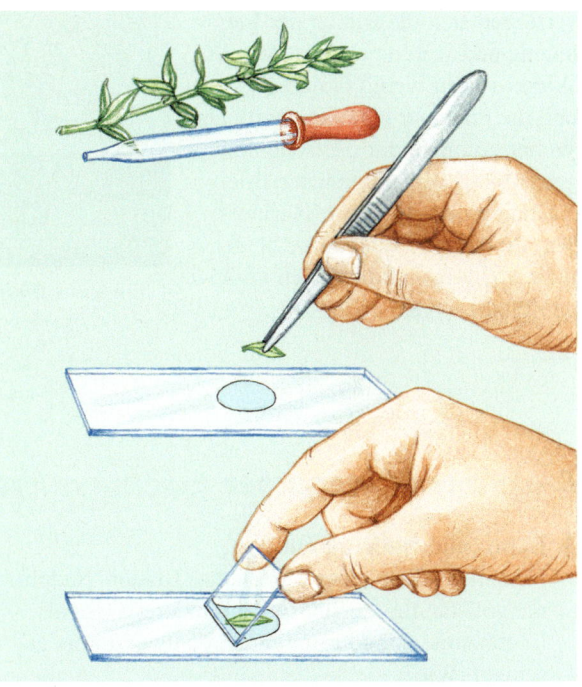

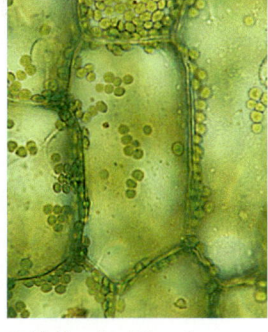

4 Zellen im Blatt der Wasserpest (100-fache Vergrößerung)

3 Wasserpest

5 Herstellen eines Präparats vom Blättchen der Wasserpest

6 Mundschleimhautzellen des Menschen

Die Mundschleimhaut kleidet die Mundhöhle aus. Die Lebensdauer der Schleimhautzellen beträgt nur wenige Tage, sodass ständig Zellen abgelöst werden, die man leicht untersuchen kann.

a Schabe mit der Kante eines Mundspatels oder eines Teelöffelstiels vorsichtig von der Innenseite deiner

Wange etwas Mundschleimhaut ab und mikroskopiere. ↑7 Beschreibe deine Beobachtungen.

b Vergleiche die mikroskopischen Bilder von Zellen der Wasserpest und Zellen der Mundschleimhaut. ↑4,6 Welche Gemeinsamkeiten und Unterschiede zwischen pflanzlichen und tierischen (menschlichen) Zellen kannst du erkennen?

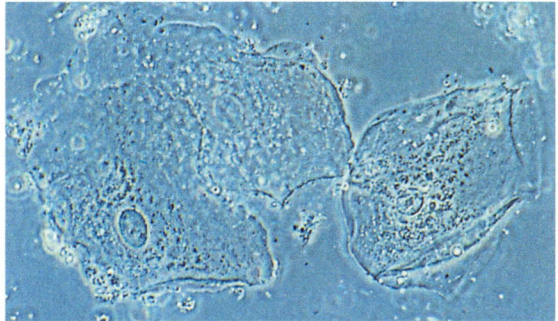

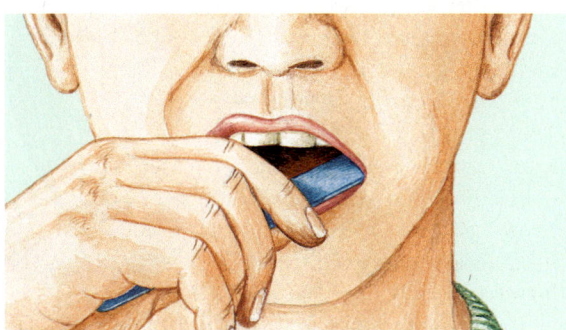

6 Angefärbte Mundschleimhautzellen (400-fache Vergrößerung)

7 Ablösen der Mundschleimhautzellen

Veränderungen im Lebensraum

Im Laufe eines Jahres verändert sich die Natur grundlegend. Im Frühjahr erscheinen die Frühblüher und die Laubbäume werden grün. Eine bunte Blütenpracht bedeckt die Wiesen im Sommer. Im Herbst verfärben sich die Blätter der Laubbäume und werden abgeworfen. Im Winter ist nur wenig Grün zu sehen und die Pflanzen scheinen zu ruhen. Woher kommen diese Erscheinungen? Wieso verändert sich z. B. ein Kastanienbaum im Jahresverlauf? Warum werfen Fichten ihre Nadeln nicht ab? Wo sind die vielen krautigen Pflanzen geblieben?

1 Ein Kastanienbaum – vier Jahreszeiten

Beobachten Untersuchen Experimentieren

1 Laub- und Nadelbäume
Fast alle Nadelbäume werfen ihre Blätter (Nadeln) nie vollständig ab. Sie sind auf andere Weise als Laubbäume vor den Bedingungen des Winters geschützt. Wie?

a Schneide jeweils von einem Laub- und einem Nadelbaum einen kleinen Zweig ab. Gib jeden in einen Gefrierbeutel und lege sie für mindestens einen Tag in ein Tiefkühlfach. Vergleiche nach dem Auftauen Aussehen und Festigkeit der Zweige.

b Vergleiche die Gestalt eines Laubbaums mit der eines Nadelbaums. Erkläre, warum bei Nadelbäumen auch ohne Laubfall kaum Zweige durch Schneelast abgebrochen werden.

2 Untersuchung einer Knospe ↑2
Material: Knospe eines Baumseitentriebs (z. B. Rosskastanie), Nadel oder Federmesser, Pinzette, Spiritus, Wasser
Um die durch Harz verklebten Knospenschuppen leichter entfernen zu können, werden die Knospen einen Tag in Spiritus mit etwas Wasser eingelegt.

a Entferne die äußeren harten Knospenschuppen. Vergleiche äußere und innere Knospenschuppen.

b Entferne die inneren Knospenschuppen und breite sie vorsichtig aus. Vergleiche sie mit den ausgewachsenen Blättern des Baums.
Was kannst du innerhalb der Knospenschuppen noch erkennen? Beschreibe.

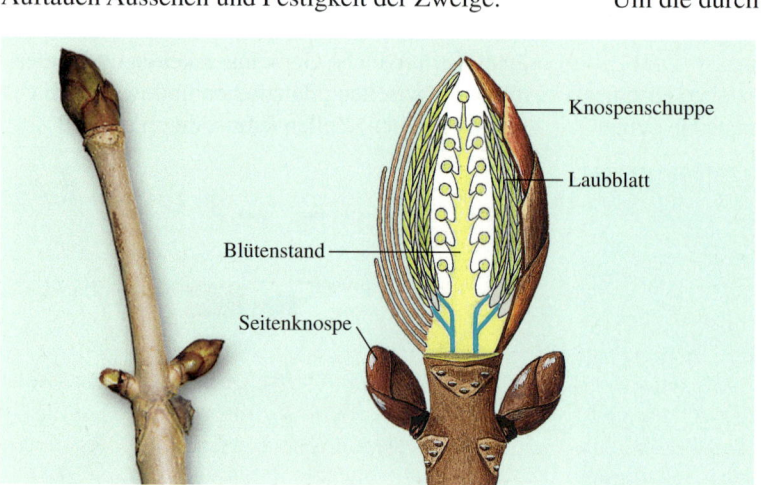

Knospenschuppe

Laubblatt

Blütenstand

Seitenknospe

2 Endknospe einer Rosskastanie (links) und schematische Darstellung (rechts)

GRUNDLAGEN: Pflanzen im Jahresverlauf

Frühblüher Bereits im zeitigen Frühjahr beginnen die ersten Pflanzen, z. B. Schneeglöckchen oder Tulpen, zu blühen. ↑3 Diese so genannten Frühblüher besitzen unterirdische Speicherorgane (z. B. Zwiebeln), in denen sich Nährstoffe befinden. Sie ermöglichen es ihnen, kurz nach dem Winter auszutreiben und zu blühen. Im späteren Frühjahr werden mithilfe der Laubblätter wieder neue Speicherstoffe gebildet und eingelagert. Im Sommer sterben die oberirdischen Teile der Pflanze ab. ↑4

3 Blühende Schneeglöckchen

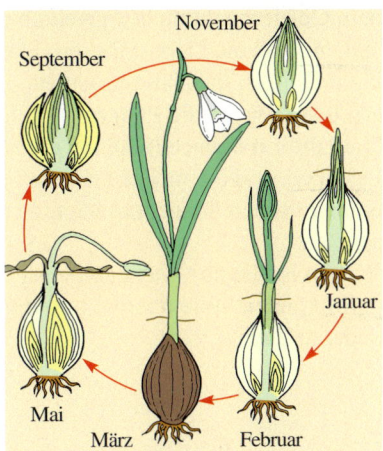

4 Das Schneeglöckchen im Jahreslauf

Laubverfärbung und Laubfall Durch die Verfärbung ihrer sonst grünen Blätter und den darauffolgenden Laubfall im Herbst bereiten sich die Laubbäume und Sträucher auf den bevorstehenden Winter vor. Die in den Laubblättern vorhandenen Nährstoffe werden in Stamm, Äste und Wurzeln transportiert und dort gespeichert. Auf diese Weise gehen sie beim Abwurf der Blätter nicht verloren.

Wenn die vielen dünnen Blätter an den Bäumen blieben, würden diese bei Frost erfrieren oder austrocknen; der Baum würde absterben. Außerdem bestünde die Gefahr, dass durch Schneebelastung auf den Blättern die Zweige zu schwer würden und abbrechen könnten.

Im Gegensatz zu den Laubbäumen sind die meisten Nadelbäume immer grün. Ihre langen und dünnen Blätter sind im Winter durch Harz geschützt. So kann kein Wasser eindringen und der Frost sie nicht zerstören.

Knospen Die meisten Bäume bilden im Sommer oder Herbst Knospen als Überwinterungsorgane aus. Die meist harzigen, wasserdichten Knospenschuppen schützen die jungen Triebe vor Austrocknung und Frost. ↑2

Überwinterung mit Speicherorganen oder Samen Krautige Pflanzen, die nicht durch Holz geschützt sind, überwintern mit Speicherorganen unter der Erde. Speicherorgane sind z. B. Zwiebeln (Schneeglöckchen) oder Erdsprosse (Schlüsselblume). ↑5 Andere krautige Pflanzen wie z. B. Bohnen oder Sonnenblumen sterben im Herbst ab. Sie überdauern als Samen, die im Frühjahr auskeimen und zu neuen Pflanzen heranwachsen.

5 Die Schlüsselblume speichert zur Überwinterung Nährstoffe in einem unterirdischen Stängel (Erdspross).

Kurz und knapp **Pflanzen sind auf unterschiedliche Art und Weise an die mit den Jahreszeiten wechselnden Umweltbedingungen angepasst.**

Arbeitsaufträge

1 Bei manchen Laubbäumen kann man die Winterruhe beenden. Schneide einen Zweig von einer Rotbuche oder von einer Eiche ab. Stelle ihn für etwa einen Tag in eine Vase mit warmem Wasser. Beobachte die Entfaltung der Knospen. Dokumentiere deine Beobachtungen mit Fotos oder Zeichnungen.

2 Erläutere, welche Bedeutung es für den Menschen hat, dass Pflanzen in Form von unterirdischen Speicherorganen und Samen den Winter überdauern.

3 Erläutere, woher die Nährstoffe stammen, die im Frühjahr und Sommer in den Überwinterungsorganen von Samenpflanzen gespeichert werden.

4 Beschreibe mit eigenen Worten das Leben des Schneeglöckchens und eines Kastanienbaumes im Jahresverlauf. Nimm den Text und die Abbildungen auf dieser Doppelseite zu Hilfe. ↑1–4 Verdeutliche die Veränderungen anhand von Zeichnungen.

Überleben in schwierigen Zeiten: die Sache mit der Kälte

Der Winter bringt mit seiner Kälte viele Probleme für Tiere mit sich. Die Körpertemperatur darf bei Außentemperaturen unter dem Gefrierpunkt nicht so weit absinken, dass die Tiere erfrieren. Für viele Tiere ist die Nahrungssuche erschwert, wenn die Pflanzen unter einer dicken Schneedecke liegen. Dennoch sind die meisten unserer einheimischen Säugetiere winteraktiv.

Warum ist das so? Was müssen sie dafür können? Wie überwintern die anderen Tiere?

1 Tierspuren im Schnee

Beobachten *Untersuchen* Experimentieren

2–5 Hermelin im Sommer (oben) und im Winter (unten)

Kälteschutz

Mithilfe der folgenden Aufgaben kannst du herausfinden, was die Kälte bei den Tieren bewirken kann und was sie unter anderem dagegen tun können.

1 Fülle einen durchsichtigen Plastikbecher zur Hälfte mit Wasser. Markiere den Wasserstand.

a Stelle den Becher für einige Stunden in den Gefrierschrank. Vergleiche nun den Stand des Eises mit deiner Markierung. Was stellst du fest?

b Der Körper von Menschen und anderen Säugetieren besteht zu etwa 70 % aus Wasser und ist aus einzeln abgegrenzten Zellen aufgebaut. Stelle Vermutungen darüber an, was mit den Zellen an ungeschützten Körperstellen passiert, wenn die Außentemperaturen unter den Gefrierpunkt sinken.

2 Betrachte die Abbildungen zum Fell des Hermelins und vergleiche Sommer- und Winterfell. ↑2–5

GRUNDLAGEN: Überwinterungsstrategien

Um die niedrigen Temperaturen im Winter zu überstehen, haben die verschiedenen Tiere unterschiedliche Strategien entwickelt.

Winteraktiv Die meisten Säugetiere sind auch im Winter aktiv. Das Wildschwein beispielsweise findet im Spätsommer reichlich Nahrung. Es frisst sich ein dickes Fettpolster an. Diese Fettschicht verringert die Wärmeabgabe und bildet für das Tier eine Nahrungsreserve. Diese Nahrungsreserve ist nötig, denn die Aufrechterhaltung der Körpertemperatur und aller Körperfunktionen braucht Energie. Meist findet das Wildschwein mit seinem Rüssel auch unter dem Schnee noch ausreichend Nahrung.
Viele Säugetiere bekommen im Winter ein dichteres Fell. Beim Hermelin unterscheidet sich das Sommerfell vom Winterfell nicht nur in der Dichte der Wollhaare, sondern auch in der Farbe.
Auch Rehe, Feldhasen und Rothirsche sind winteraktive Säugetiere. Oft richten Jäger oder Förster Futterstellen ein, die den Tieren die Futtersuche erleichtern.

6 Rehe sind winteraktiv.

7 Eichhörnchen halten Winterruhe.

8 Der Igel ist ein Winterschläfer.

Winterruhe Der bekannteste Winterruher ist das Eichhörnchen. ↑7 Es schläft im Winter bei besonders kalter Witterung tagelang in seinem Nest (Kobel). Dabei wechselt es immer wieder die Schlafhaltung – im Gegensatz zu echten Winterschläfern, die starr liegen bleiben. Da die Körpertemperatur nur geringfügig sinkt, der Herzschlag und die Atmung kaum verringert werden, spricht man von Winterruhe. Ab und zu erwacht das Eichhörnchen und sucht seine Vorräte auf, die es im Herbst versteckt hat.

Winterschlaf Neben Siebenschläfer, Haselmaus und Fledermaus ist der Igel der bekannteste Winterschläfer unserer Heimat. ↑8/9 Bis zum Herbst hat er so viel Fett angesetzt, dass er davon den gesamten Winter über zehren kann. Tief im Laub oder im Komposthaufen eingewühlt und eingerollt, hält er im gut isolierten Nest seinen Winterschlaf. Während des Winterschlafs sind verschiedene Funktionen seines Körpers verändert. Da der gesamte Tierkörper wenig Energie verbraucht, wird auch nur wenig Sauerstoff benötigt. So wird neben der Anzahl der Atemzüge auch die Anzahl der Herzschläge während des Winterschlafs stark herabgesetzt. Auch die Körpertemperatur des Igels sinkt weit ab.

9 Fledermaus im Winterschlaf

Winterstarre Kriechtiere, Lurche, Fische und Insekten sind im Gegensatz zu Säugetieren und Vögeln wechselwarm. Das heißt: Ihre Körpertemperatur wechselt mit der Temperatur ihrer Umgebung. ↑1 Wenn es draußen warm ist, haben die Tiere einen warmen Körper und sind aktiv. Im Winter werden sie starr und steif; sie verfallen in die Winterstarre. Unter den Gefrierpunkt darf die Körpertemperatur aber nicht fallen. Die Tiere sterben sonst. Sie brauchen daher einen frostsicheren Platz, zum Beispiel im Schlamm eines Teiches oder in Höhlen im Boden. ↑3 Erst wenn es draußen warm wird, erwachen sie aus der Winterstarre.

Umgebungs-temperatur	Körper-temperatur
20 °C	20 °C
13 °C	13 °C
2 °C	2 °C
0 °C	0 °C

1 Die Zauneidechse ist wechselwarm.

3 Zauneidechsen in einer Erdhöhle

2 Der Igel rollt sich zum Winterschlaf zusammen.

Kurz und knapp Säugetiere sind durch bestimmte Merkmale wie Winterfell und Fettschicht an die kalte Jahreszeit angepasst. Es gibt Tiere, die im Winter aktiv sind, sowie Winterschläfer und Winterruher. Während des Winterschlafs sinkt die Körpertemperatur der Tiere. Dadurch werden weniger Fettreserven verbraucht. Bei Tieren, die Winterruhe halten, ist die Körpertemperatur nicht verändert.
Tiere, die ihre Körpertemperatur nicht selber regulieren können (wechselwarme Tiere), müssen den Winter in Winterstarre überstehen. Zu ihnen gehören z. B. Kriechtiere und Lurche.

Arbeitsaufträge

1 Erläutere die verschiedenen Möglichkeiten der Tiere, die Kälte zu überstehen.

2 Der Igel überwintert in einem Kompost- oder Laubhaufen. Welchen Vorteil hat er hier? Miss die Temperatur im Innern eines Komposthaufens und am Rand des Haufens. Vergleiche.

3 Tiere, die Winterschlaf oder -ruhe halten, rollen sich beim Überwintern meistens ein. ↑2 Warum?
Führt dazu einen Versuch durch. Füllt gleiche Mengen gleich heißen Wassers in ein kugelförmiges und in ein zylindrisches Gefäß. ↑4 Messt die Temperaturen alle fünf Minuten über den Verlauf einer Stunde. Vergleicht die Ergebnisse und erklärt das Zusammenrollen der Tiere.

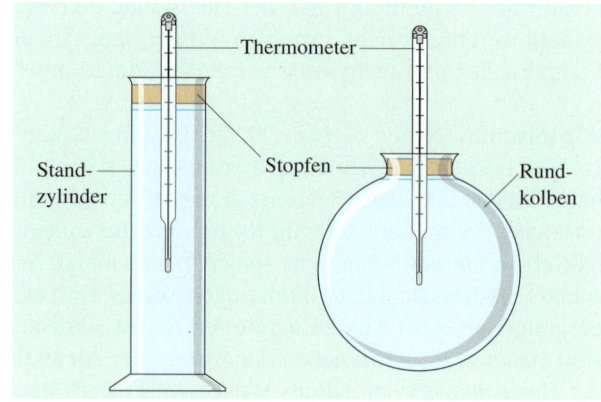

4 Versuchsaufbau

Diagramme auswerten

In einem Versuch haben Biologen die körperlichen Veränderungen des Igels bei verschiedenen Umgebungstemperaturen untersucht. Zur Veranschaulichung wurden die gemessenen Werte in zwei Diagrammen dargestellt. Um bei der Auswertung keinen Aspekt der Daten zu übersehen, solltet ihr schrittweise vorgehen. Betrachtet zunächst das linke Diagramm. ↑5

1 Diagramm beschreiben: Macht euch zuerst ein Bild, worum es in dem Diagramm geht: Um welche Art von Diagramm handelt es sich (Säulendiagramm oder Kurvendiagramm)? Was ist in dem vorliegenden Diagramm dargestellt?

2 Ablesen: Nachdem ihr euch einen Überblick verschafft habt, was das Diagramm darstellt, befasst ihr euch mit den genauen Inhalten. An den beiden Säulen ganz links könnt ihr z. B. ablesen, welche Körpertemperatur der Igel im Frühling zeigt, nämlich 25 °C bei einer Außentemperatur von 13 °C.

3 Vergleichen: Ihr habt nun die Körpertemperaturen des Igels bei den unterschiedlichen Außentemperaturen im Jahresverlauf abgelesen. Jetzt solltet ihr die Werte, die ihr abgelesen habt, auf verschiedene Weise vergleichen.

Der Biologe überlegt zuerst, welche Vergleiche sinnvoll sind.

– Hier könntet ihr für die einzelnen Jahreszeiten die Körpertemperatur mit der Außentemperatur vergleichen. Sind die Unterschiede zwischen beiden Werten immer gleich groß?

– Ihr könnt auch die angegebenen Körpertemperaturen untereinander vergleichen. Wann ist die Körpertemperatur am höchsten, wann am niedrigsten?

4 Interpretieren: Sicher sind euch bei euren Vergleichen Regelmäßigkeiten aufgefallen oder auch unerwartete Abweichungen von diesen Regelmäßigkeiten. Nun ist es eure Aufgabe, diese Ergebnisse zu deuten, das heißt zu interpretieren.

In einem weiteren Schritt könnt ihr das zweite Diagramm in den Vergleich einbeziehen, nachdem ihr auch dieses beschrieben und die Werte abgelesen habt. ↑6

– Zu welcher Jahreszeit ist die Zahl der Atemzüge am größten, wann am kleinsten?

– Bei welcher Körpertemperatur atmet der Igel wie oft?

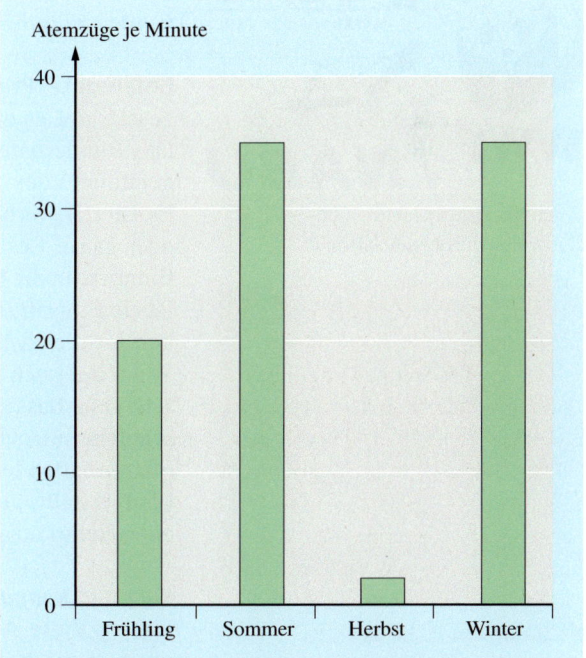

5 Körpertemperatur des Igels bei verschiedenen Umgebungstemperaturen

6 Anzahl der Atemzüge des Igels pro Minute bei verschiedenen Umgebungstemperaturen im Jahresverlauf

Naturschutz bei uns

1 In einem Naturschutzgebiet

D ie Klasse 5A macht einen Ausflug in ein Naturschutzgebiet ganz in der Nähe. Die Schüler wollten lieber in einen Erlebnispark fahren. Doch nun durchstreifen sie das Naturschutzgebiet. Hier gibt es viele interessante Tier- und Pflanzenarten zu beobachten. Die Schüler hatten nicht gedacht, wie schön die heimische Natur ist und was man alles entdecken kann. Wieso brauchen wir Naturschutzgebiete? Was können wir für den Erhalt unserer Natur und ihrer Tier- und Pflanzenwelt tun?

2 Logos einiger Natur- und Umweltschutzorganisationen

3 Rote Liste

GRUNDLAGEN: Bedrohung und Schutz der Natur

Menschen greifen in die Natur ein. Sie bauen Wohnsiedlungen, Industrieanlagen und Straßen. Für die moderne Landwirtschaft werden große Flächen benötigt. Lebensräume von Pflanzen und Tieren werden zerstört. Viele Arten sind dann in ihrem Bestand gefährdet oder sterben sogar aus. Auch durch den Einsatz von Unkraut- und Schädlingsbekämpfungsmitteln werden zahlreiche Pflanzen und Kleintiere vernichtet.

Gefährdete Pflanzen und Tiere brauchen Schutz In unserem Grundgesetz gibt es eine Bestimmung zum Schutz von Natur und Landschaft. Das Bundesnaturschutzgesetz sieht vor, dass Tier- und Pflanzenarten, die gefährdet oder vom Aussterben bedroht sind, geschützt werden müssen. Es ist z. B. verboten, wild wachsende Pflanzen auszureißen, zu zerstören oder ganze Bestände zu verwüsten. Das Naturschutzgesetz verbietet alle Eingriffe in die Natur und in Landschaften, die vermieden werden können. Ist ein Eingriff in die Naturlandschaft unvermeidbar, so müssen grundsätzlich Ausgleichsflächen für den Naturschutz zur Verfügung gestellt werden. Wenn das auch nicht möglich ist, wird der Eingriff verboten. So kann es z. B. sein, dass die Erlaubnis für den Bau einer Autobahn in einem Landschaftsschutzgebiet nicht erteilt wird, weil dort gefährdete Tier- oder Pflanzenarten leben. Regelmäßig wird national und international die Rote Liste erstellt, auf der du nachlesen kannst, ob eine bestimmte Pflanzen- oder Tierart ausgestorben, bedroht oder gefährdet ist.

Kurz und knapp **Der Mensch verändert Lebensräume von Pflanzen und Tieren. Viele Arten sterben aus, weil sie keinen geeigneten Lebensraum mehr haben. Das Bundesnaturschutzgesetz verbietet manche Eingriffe in die Natur, um geschützte und gefährdete Arten vor dem Aussterben zu bewahren.**

GRUNDLAGEN: Besonders Wasserlebewesen wie Fische und Lurche brauchen unseren Schutz

Tiere in Gefahr Fische und Lurchlarven brauchen zum Leben sowie zu ihrer Entwicklung einen hohen Sauerstoffgehalt im Wasser. Obwohl es Gesetze zur Reinhaltung der Gewässer gibt, gelangen immer noch ungenügend gereinigte Abwässer der Haushalte, Industrie und Landwirtschaft in unsere Gewässer. Viele darin enthaltene Stoffe sind giftig oder tragen zur Verminderung des Sauerstoffgehalts im Wasser bei. Infolge der Wasserverschmutzung sind viele Fisch- und Lurcharten sehr selten geworden. ↑5,6 Aber auch viele Insekten, die ihre Entwicklung im Wasser haben (z. B. Libellen), sind selten geworden und stehen deshalb unter Naturschutz.

Auf dem Weg zu den Laichgewässern ist der Straßenverkehr eine große Gefahr für Lurche. ↑7 Um diese Gefahr zu mindern, werden Hinweisschilder aufgestellt und so genannte Krötenzäune errichtet. Fleißige Helfer bringen die Lurche über die Straße. An häufig befahrenen Straßen gibt es Leiteinrichtungen mit Tunneln, die unter der Straße hindurchführen.

4 Fischsterben durch Wasserverschmutzung

5 Laubfrosch, Bitterling und Bachneunauge – bedrohte Tierarten in Thüringen

Art	Rote Liste Thüringen	Vorkommen
Schwanzlurche		
Feuersalamander	3	bewaldete Mittelgebirge
Teichmolch		flächendeckend vorhanden
Fadenmolch	V	Verbreitungsgrenze in Thüringen
Bergmolch		Waldlagen der Mittelgebirge
Kammmolch	3	Mittelgebirgsrandzonen
Froschlurche		
Rotbauchunke	0[1]	Verbreitungsgrenze in Thüringen
Gelbbauchunke	1	Verbreitungsgrenze in Thüringen
Geburtshelferkröte	2	Verbreitungsgrenze in Thüringen
Knoblauchkröte	3	fehlt im Gebiet der Mittelgebirge
Erdkröte		flächendeckend vorhanden
Kreuzkröte	2	Werragebiet, Südharz, Buntsandsteingebiet
Wechselkröte	1	Einzelvorkommen bis ca. 460 m über NN
Laubfrosch	3	fehlt in den Kammlagen des Thüringer Waldes
Springfrosch	R	Einzelvorkommen in Ost- und Nordthüringen
Grasfrosch	V	flächendeckend vorhanden
Moorfrosch	2	Schiefergebirge, Thüringer Becken
Seefrosch	3	Einzelvorkommen
Kl. Wasserfrosch		Schiefergebirge, Thüringer Becken
Teichfrosch		nahezu flächendeckend vorhanden

7 Vorsicht, Krötenwanderung

6 Verzeichnis der Lurcharten Thüringens (Aus: Görner, M.: Thüringer Tierwelt. Jena, 2002)

Kategorien:

0 = ausgestorben, ausgerottet oder verschollen; 1 = vom Aussterben bedroht; 2 = stark gefährdet; 3 = gefährdet; R = extrem selten; V = Vorwarnliste
1) Es handelt sich sehr wahrscheinlich um eingeschleppte bzw. ausgesetzte Tiere.

Ein Kleinod in Thüringen – das Naturschutzgebiet „Drebaer-Plothener Teiche"

1 Pfahlhaus im Hausteich

Lage Das Naturschutzgebiet „Drebaer-Plothener Teiche" liegt in Ostthüringen im Saale-Orla-Kreis und umfasst eine Fläche von etwa 1 100 Hektar. Es gehört zum Naturpark „Thüringer Schiefergebirge/Obere Saale". Die Höhenlage des Teichgebiets beträgt zwischen 470 und 490 m über NN. Als geologischer Untergrund liegt wasserundurchlässiger Tonschiefer an, der das Anlegen von Teichen begünstigte.

2 Blick auf den Alten Teich im Drebaer-Plothener Teichgebiet mit Höckerschwänen

Geschichte Mönche schufen hier im 11./12. Jahrhundert mit einfachen Hilfsmitteln ein Teichsystem von ca. 2 000 Himmelsteichen. Sie wurden hauptsächlich zur Fischzucht genutzt. Einen Aufschwung erlebte die Teichwirtschaft in der Mitte des 15. Jahrhunderts und zu Beginn der Neuzeit. Heute existieren noch ca. 500–600 Teiche.
Zur Geschichte des Gebietes kann man viel Interessantes im Hausteichhaus (Pfahlhaus) erfahren.

3 Wasserfrosch

Tierwelt Das Teichgebiet ist Lebensraum vieler, zum Teil seltener Arten. Besondere Bedeutung hat es für die Vogelwelt. So konnten hier über 280 verschiedene Vogelarten sowie etwa 100 Brutvogelarten nachgewiesen werden. Im Frühling und Herbst ziehen viele Schnepfenvögel durch das Teichgebiet. Mit etwas Glück kann man Fisch- und Seeadler, aber auch den anmutigen Silberreiher beobachten. Jeden Herbst fallen Tausende Stare beim Einbruch der Dämmerung in den Schilfgürtel ein (Starenwunder). Mit seinen ausgedehnten Feuchtflächen ist das Gebiet auch für Lurche besonders wertvoll. So gibt es hier 11 Lurcharten; auch seltene Arten wie Laubfrosch und Kammmolch kommen hier noch relativ häufig vor.

4 Eine Wasserralle wird von Vogelkundlern untersucht.

5 Wasserdost mit Kaisermantel

6 Star

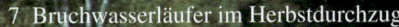

7 Bruchwasserläufer im Herbstdurchzug

Pflanzenwelt Auch seltene Pflanzen wie die Sumpfcalla und die Kleine Seerose kann man mit etwas Glück bei einem Spaziergang entdecken. Im Spätsommer blüht zahlreich der Wasserdost, der von vielen Tagfaltern besucht wird.

Naturschutz Wenn ihr mehr über den Naturschutz erfahren möchtet, solltet ihr den Besuch der Naturschutz-Infostelle bei Plothen nicht versäumen. Auf dem Naturlehrpfad mit seinen Infotafeln könnt ihr viel Wissenswertes erfahren. Falls ihr als Klasse im Gebiet länger verweilen möchtet, könnt ihr die Umweltjugendherberge Plothen direkt im Naturschutzgebiet besuchen.

Arbeitsaufträge

1 Im Frühling und Herbst kommen besonders viele Ornithologen (Vogelkundler) in das Teichgebiet. ↑4 Begründe.

2 Erläutere, wieso das Teichgebiet eine besondere Bedeutung für Lurche hat.

3 Erstelle Steckbriefe über den Laubfrosch und den Silberreiher.

4 Was verstehst du unter einem Teich und einem See? ↑S. 112 Vergleiche.

5 Informiere dich, was du beim Aufenthalt in einem Naturschutzgebiet beachten musst.

Methode

Lurche bestimmen

Mithilfe des folgenden Bestimmungsschlüssels kannst du einheimische Lurche bestimmen und benennen. Dabei gehst du wie folgt vor:
Zu ausgewählten Merkmalen der Lurche findest du jeweils zwei unterschiedliche Aussagen (z. B. 1 und 1*, 2 und 2* usw.). Anhand der Abbildungen musst du nun entscheiden, welche der beiden Aussagen zutrifft. Gehe nun weiter zu der Ziffer, die hinter dem zutreffenden Merkmal steht. Diese Ziffer suchst du nun an der linken Seite des Bestimmungsschlüssels auf. Arbeite in dieser Weise weiter, bis du schließlich zum Namen des betreffenden Lurchs gelangst.

	Lurche	
1	Ohne Schwanz / Hinterbeine viel länger und kräftiger als Vorderbeine.	→ **Froschlurche**
1*	Mit Schwanz / Vorder- und Hinterbeine gleich lang.	→ **Schwanzlurche**

	Froschlurche	
1	Runde Haftscheiben an den Spitzen der Finger und Zehen. (Gruppe Laubfrösche)	**Laubfrosch**
1*	Keine Haftscheiben an den Spitzen der Finger und Zehen.	→ **2**
2	Warzige Haut auf der ganzen Körperoberseite, gelbe Unterseite mit grauen Flecken / bis 5 cm lang / in ruhigen Gewässern. (Gruppe Unken)	**Gelbbauchunke**
2*	Glatte Haut auf der Körperoberseite.	→ **3**
3	Überwiegend grüne Haut mit dunklen, unregelmäßig angeordneten Flecken / ohne braunen Schläfenfleck / meist hellgrüner Mittelstrich auf dem Rücken / bis zu 12 cm lang / in und an allen Gewässern. (Gruppe Echte Frösche)	**Wasserfrosch**
3*	Sehr unterschiedlich gefärbte Haut von Braun, Grau, Oliv bis gelblich mit dunklen, unregelmäßig angeordneten Flecken auf der Oberseite / brauner Schläfenfleck / bis zu 10 cm lang / oft weit von Gewässern entfernt. (Gruppe Echte Frösche)	**Grasfrosch**

	Schwanzlurche	
1	Mit flachem Schwanz.	→ **Molche**
1*	Mit rundem Schwanz.	→ **Salamander**

	Molche	
	Männchen zur Paarungszeit mit hohem, gezacktem Hautkamm, der an der Schwanzwurzel eingekerbt ist / schwarzbraun bis dunkelgrau mit schwarzen Punkten / Kehle hell und dunkel gesprenkelt / Bauchunterseite gelb bis orange, mit dunklen Punkten / bis 18 cm lang / in Teichen, Tümpeln und Wassergräben.	**Kammmolch**

	Salamander	
	Schwarze, glänzende Haut mit gelben, seltener orangefarbenen oder roten Flecken oder Längsstreifen / bis 25 cm lang / in Bach- und Flusstälern des Hügellands und in Mittelgebirgswäldern.	**Feuersalamander**

1 Finde mithilfe des Bestimmungsschlüssels die Namen der hier abgebildeten Lurcharten heraus.

2 Präge dir Merkmale ein, an denen du die Tiere erkennen kannst.

1

2

3

4

5

6

Menschen halten Tiere und nutzen Pflanzen

Vor mehr als 10 000 Jahren, als die Menschen sesshaft wurden, begannen sie Pflanzen für ihre Ernährung anzubauen. Mit der Zeit entstanden ertragreiche Kulturpflanzen. Wildtiere wurden gezähmt und durch Züchtung zu Nutztieren gemacht, die der Mensch zu verschiedenen Zwecken hält.

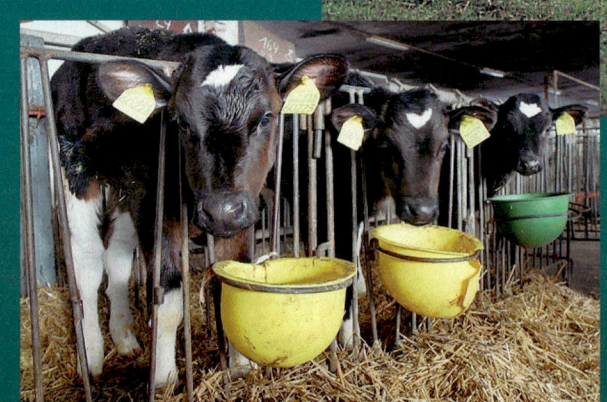

2 Welche Nutztiere gibt es in der Landwirtschaft?

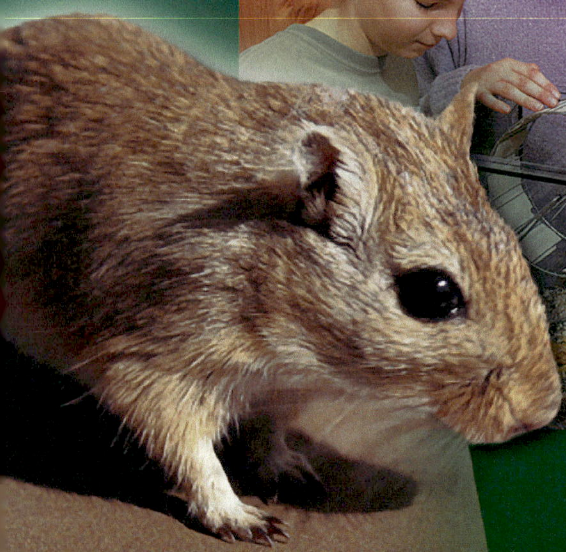

1 Was braucht ein Heimtier?

4 Woher stammt das Fleisch, das wir essen?

3 Wie werden die Tiere gehalten?
Warum kritisieren Tierschützer die Massentierhaltung?

5 Wie kommen Brot und Brötchen
auf den Tisch?

6 Welche Getreidesorten werden
angebaut?
Was wird daraus hergestellt?

Rinder liefern uns vor allem Milch und Fleisch

Wenn du zum Frühstück ein erfrischendes Glas Milch trinkst, denkst du wohl kaum daran, wie lang der Weg vom Stall auf den Tisch ist.
Vielleicht hast du dich schon einmal gefragt, warum Kühe überhaupt so viel Milch geben. Müssen sie dazu ein Kalb haben?

1 Milchmahlzeit

2 Rinder auf der Weide

Beobachten *Untersuchen* Experimentieren

Milch und mehr
Kuhmilch ist ein wertvolles und vielseitig verwendbares Nahrungsmittel. Finde selbst heraus, was es mit der Milch auf sich hat.

1 Erstelle eine Liste der Milchprodukte, die im Supermarkt angeboten werden. Welche nutzt du selbst, welche werden in eurem Haushalt verwendet?

Durchschnittliche Milchleistung einer Kuh im Jahr	
1800	800 Kilogramm
1900	2165 Kilogramm
1950	2480 Kilogramm
2000	6112 Kilogramm
2002	6272 Kilogramm
2003	6537 Kilogramm

3 Deutsche Schwarzbunte

2 Sammle leere Verpackungen von Milchprodukten und stelle sie in der Klasse aus. Lies über die Inhaltsstoffe auf den Packungen genau nach und versuche die Angaben zu klären.

3 Plant einen Geschmackstest mit verschiedenen Milchsorten. Überlegt, wie ihr vorgehen wollt. Tragt die Ergebnisse in eine Tabelle ein. Vergleicht.

4 Fertige mit Abbildungen und Texten aus Zeitschriften und Büchern zu folgenden Themen eine Wandzeitung oder Collage an: „Vom Gras zur Butter" und „Vom Stall zur Fleischtheke im Supermarkt". Vielleicht kannst du auch selbst Fotos anfertigen.

5 Finde heraus, wie viel Milch eine Kuh gibt. Werte dazu die Tabelle aus.
a Zeichne ein Säulendiagramm, aus dem man die durchschnittliche Milchleistung einer Kuh von 1800 bis heute ablesen kann. Erkläre die Entwicklung.
b Berechne, wie viel Milch eine solche Kuh heute pro Tag liefert.

6 Informiere dich, welche Produkte aus der Haut von Rindern, den Haaren, den Hörnern, den Hufen und aus den Knochen hergestellt werden.

GRUNDLAGEN: Nutztier Rind

Milch, Fleisch oder beides? Früher wurden Rinder auch in Deutschland noch zum Ziehen schwerer Lasten eingespannt. Heute liefern sie vor allem Milch und Fleisch. So kann man Milch- und Fleischrinder unterscheiden. Milchrinder wie die Deutsche Schwarzbunte wurden speziell für die Milchproduktion gezüchtet. ↑3 Fleischrinder wie das Schottische Hochlandrind geben weniger Milch, liefern aber als Schlachttier hochwertiges Fleisch. ↑6 Daneben gibt es auch gezüchtete Rinderrassen, die sowohl eine hohe Milchleistung als auch viel Fleisch haben. Diese nennt man Zweinutzungsrassen. Zu ihnen zählt z. B. das Deutsche Fleckvieh. ↑7

Ohne Kalb keine Milch! Das männliche Rind heißt Bulle oder Stier, das weibliche Rind heißt Kuh. Mit circa eineinhalb Jahren bringt eine Kuh ihr erstes Kälbchen zur Welt, nachdem sie von einem Stier begattet und befruchtet wurde. Von nun an bildet sie in den Milchdrüsen ihres Euters Milch für das Kalb. Zwei Monate saugt das Kalb. ↑4 Danach wird die Kuh vom Menschen weitergemolken, um Milch zu gewinnen. Nur Kühe, die schon gekalbt haben, können also Milch geben. Die Kuh muss jedes Jahr ein Kalb bekommen, sonst gibt sie keine Milch mehr.

Etwa fünf bis sechs Jahre wird die Kuh als Milchlieferant genutzt. Eine durchschnittliche Milchkuh liefert etwa 15 Liter Milch am Tag. Hochleistungskühe geben bis zu 60 Liter Milch und werden zweimal am Tag gemolken. ↑5

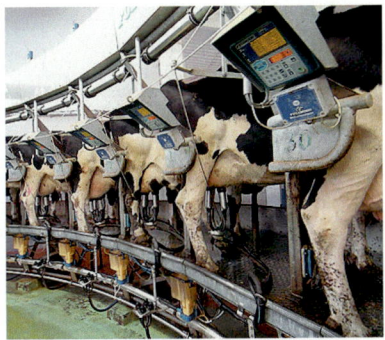

5 Kühe im Melkstand

6 Das Schottische Hochlandrind

4 Das Kalb wird gesäugt.

Das Rind als Nutztier Das Rind wird in vielfältiger Form von den Menschen genutzt. So wird die Milch in Molkereien zu Milchprodukten wie z. B. Butter, Käse und Joghurt verarbeitet. Aus der Haut des Rindes wird Leder hergestellt, aus seinen Haaren Filz. Die gemahlenen Hörner und Hufe dienen z. B. als Rohstoff für die Produktion von Hornmehl (Dünger). Aber auch das Blut, die Knochen, die Därme und das Fett finden eine weitere Verwendung. ↑1, S 136

7 Fleckviehherde

Schon gewusst?

Die Knochen der Rinder finden auch bei der Herstellung von Süßigkeiten Verwendung. Durch das Kochen oder Dämpfen von Knochen und Knorpeln wird ein Eiweißstoff, die Gelatine gewonnen. Aus ihr kann man beispielsweise Gummibärchen oder Wackelpudding herstellen.

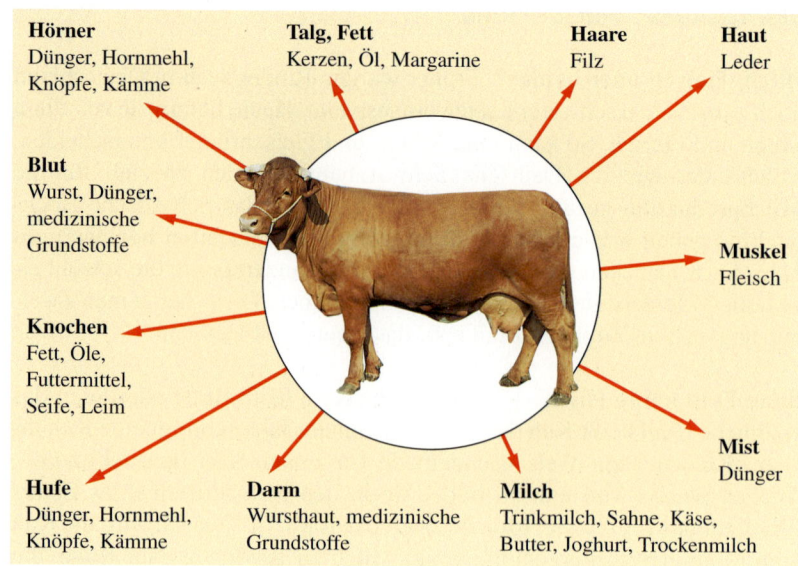

Hörner
Dünger, Hornmehl, Knöpfe, Kämme

Talg, Fett
Kerzen, Öl, Margarine

Haare
Filz

Haut
Leder

Blut
Wurst, Dünger, medizinische Grundstoffe

Muskel
Fleisch

Knochen
Fett, Öle, Futtermittel, Seife, Leim

Mist
Dünger

Hufe
Dünger, Hornmehl, Knöpfe, Kämme

Darm
Wursthaut, medizinische Grundstoffe

Milch
Trinkmilch, Sahne, Käse, Butter, Joghurt, Trockenmilch

1   Das Rind ist unser wichtigstes Nutztier.

Kurz und knapp **Rinder liefern uns vor allem Milch und Fleisch. Bei den modernen Rinderrassen unterscheidet man Milchrassen, Fleischrassen und Zweinutzungsrassen.**

Methode   *Wie recherchiere ich im Internet?*

Im Internet kann man bequem und sehr gezielt Informationen suchen. Die Texte und Bilder sind oftmals aktueller als in Sachbüchern und in Lexika. Allerdings kann die Fülle der Informationen zu einem Thema enorm sein. Deshalb muss man sorgfältig auswählen und prüfen, welche Informationen wirklich hilfreich sind. Solltest du noch keine Erfahrungen mit dem Internet haben, lass dich erst einmal in die Handhabung einweisen.

1   Überlege genau, was du herausfinden möchtest, und schreibe deine Fragen auf. Du könntest auch folgende Fragen klären: Wie viel Liter Milch gibt eine Kuh täglich? Wie viele Rinder gibt es in Thüringen?

2   Wenn du Stichworte in eine Suchmaschine eingibst, erhältst du zahlreiche Links zu deinem Thema. Allgemeine Suchmaschinen sind z. B. www.google.de oder www.jahoo.de. Gib nun das Suchwort „Rind" ein. Um die Suche einzugrenzen, ist es hilfreich, mehrere Suchbegriffe einzugeben, z. B. „Rind Milchleistung" oder „Rind Thüringen".

3   Bewerte die gefundenen Suchergebnisse kritisch. Viele Internetseiten enthalten keine verlässlichen Informationen. Drucke geeignete Seiten aus oder speichere sie in einer Textdatei, um sie später ausdrucken und bearbeiten zu können. Denke daran, auf ausgedruckten und gespeicherten Seiten die Quellenangabe (Adresse des Dokuments im Internet) hinzuzufügen.

4   Überfliege die gefundenen Informationen und ordne sie. Markiere die Textstellen, die dir helfen, deine Fragen zu beantworten. Achte also bei unserem Beipiel besonders auf Angaben zur Milchleistung der Kühe oder zur Rinderanzahl in Thüringen. Lies die markierten Textstellen gründlich durch.

5   Fasse die Aussagen dieser Textstellen mit eigenen Worten zusammen. Notiere sie in deinem Heft. Wenn du möchtest, kannst du deine Texte durch Zeichnungen oder ausgedruckte Bilder ergänzen.

GRUNDLAGEN: Das Rind ist ein Wiederkäuer

Stundenlang grast das Rind. Dabei nimmt es ausschließlich Pflanzen auf. Es ist ein Pflanzenfresser. Andere Rinder haben sich niedergelegt und kauen immer noch. Warum?

Der Weg der Nahrung beim Rind Nach dem Fressen stößt das Rind immer wieder auf. Dabei gelangt zuvor verschlucktes Gras vom Magen in das Maul zurück. Jetzt erst wird es richtig und ausgiebig zerkaut. Tiere, die ihre Nahrung so verarbeiten, heißen Wiederkäuer.

Rinder haben einen sehr großen Magen. Er besteht aus vier Teilen: dem Pansen, dem Netzmagen, dem Blättermagen und dem Labmagen. ↑2 Durch die Speiseröhre gelangt die pflanzliche Nahrung zuerst in den Pansen. Hier befinden sich Kleinstlebewesen (Bakterien und Einzeller), die die gefressene Nahrung zum Teil verdauen. Danach gelangt die Nahrung in den Netzmagen. Von hier werden kleine Nahrungsballen in das Maul zurückbefördert. Dort wird schließlich die Nahrung gründlich zerkaut. Den eingespeichelten Speisebrei schluckt das Rind nochmals. Er gelangt jetzt in den Blättermagen, wo ihm Wasser entzogen wird. Im anschließenden Labmagen und im langen Darm wird die Nahrung endgültig verdaut.

Basiskonzept

Struktur und Funktion
Rinder sind durch ihr Verdauungssystem (Wiederkäuermagen, langer Darm) sowie durch ihr Gebiss (Pflanzenfressergebiss) gut an die Verdauung pflanzlicher Nahrung angepasst.

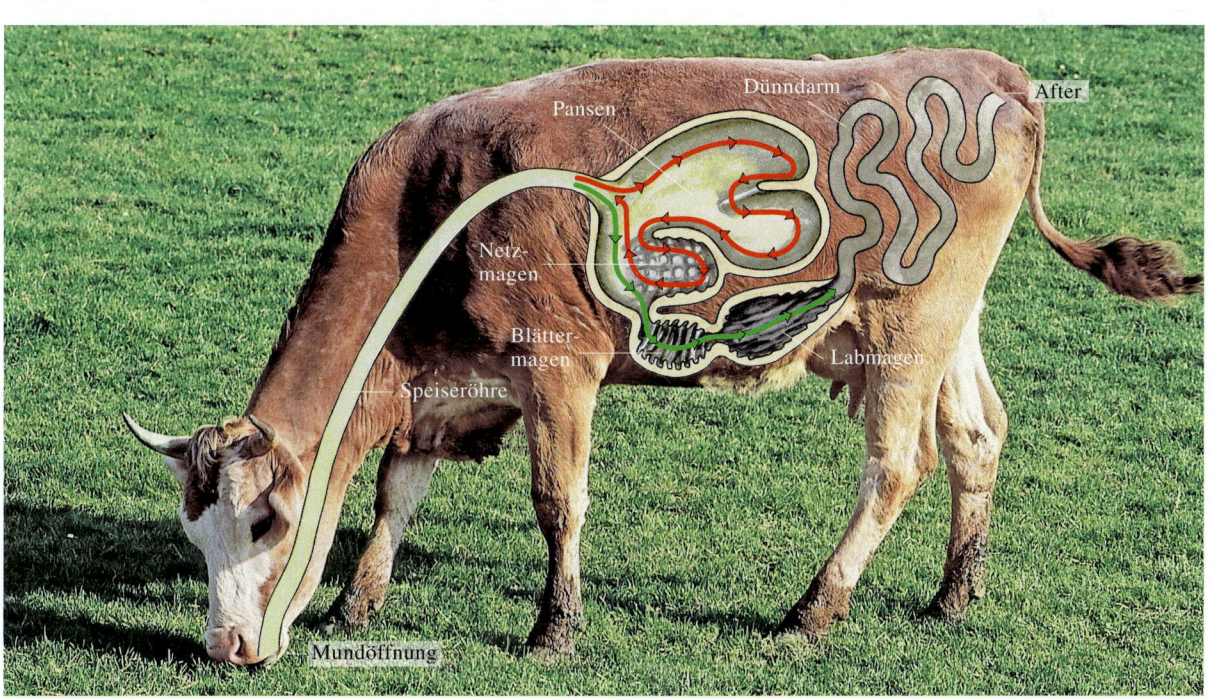

2 Verdauungsorgane des Rindes

1 Beobachte eine grasende Kuh auf der Weide. Achte darauf, wie sie das Gras aufnimmt. Beschreibe.

2 Die Nahrung des Rindes wird in verschiedenen Organen verdaut.

a Beschreibe den Weg der Nahrung. ↑2

b Benenne die einzelnen Stationen mit den Zahlen 1–8 und fertige eine Tabelle mit 3 Spalten an: 1. Spalte: Zahl, 2. Spalte: Name des Verdauungsorgans, 3. Spalte: Aufgabe des Organs.

Nutztier Hausschwein

Das Hausschwein ist unser wichtigster Fleischlieferant, während z. B. in anderen Ländern der Verzehr von Schweinefleisch aus religiösen Gründen verboten ist.

Auch im täglichen Sprachgebrauch spielt das Schwein eine große Rolle. Du hast Glück bzw. „Schwein gehabt", und zu Silvester verschenkt man Marzipanschweine mit den besten Wünschen für das kommende Jahr.

1 Schwein – Nutztier und Glücksbringer

Basiskonzept

Struktur und Funktion

Durch ihren gut ausgeprägten Geruchs- und Tastsinn erkennen die Schweine Fressbares in der Erde. Mithilfe des beweglichen Rüssels durchwühlen sie den Boden unter anderem nach Insektenlarven, Würmern und Wurzeln.

GRUNDLAGEN: Das Hausschwein

Beobachtungen an Hausschweinen Bei der Freilandhaltung stehen die Muttersauen zusammen mit ihren Ferkeln auf der Weide. Mit ihrer kräftigen Schnauze wühlen sie in der Erde nach Nahrung. Sie fressen Gräser, Kräuter, Wurzeln ebenso wie Schnecken, Würmer und Insektenlarven. Hausschweine sind Allesfresser.

Für ihre Nahrungsbeschaffung verwenden sie viel Zeit. Mit ihrer verlängerten Nase, dem beweglichen Rüssel, durchfurchen sie die Erde. Die Nahrung finden sie dabei mithilfe ihres gut entwickelten Geruchs- und Tastsinns. Die Sinneszellen sitzen vor allem in der nackten Rüsselscheibe. ↑2

Schweine können sehr schlecht sehen, aber gut riechen und hören. Durch Grunzen, Quieken und Schnaufen verständigen sie sich untereinander.

Wo eine Schlammpfütze ist, wälzen und suhlen sie sich. Anschließend legen sie sich in den Schatten der Bäume. Die Nacht verbringen die Hausschweine im Stall.

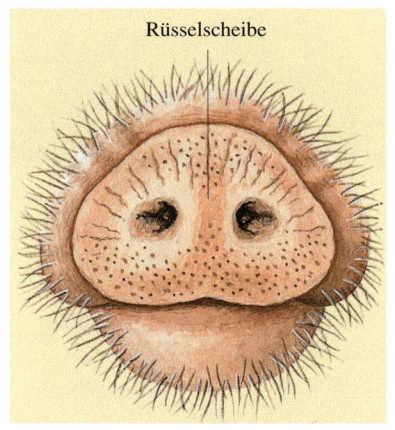

Rüsselscheibe

2 Der Schweinerüssel

3 Hausschwein mit Ferkeln

GRUNDLAGEN: Vom Wildschwein zum Hausschwein

Das Hausschwein stammt vom Wildschwein ab. Vor mehr als 6000 Jahren wurde es aus Wildschweinen gezüchtet.

Im Aussehen unterscheiden sich beide beträchtlich. ↑3,4 Durch die jahrtausendelange Züchtung bildete sich das borstige Haarkleid mit seiner typischen Färbung zurück. Das Hausschwein besitzt auch kürzere Beine und eine dickere Fettschicht. Im Freien gehaltene Hausschweine zeigen noch Verhaltensweisen, die denen des Wildschweins ähnlich sind.

Beobachtungen an Wildschweinen In der freien Natur sind Wildschweine sehr scheu und lassen sich schwer beobachten. Besuche deshalb ein Wildgehege, wenn du die Verhaltensweisen von Wildschweinen beobachten möchtest. Hier kannst du sehen, wie sie sich im Schlamm wälzen, um sich von Ungeziefer im Fell zu befreien. Mit ihrem Allesfressergebiss können sie sowohl tierische als auch pflanzliche Nahrung zerkleinern. Mit ihren langen und kräftigen Rüsseln suchen sie im Erdboden nach Wurzeln, Knollen, Insekten, Larven und Würmern. Auch Gräser, Klee, Eicheln, Pilze und Fallobst, aber auch Säugetiere wie junge Mäuse, Ratten und Kaninchen werden gefressen. Selbst tote Tiere dienen als Nahrung.

Wildschweine leben in Familienverbänden, den so genannten Rotten. Der Keiler, das männliche Tier, weist starke Eckzähne auf. Die weiblichen Tiere der Rotte sind kleiner und heißen Bachen. Sie bringen im Frühjahr nach einer Tragzeit von ca. 114–118 Tagen ihre 2–8 Jungen, die Frischlinge, in einem Geburtsnest (Wurfkessel) zur Welt.

4 Wildschweineber (Keiler)

Schon gewusst?

Züchtung von Hausschweinrassen

Bei der Züchtung von Haustieren lässt der Mensch nur solche Tiere miteinander paaren, die für ihn günstige Eigenschaften aufweisen. Durch Züchtung lassen sich zahlreiche Körpermerkmale verändern. Es entstehen unterschiedliche Rassen. ↑5

So wächst beispielsweise die Schweinerasse „Weißes Deutsches Edelschwein" schnell heran und hat fettarmes Fleisch. Eine andere Schweinerasse hat 16 Rippen statt normalerweise 12 Rippen. Dadurch lassen sich pro Schlachtschwein 8 Koteletts mehr verkaufen.

Weißes Deutsches Edelschwein

Unveredeltes Bayerisches Landschwein

Hannoversches Weideschwein

Ungarisches Wollschwein

Hängebauchschwein

5 Einige Hausschweinrassen

GRUNDLAGEN: Das Hausschwein – unser wichtigster Fleischlieferant

In Deutschland gibt es ca. 25 Millionen Hausschweine, die hauptsächlich als Fleischlieferanten dienen. Mit wachsender Bevölkerung und steigendem Wohlstand nahm im letzten Jahrhundert die Nachfrage nach Fleisch und anderen Tierprodukten zu. Die Folge davon war, dass sich viele Landwirte nur auf die Haltung einer Haustierart, wie beispielsweise auf Mastschweine, beschränkten.

Intensivtierhaltung Die meisten Schweine sind in großen Mastställen untergebracht. Hier liegen oft viele Tiere eng zusammen auf nackten Spaltenböden. ↑1 Das sind Gitter aus Metall oder Beton, durch deren Ritzen Kot und Urin (Gülle) in eine Grube abfließen können. Häufig dringt kein Tageslicht in die Ställe und jedes Tier hat nur wenig Bewegungsraum. Oft zeigen die Tiere Verhaltensstörungen. So beißen sie sich z. B. gegenseitig die Schwänze ab. Die Fütterung und das Ausmisten erfolgen automatisch. Die Schweine bekommen zweimal am Tag energiereiches Kraftfutter. Da sie sich wenig bewegen, haben sie nach 5 – 7 Monaten ihr Schlachtgewicht von etwa 110 kg erreicht.

Durch die Intensivtierhaltung ist bei uns das Schweinefleisch sehr preisgünstig. Im Durchschnitt verzehrt bei uns jeder Bürger pro Jahr 50 kg Schweinefleisch. Die meiste Wurst, die wir essen, enthält Schweinefleisch. ↑2

Vom Schwein zur Thüringer Bratwurst Im Schlachthaus werden die Tiere getötet, zerlegt und zu Fleisch- und Wursterzeugnissen verarbeitet. Wenn du mit deinen Eltern zum Fleischer bzw. in den Supermarkt gehst, kannst du dich für unterschiedliche Fleisch- und Wurstsorten entscheiden. Sie werden aus den verschiedenen Teilen des Schweins hergestellt. ↑4,5 Grundlage für die berühmten Thüringer Rostbratwürste bildet Schweinefleisch aus der Schulter bzw. dem Nacken (Kamm). Dazu wird ein großer Anteil roher Speck gegeben. Kalte Milch und Eier verbessern den Geschmack. Gewürzt wird mit Salz, Pfeffer und Majoran; auch fein gehackte Zwiebeln sowie frisch gepresster Knoblauch können hinzugegeben werden. Jeder Fleischer hat bezüglich der Zutaten sein eigenes „Geheimrezept".

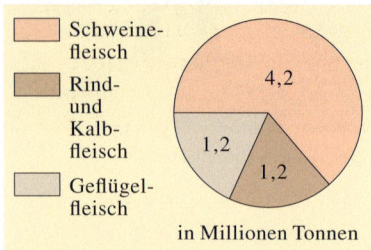

1 Schweinemaststall

Schweinefleisch
Rind- und Kalbfleisch
Geflügelfleisch

4,2
1,2
1,2

in Millionen Tonnen

2 Fleischerzeugung in Deutschland

3 Schlachthof

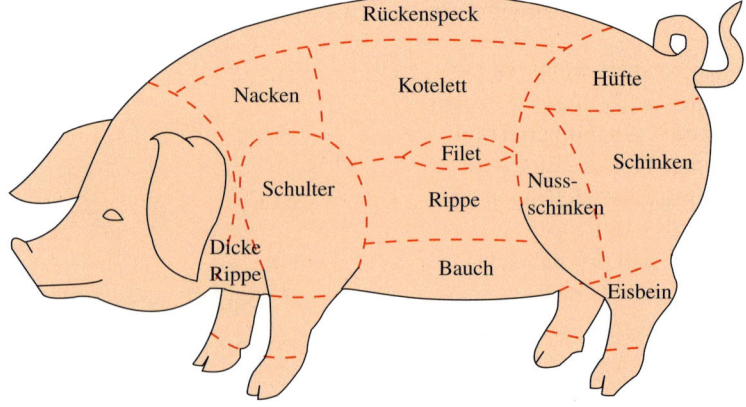

4 In einer Landfleischerei

5 Das Hausschwein als Fleischlieferant

Rückenspeck
Nacken
Kotelett
Hüfte
Schulter
Filet
Schinken
Nussschinken
Dicke Rippe
Rippe
Bauch
Eisbein

Zur Diskussion: Tierhaltung

Artgerechte Tierhaltung

In den Ställen auf Biohöfen werden die Schweine in kleineren Gruppen in Buchten gehalten. Diese sind nur zum Teil mit Spaltenböden versehen. Der andere Teil ist ein Ruhebereich, der mit Stroh ausgestreut wird und Ketten und anderes „Stallspielzeug" enthält. Meist halten die Schweine diesen Bereich sauber und verhalten sich weniger aggressiv als in den Großställen. Bei der Freilandhaltung haben die Tiere Auslauf und können viele ihrer natürlichen Verhaltensweisen leben, z. B. wühlen und sich scheuern.

Außerdem erhalten die Tiere auf Biohöfen Futter, das hohe Anforderungen erfüllen muss. Dem Futter dürfen z. B. keine Medikamente zugesetzt werden..
Darüber hinaus übernehmen Biobauern oft alle Tätigkeiten von der Aufzucht bis zur Verarbeitung des Fleisches selbst. Damit werden unnötige Stressfaktoren für die Tiere vermieden, die unter anderem beim Transport zum Schlachthof entstehen.

Die Rolle des Verbrauchers

Nur etwa eines von hundert Schweinen wächst auf Biohöfen heran. Solange wir als Verbraucher an der Fleischtheke nur auf den Preis, weniger auf die Qualität und nicht auf die Herkunft achten, werden die Landwirte dazu gedrängt, Fleisch immer billiger zu produzieren. Biobauern können bei artgerechter Tierhaltung in der gleichen Zeit weniger Fleisch erzeugen. Deshalb sind ökologisch produzierte Produkte teurer. Ihr müsst selbst entscheiden, welche Produkte ihr kauft.

6 Schweine in Freilandhaltung

§ 1 Grundsatz [...] Niemand darf einem Tier ohne vernünftigen Grund Schmerzen, Leiden oder Schäden zufügen.
§ 2 Artgemäße Tierhaltung
Wer ein Tier hält, betreut oder zu betreuen hat, muss das Tier seiner Art und seinen Bedürfnissen entsprechend angemessen ernähren, pflegen und verhaltensgerecht unterbringen.

7 Auszug aus dem Tierschutzgesetz

Arbeitsaufträge

1 Vergleiche Haus- und Wildschwein. Fertige dazu eine Tabelle an.

2 Wie heißen die Familienmitglieder von Haus- und Wildschwein?

3 Überlege, weshalb Wildschweinfrischlinge ein gestreiftes Fell besitzen.

4 Wildschweine sind Allesfresser. Wovon ernähren sie sich?

5 Begründe die Zuordnung des Hausschweins zur Tierklasse der Säugetiere.

6 Das Hausschwein ist ein ergiebiger Fleischlieferant.

a Zu welchen Fleisch- und Wurstwaren wird Schweinefleisch verarbeitet? Erkundige dich dazu bei einem Fleischer.

b Was nutzt der Mensch außerdem vom Schwein?

7 Protokolliere eine Woche lang den Fleischverbrauch deiner Familie. Fertige eine Tabelle an und trage täglich ein: Wochentag, Fleischsorte und Fleischmenge.
Wie viel Fleisch wird pro Person in einer Woche verzehrt?

8 Als Verbraucher sollte man bewusst entscheiden, welche Produkte man kauft.
Nenne Kriterien (z. B. Tierhaltung, Geschmack), nach denen man entscheiden kann, welches Fleisch man kauft. Gib an, welche Kriterien dir besonders wichtig sind. Entscheide und begründe dann, welches Fleisch du kaufen würdest. Diskutiere mit deinem Tischnachbarn deine Entscheidung.

9 Informiere dich, in welchen Ländern kein Schweinefleisch gegessen werden darf.

Meerschweinchen – beliebte Heimtiere

Neben Hund, Katze, Wellensittich und Zwergkaninchen sind Meerschweinchen beliebte Heimtiere. Sie kommen in den unterschiedlichsten Haarfarben und -formen vor. ↑1
Was musst du bei der Pflege der Meerschweinchen beachten? Überhaupt: Welche Fragen musst du klären, bevor du dir ein Tier für zu Hause anschaffst?

1 Hauskatze und Meerschweinchen

2 Wellensittich

GRUNDLAGEN: Artgerechte Heimtierhaltung

Tierhaltung heißt Verantwortung! Viele Heimtiere werden unüberlegt angeschafft. Oft sind die Bedingungen für eine vernünftige, das heißt möglichst artgerechte Unterbringung des Tieres nicht gegeben. Vor der Anschaffung muss man sich über die Lebensweise und die Bedürfnisse des neuen Hausgenossen genau informieren.
So solltest du z. B. auch folgende Fragen klären: Welches Tier ist für dich am besten geeignet? Welche Kosten verursacht es? Wer versorgt das Tier im Urlaub?

Methode *So liest man einen Text*

In dem Text zum Meerschweinchen erfährst du viel Wissenswertes über die Heimat, Lebensweise und Pflege dieser Tiere. ↑S. 143

1 Lies den Text durch und verschaffe dir einen groben Überblick vom Inhalt.

2 Kläre dann unbekannte Begriffe. Falls du eine Kopie hast, markiere alle Wörter, die du nicht kennst oder verstehst. Sprich über Unbekanntes in deiner Arbeitsgruppe, frage deine Lehrerin bzw. deinen Lehrer oder schlage in Fachlexika nach.

3 Arbeite den Text gründlich durch. Überlege dir Überschriften zu den einzelnen Abschnitten, z. B. Herkunft, Pflege und Fortpflanzung des Meerschweinchens.

4 Fasse den Inhalt des Textes oder von Abschnitten in Stichpunkten kurz zusammen und berichte anschließend z. B. deinem Tischnachbarn oder deinen Eltern.

GRUNDLAGEN: Meerschweinchen

Herkunft Als im 16. Jahrhundert die Spanier Mittel- und Südamerika eroberten, fanden sie dort bereits gezähmte Meerschweinchen vor. Indianer hielten sie als Schlacht- und Opfertiere. Spanische Seefahrer brachten die Tiere auf Segelschiffen mit über das Meer. So entstand der Name „Meerschweinchen". „Schweinchen" wurden sie genannt, weil sie laut quieken können. Die Wildform der Tiere wies eine grau-braune Färbung auf. Durch Züchtung entstanden vielfältigste Haarfarben und Haarformen.

Haltung und Pflege Meerschweinchen sind Rudeltiere und sollten deshalb nicht allein gehalten werden. Schaffe dir mindestens zwei, möglichst junge Tiere im Alter von zwei bis vier Monaten an.
Der Käfig sollte bei zwei Tieren eine Mindestgröße von 120 cm · 60 cm und eine Höhe von 25 cm aufweisen. Außerdem sollten im Käfig Häuschen und Unterschlüpfe für die Tiere vorhanden sein. Bedenke auch, dass die Tiere täglichen Auslauf benötigen.
Alle zwei bis drei Tage musst du den Käfig säubern. Verwende als Einstreu Sägespäne, Heu und Stroh. Wasser- und Futternapf sollten täglich gereinigt werden.
Füttere die Tiere abwechslungsreich. Frischfutter wie Gras, Löwenzahn, Äpfel und Möhren sowie Fertigfutter werden gerne gefressen. Aber auch Heu sollte stets im Käfig vorhanden sein. Da Meerschweine Nagetiere sind und ihre Schneidezähne ständig wachsen, müssen sie etwas zum Benagen (z. B. hartes Brot, Holz) mit in den Käfig bekommen.
Meerschweinchen können auch außen gehalten werden. Der Lebensraum, der ihnen dort geboten wird, ist natürlicher. Solltest du dich für eine Außenhaltung entscheiden, musst du dich vorher gut über die Anforderungen an das Gehege informieren.

Fortpflanzung Meerschweinchen können bis zu fünfmal im Jahr ein bis vier (meist sind es zwei) Junge nach einer Tragzeit von 68 Tagen bekommen. Wenn du keine Meerschweinchen züchten willst, halte zwei (oder mehr) weibliche Tiere. Oftmals sind ältere Männchen untereinander unverträglich und sollten deshalb nicht zusammen gehalten werden.
Die Neugeborenen öffnen gleich die Augen, sind voll behaart und können bereits umherlaufen. Sie sind Nestflüchter und knabbern schon nach wenigen Stunden am Futter bzw. saugen an den Zitzen der Mutter.

3 Meerschweinchen mit Jungtieren

4 Ob es dem Meerschweinchen gut geht?

Arbeitsaufträge

1 Notiere wichtige Fragen, die geklärt sein müssen, bevor man sich ein Heimtier anschafft.
2 Diskutiert darüber, ob eine artgerechte Heimtierhaltung überhaupt möglich ist.
3 Versuche für den Umgang mit Meerschweinchen fünf Regeln aufzuschreiben.
4 Informiere dich über Goldhamster und Zwergkaninchen. Stelle jeweils Einrichtungsgegenstände für einen Käfig zusammen, in dem sich die Tiere wohlfühlen.

5 Welches Tier – Meerschweinchen, Goldhamster oder Zwergkaninchen – erscheint für dich als Heimtier am geeignetsten? Versuche deine Entscheidung zu begründen.
6 Informiere dich im Zoohandel oder mithilfe von Büchern über ein weiteres Heimtier, das dich interessiert. ↑1, 2 Erstelle einen Steckbrief über das Tier mit Angaben zur Herkunft, Lebensweise, Fortpflanzung, Haltung und Nahrung.

Wir halten und pflegen Aquarienfische

Vielleicht wünschst du dir auch ein so schön eingerichtetes Aquarium für zu Hause. ↑1
Vorher müssen jedoch einige Fragen geklärt sein, z. B.: Passen alle Fische zusammen? Was fressen die Fische? Wie viele Fische darf man in ein Aquarium setzen? Wie sollte die Wassertemperatur sein?
Diese und weitere Fragen musst du mit deinen Eltern beantworten können, bevor ihr euch ein Aquarium anschafft.

1 Warmwasseraquarium

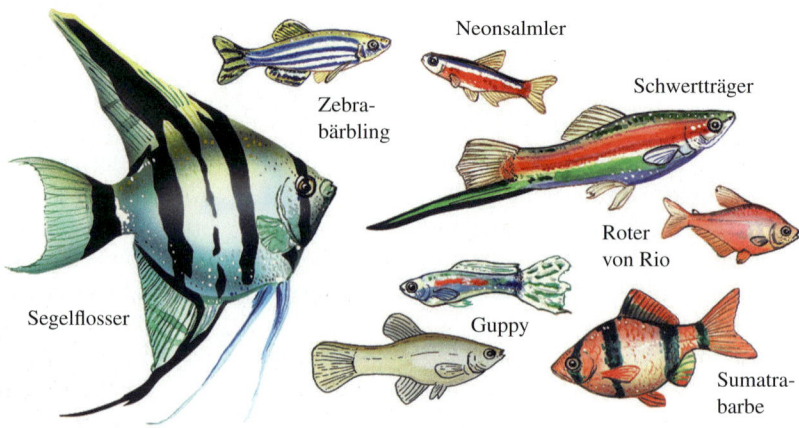

Sumpfschraube

Wasserhaarnixe

Amazonasschwert-pflanze

2 Wasserpflanzen für das Aquarium

GRUNDLAGEN: Ein Aquarium einrichten

Hinweise und Tipps Ein Aquarium ist nicht nur ein Dekorationsstück, sondern bietet auch die Möglichkeit, Fische ungestört zu beobachten. Die Auswahl der Fische und Pflanzen sowie der Dekoration (z. B. Steine, Wurzeln) muss sehr sorgfältig geschehen, damit ein möglichst naturnahes Aquarium entsteht. Informiere dich darüber im Zoofachgeschäft oder bei Aquarianern.
Bei der Einrichtung deines ersten Warmwasseraquariums wähle möglichst solche Fische aus, die relativ anspruchslos sind und viele Besonderheiten im Verhalten zeigen. Das sind z. B. Guppys, Schwertträger, Platys und Black Mollys. Diese Fische gehören zur Gruppe der lebendgebärenden Zahnkarpfen und bringen regelmäßig – für Fische untypisch – lebende Junge zur Welt. Aber auch Panzerwelse und Zebrabärblinge sind für dein erstes Aquarium geeignet. ↑3

Neonsalmler

Schwertträger

Zebra-bärbling

Segelflosser

Roter von Rio

Guppy

Sumatra-barbe

3 Fische für das Warmwasseraquarium

Methode *Einrichtung und Pflege eines Warmwasseraquariums*

1 Verwende ein Aquarium mit mindestens 60 Litern Inhalt und stelle es auf eine weiche Unterlage.

2 Um starken Algenwuchs zu verhindern, stelle dein Aquarium nicht in direktes Sonnenlicht, sondern beleuchte es mit Leuchtstoffröhren.

3 Nimm als Bodengrund Kies mittlerer Größe. Der Kies sollte zuvor gründlich gewaschen werden.

4 Verwende zur Gliederung des Lebensraums Steine und Wurzeln, um den Fischen Versteckmöglichkeiten zu bieten.

5 Gestalte dein Aquarium übersichtlich. Setze kleine Pflanzen in den Vordergrund und große Pflanzen in den Hintergrund.

6 Die meisten Warmwasserfische benötigen Temperaturen zwischen 20 und 25 °C. Stelle deshalb deinen Regelheizer auf diesen Temperaturbereich ein. Verwende auch eine Umwälzpumpe und einen Filter. Diese dienen der Reinigung, Belüftung und Wasserbewegung.

7 Informiere dich vor deinem Kauf der Fische, ob sie sich vertragen, ob sie Fried- oder Raubfische sind bzw. ob man sie paarweise oder als Schwarm halten sollte.

8 Setze die Fische erst nach ein paar Tagen in dein Aquarium ein, weil sie frisches Leitungswasser nicht gut vertragen.

9 Füttere die Fische täglich ein- bis zweimal. Achte darauf, dass alles Futter aufgefressen wurde. Futterreste verunreinigen das Aquarium.

10 Fülle regelmäßig verdunstetes Wasser nach. Wechsle jede Woche ca. ein Fünftel des Wassers.

11 Entferne regelmäßig den Algenbewuchs an den Scheiben. Verwende dazu einen Scheibenreiniger.

12 Reinige möglichst einmal in der Woche den Filter der Pumpe, damit das Wasser optimal gereinigt wird.

13 Setze nicht zu viele Fische in dein Aquarium. Beachte folgende Faustregel: Pro Zentimeter Fisch benötigst du 1 Liter Wasser, das heißt, z. B. ein 3 Zentimeter großer Fisch benötigt 3 Liter Wasser.

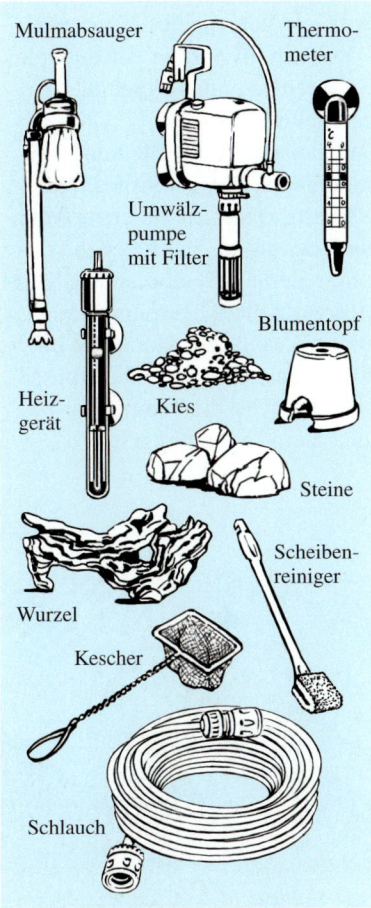

4 Wichtige Aquarienutensilien

Arbeitsaufträge

1 Beschreibe die Fische. ↑3

2 Wie viele Liter Wasser fasst dein Aquarium? Errechne das Volumen, indem du Länge, Höhe und Breite des Aquariums multiplizierst. Frage deine Eltern, wie man die Literzahl errechnet. Wie viele Fische von jeweils ca. 4 Zentimeter Länge kannst du einsetzen?

3 Vergleiche einen Roten Neonsalmler und einen Roten Buntbarsch. ↑5,6 Wähle selbst geeignete Vergleichskriterien aus. Nutze dazu auch das Internet bzw. Aquarienfachbücher. Welcher Fisch ist für dein Aquarium besser geeignet. Begründe.

5 Roter Neonsalmler

6 Roter Buntbarsch

Regelung in Natur und Technik

Viele Vorgänge in Natur und Technik werden von äußeren Faktoren beeinflusst und müssen geregelt werden.

Die meisten Fische für Aquarien stammen z. B. aus wärmeren Gewässern. Damit sie in einem Aquarium bei uns zu Hause leben können, regelt ein Temperaturregler mit Heizgerät die Wassertemperatur. Woher „weiß" das Heizgerät im Aquarium, wann es heizen muss? Und wie wird die Temperatur in unserem Körper geregelt?↑1, 2

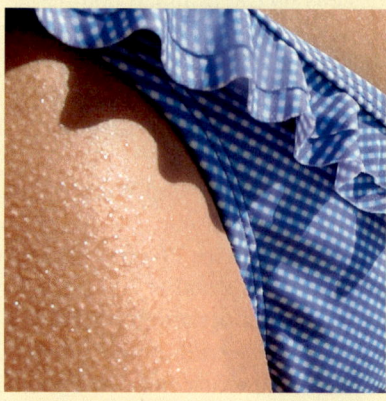

1 Die Gänsehaut ist eine Maßnahme unseres Körpers gegen die Kälte.

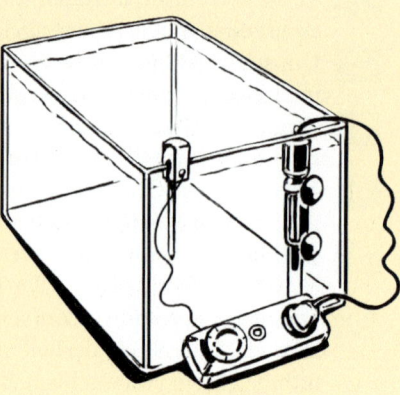

2 Aquarium mit Temperaturregelung

3 Heizkörperregler

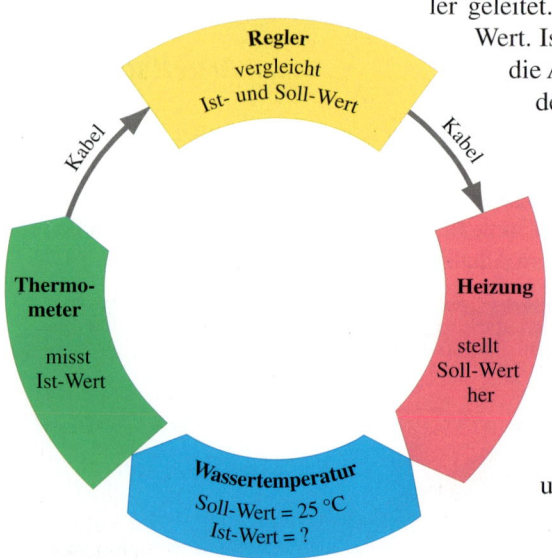

4 Regelung der Temperatur in einem Aquarium

GRUNDLAGEN: **Regelung der Temperatur in einem Aquarium**

Viele Aquarientiere bevorzugen eine *Temperatur von 25 °C*. Diese Temperatur bzw. dieser Wert soll konstant gehalten werden. Man bezeichnet ihn daher auch als *Soll-Wert*. Da die Zimmertemperatur meist um 22 °C liegt, kühlt ein Aquarium langsam aus. Damit dies nicht passiert, ist ein Temperaturregler eingebaut, der für eine konstante Wassertemperatur sorgt.↑2

Die Regelung findet in einem Regelkreis statt. Damit die Temperatur geregelt werden kann, muss zuerst mittels eines Thermometers die *aktuelle Temperatur* gemessen werden. Diese Temperatur nennt man *Ist-Wert*. Über ein Kabel wird der Ist-Wert an einen elektronischen Temperaturregler geleitet. Dieser vergleicht den Ist-Wert mit dem eingestellten Soll-Wert. Ist der Ist-Wert niedriger als der Soll-Wert, schaltet der Regler die Aquarienheizung ein. Diese bleibt so lange an, bis der Ist- und der Sollwert gleich sind. Jetzt schaltet der Regler die Heizung wieder ab. Dieser Prozess wiederholt sich immer dann, wenn Soll- und Ist-Wert voneinander abweichen. So wird garantiert, dass die Aquarientemperatur die meiste Zeit über konstant bei 25 °C bleibt.

Alle Bauteile – Thermometer, Temperaturregler und Heizgerät – bilden einen so genannten Regelkreis, da sie wie in einem Kreis miteinander verbunden sind und aufeinander einwirken.↑4

Auch zur Regelung der Zimmertemperatur benutzt man Regler. Sie sind mit einem elektronischen Bauteil ausgerüstet, das bei Bedarf den Warmwasserzulauf in den Heizkörper und damit die Zimmertemperatur regelt.↑3

GRUNDLAGEN: Biologische Regelung

Vögel und Säugetiere, auch Menschen, sind gleichwarm. Sie können ihre Körpertemperatur regeln und so unabhängig von der Außentemperatur konstant halten. So beträgt unsere Körpertemperatur immer etwa 37 °C. Auch zahlreiche andere Vorgänge in unserem Körper werden geregelt, z. B. unser Blutdruck oder die Menge des in das Auge einfallenden Lichts.

Regelung der Körpertemperatur Wie du aus Erfahrung weißt, beginnen wir beim Sport zu schwitzen. Ist es dagegen sehr kalt, beginnen wir zu zittern. Schwitzen und „Kältezittern" sind Mechanismen zur Kühlung bzw. „Aufheizung" unseres Körpers.↑5

Du weißt, dass unser Körper energiereiche Nährstoffe zur Aufrechterhaltung aller Lebensvorgänge umwandelt. Dabei entsteht nicht nur Energie, um z. B. die Muskeln bewegen zu können, sondern auch Wärme. Bei verstärkter Muskelarbeit, z. B. beim Sport, wird auch mehr Wärme produziert; unsere Körpertemperatur steigt. Das wird von Sinneszellen in der Haut erkannt und über Nerven an das Gehirn gemeldet. Das Gehirn veranlasst ebenfalls über Nerven, dass die Schweißdrüsen der Haut Schweiß absondern: Wir schwitzen. Das Wasser im Schweiß verdunstet auf der Haut und kühlt den Körper. Ist die normale Körpertemperatur erreicht, hört das Schwitzen auf. Auch die Regelung der Körpertemperatur durch Schwitzen lässt sich in einem Regelkreis darstellen.↑6

Nimmt unsere Körpertemperatur ab, weil wir an kalten Tagen Wärme an die Umgebung abgeben, wird dies ebenfalls von Sinneszellen in der Haut erkannt und an das Gehirn gemeldet. Dieses veranlasst, dass die Haut weniger durchblutet wird. Sie wird blass. Außerdem zieht sich die Haut zusammen; wir bekommen eine Gänsehaut. So wird über eine verkleinerte Oberfläche weniger Wärme abgegeben. Reicht dies nicht aus, beginnen wir zusätzlich zu zittern. Die Muskelbewegung erzeugt Wärme: Wir werden warm.

5 Wir schwitzen beim Sport.

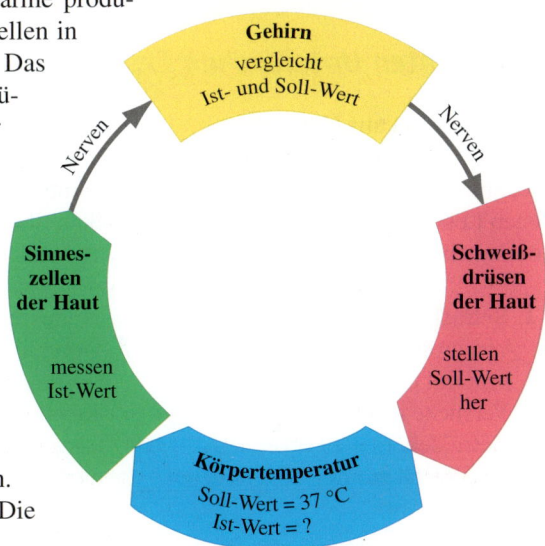

6 Regelung der Körpertemperatur durch Schwitzen

Arbeitsaufträge

1 Fasse mit eigenen Worten zusammen, wie die Wassertemperatur in einem Aquarium geregelt wird.↑4

2 Überlege, welche Bauteile ein Regler an einem Heizkörper besitzen müsste.↑3

3 Beschreibe die Reaktionen unseres Körpers auf Kälte.

4 Erkläre, warum wir bei Kälte zittern.

5 **Pupillenreaktion**
Zwei Schüler setzen sich einander gegenüber. Ein Schüler hält sich die Augen zu. Nach etwa 15 Sekunden öffnet er die Augen. Der andere Schüler beobachtet die Veränderung der Pupillen.

Beschreibt eure Beobachtungen. Wiederholt das Experiment mit wechselnden Rollen.

6 Damit wir alles sehen können, aber auch durch zu viel Licht nicht geblendet werden, wird durch Änderung der Pupillenweite die in das Auge fallende Lichtmenge geregelt. An dieser Regelung (Pupillenreaktion) sind unter anderem folgende Organe bzw. Strukturen beteiligt: Gehirn, Sinneszellen im Auge, Pupille.
Übernimm das unausgefüllte Regelkreisschema in dein Heft und trage die Begriffe an der richtigen Stelle ein.↑4

Pflanzen für unsere Ernährung: Getreide

Beim Bäcker gibt es zahlreiche Brotsorten und dunkle oder helle Brötchen. Jede Sorte sieht anders aus und schmeckt auch ein wenig anders.

Aus welchen Getreidearten werden sie hergestellt? Welche Rolle spielt Getreide für unsere Ernährung? Wie sind die Menschen darauf gekommen, Getreide zu essen und anzubauen?

1 Welche Brotsorte schmeckt dir am besten?

Beobachten Untersuchen Experimentieren

Lebensmittel aus Getreide

Wenn ihr euch im Supermarkt umschaut, werdet ihr staunen, in welchen Lebensmitteln überall Getreide enthalten ist.

1 Betrachte verschiedene Sorten von grobem Vollkornbrot mit der Lupe. Versuche unterschiedliche Getreidekörner zu erkennen. Vergleiche mit den abgebildeten Getreidekörnern. ↑2 Vergleiche dein Ergebnis mit dem Ergebnis deines Tischnachbarn.

2 Schreibe eine Woche lang jeden Tag auf, was du isst. Schätze ab, wie groß der Anteil an Getreideprodukten in etwa ist.

3 Sammle Verpackungen von Getreideprodukten. Fertige eine Tabelle mit zwei Spalten an und trage ein: „Name des Lebensmittels" und „Getreideart".

2 Getreidekörner

3 Weizen (Ähre)

4 Roggen (Ähre)

5 Gerste (Ähre)

6 Hafer (Rispe)

GRUNDLAGEN: Getreidearten und ihre Verwendung

Getreidearten Weizen, Roggen, Gerste und Hafer sowie Mais sind in Deutschland häufig angebaute Getreidepflanzen. Sie alle gehören zur Pflanzenfamilie der Süßgräser. Ihre Blüten sind unscheinbar und stehen in Blütenständen, den Ähren (z. B. Weizen) oder Rispen (z. B. Hafer). ↑3–7

Verwendung von Getreide Getreide ist aus unserer Ernährung nicht wegzudenken. Nicht nur Brot und anderes Gebäck wird aus Getreide hergestellt, sondern eine Vielzahl weiterer Lebensmittel. Darüber hinaus wird Getreide als Viehfutter verwendet. ↑8

Weizen	Brot- und Backwaren, Grieß, Graupen, Bier, Schnaps, Weizenkeimöl, Nudeln, Hühnerfutter
Roggen	Brot- und Backwaren, Schnaps
Gerste	Brot- und Backwaren, Bier, Viehfutter
Hafer	Brot- und Backwaren, Haferflocken, Müsli, Pferdefutter
Mais	Cornflakes, Erdnussflips, Viehfutter

8 Verwendung der verschiedenen Getreidearten

Inhaltsstoffe von Getreidekörnern Die Getreidekörner sind die Früchte des Getreides. Sie sind von einer harten Schale umgeben. Diese besteht aus der Samenschale und der Fruchtschale, die miteinander verwachsen sind, sowie einer Eiweißschicht. ↑9 Die Schale umgibt den Keimling und einen Mehlkörper. Vor allem der Mehlkörper enthält viel Stärke, ist also reich an Kohlenhydraten. Darüber hinaus enthalten Getreidekörner aber auch Eiweiße, Fette, viele Ballaststoffe, Vitamine und Mineralstoffe. Vollkornprodukte sind aus dem ganzen Getreidekorn hergestellt, das heißt aus dem Keimling, der Schale und dem Mehlkörper. Sie sind daher ein wichtiger Beitrag zur gesunden Ernährung. Im weißen Mehl fehlen die Schalen und damit die für unsere Verdauung wichtigen Ballaststoffe.

7 Mais

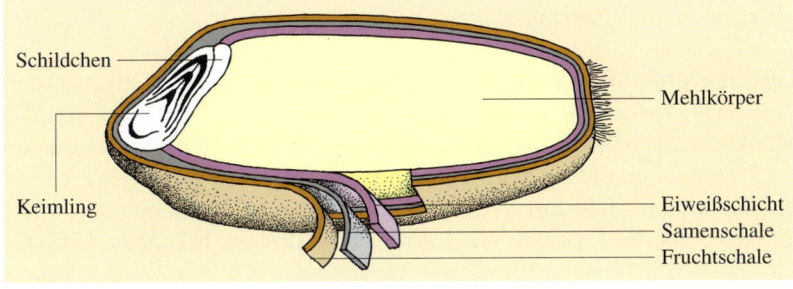

9 Bau eines Getreidekorns

Labels: Schildchen, Keimling, Mehlkörper, Eiweißschicht, Samenschale, Fruchtschale

Schon gewusst?

Sprossen haben's in sich
Wenn Getreidekörner keimen, verändern sich ihre Inhaltsstoffe. Es bilden sich viele Eiweiße, Vitamin B und C. Die Keimlinge, auch Sprossen genannt, kannst du zum Müsli, Gemüse oder Salat essen. Sie stärken deine Abwehrkräfte.

Kurz und knapp Weizen, Roggen, Gerste, Hafer und Mais sind die bei uns am häufigsten angebauten Getreidepflanzen. Produkte aus Getreide sind ein wichtiger Bestandteil unserer Ernährung. Getreidekörner enthalten viel Stärke, aber auch Eiweiße, Fette, Ballaststoffe, Vitamine und Mineralstoffe.

Arbeitsaufträge

1 Beschreibe die Blütenstände von Weizen, Roggen, Gerste und Hafer. ↑3–6 Nenne die wichtigsten Unterscheidungsmerkmale.

2 Finde heraus, ob Weißbrot oder Vollkornbrot länger satt macht. Wie gehst du vor? Versuche das Ergebnis zu erklären.

3 **Keimung von Getreidekörnern**
Legt auf feuchte Wattepads in eine Petrischale jeweils 10 Hafer-, Roggen-, Gerste- und Weizenkörner. Lasst sie eine Woche lang keimen und wachsen. Stellt sie erst am zweiten Tag ins Licht. Spült sie täglich unter fließendem Wasser ab. Notiert eure Beobachtungen.

GRUNDLAGEN: Vom Getreide zum Brot

Variabilität
Bei der Getreidezüchtung nutzten
die ersten Ackerbauern die Tatsache, dass die Pflanzen Unterschiede aufwiesen. So konnten
sie diejenigen auswählen und
weitervermehren, die ihnen besonders geeignet erschienen.
Die Unterschiedlichkeit von Lebewesen derselben Art nennt man
in der Biologie auch Variabilität.
Nicht nur Pflanzen einer Art sehen unterschiedlich aus, sondern
auch Tiere und natürlich wir
Menschen.

Getreideanbau Von den frühen Ackerbauern bis zur modernen Landwirtschaft konnten die Getreideerträge ständig gesteigert werden. ↑1 Unter
Ausnutzung der Variabilität der vorhandenen Getreidesorten wurden neue,
ertragreichere Sorten gezüchtet. Gleichzeitig verbesserten sich die Anbaumethoden. Bodenbearbeitung, Aussaat und Ernte erfolgen heute fast ausschließlich mit Maschinen. Düngemittel verbessern die Mineralstoffver-
sorgung der Pflanzen und mit der Ausbringung von Bioziden werden
Schädlinge bekämpft. So konnte ein Landwirt um 1900 etwa vier Menschen mit Nahrung versorgen, heute sind es über 140.

1 Getreideanbau – früher und heute

Biozide
sind giftige Stoffe zur Bekämp-
fung unerwünschter Lebewesen
in der Landwirtschaft.
Insektizide z. B. richten sich gegen schädliche Insekten, Herbizi-
de gegen Pflanzen und Fungizide
gegen schädliche Pilze.

Getreideverarbeitung Aus Getreide können verschiedene Lebensmittel,
z. B. Brot, hergestellt werden. Zunächst werden die Getreidekörner in
Mühlen gemahlen: Es entsteht Mehl. ↑2,3 Je nach Verwendungszweck
wird dann durch Sieben der Mehlkörper vom Rest des Korns getrennt. So
besteht weißes Mehl fast nur aus dem Mehlkörper. Vollkornmehl enthält
hingegen alle Bestandteile des Korns. Es ist deshalb besonders wertvoll
für unsere Ernährung.
In den Bäckereien wird das Mehl mithilfe von Zusätzen zu Brot verbacken. Die wichtigsten Zusätze sind Wasser und Hefen. Hefen sind kleine
Pilze, die im Brot zur Gärung führen. Beim Gärungsprozess wird die im
Mehl enthaltene Stärke unter anderem zu Kohlenstoffdioxid umgewandelt.
Dieses Gas macht den Teig lockerer; der Teig quillt auf. Nun erst wird das
Brot gebacken. Beim Backen verkleben die Eiweiße im Teig und das Brot
behält seine Form. ↑4

2 Mahlstein aus der Steinzeit   3 Moderne Getreidemühle   4 Bäcker beim Beschicken des Ofens

Zur Diskussion: Konventionelle Landwirtschaft und Biolandbau

Um hohe Erträge zu gewährleisten, müssen Getreidefelder mit Mineralstoffen gedüngt und mit Bioziden behandelt werden. Das kann aber zu einer Belastung des Ackerbodens und des Grundwassers führen. Es können auch Rückstände der Gifte über die Pflanzen in unsere Nahrung gelangen.

Mit verschiedenen Methoden möchte man dieser Gefahr begegnen. So versucht man seit einiger Zeit vermehrt Pflanzensorten zu züchten, die widerstandsfähig gegen Schädlinge und Krankheiten sind. Beim biologischen oder ökologischen Landbau wird auf den Einsatz von Bioziden und Mineraldünger ver-

zichtet. Stattdessen werden Pflanzensorten angebaut, die anspruchsloser und unempfindlicher, dafür aber weniger ertragreich sind.

5 Zeichen für biologisch erzeugte Produkte

6 Ausbringen von Bioziden

Jahr	1500	1800	1900	1950	1970	1990
Tonnen je Hektar	0,5	1,0	2,0	2,6	4,1	6,0

7 Erträge bei Saatweizen in den letzten 500 Jahren

Kurz und knapp Alle heutigen Getreidearten sind Kulturpflanzen. Durch Züchtung, bessere Anbaumethoden sowie den Einsatz von Düngern und Bioziden hat man die Erträge ständig gesteigert. Die Verwendung von Bioziden und Dünger ist aber nicht unproblematisch. Das Getreide wird in Mühlen und z. B. in Bäckereien weiterverarbeitet. Dort wird das Mehl mithilfe von Hefen zu Brot verbacken.

Methode *Infokarten*

Vom Getreidekorn zum Gebäck

Den gesamten Produktionsablauf vom Getreidekorn bis zum fertigen Gebäck könnt ihr mit Infokarten darstellen.

Dazu müsst ihr z. B. Folgendes in Erfahrung bringen:
– Wie erfolgt die Getreideproduktion auf dem Acker?
– Was geschieht mit dem geernteten Getreide?
– Woher bezieht der Bäcker sein Mehl?
– Wie wird Brot gebacken?
– Welche Getreideprodukte gibt es in der Bäckerei?
– Welche Unterschiede bestehen zwischen Weizenprodukten und anderen Getreideerzeugnissen?

Anfertigen einer Infokarte

– Fertige für jeden wichtigen Produktionsschritt eine Infokarte an.
– Notiere auf der Infokarte die wesentlichen Arbeitsabläufe.
– Versuche die Teilschritte durch Bilder oder Skizzen zu veranschaulichen.
Betrachte dazu das Beispiel. ↑8

Vom Rohstoff zum Endprodukt

– Ordne die Infokarten in der Reihenfolge der Arbeitsschritte (vom Rohstoff zum Endprodukt).
– Vergleiche deine Ergebnisse mit denen der anderen.
– Klebe die Karten in dein Heft.

In der Bäckerei

In der Mühle

Die Arbeit des Bauern – Winterweizen
Herbst: Pflügen, Zerkleinern der Erdkrumen mit der Egge, Düngen, Aussaat

Frühjahr: Düngen, Ausbringen von Schädlingsbekämpfungsmitteln
Sommer: Ernte mit dem Mähdrescher
In einem Arbeitsgang wird der Weizen gemäht und gedroschen sowie das Stroh in Ballen gepresst. Einlagern der Ernte und Verkauf, Einkauf von Saatgut

8 Beispiele für Infokarten

Die Kartoffel ist eine „tolle Knolle"

In Thüringen ist ein Mittagessen am Sonntag ohne Klöße kaum vorstellbar. Sicherlich weißt du, dass Klöße aus Kartoffeln hergestellt werden.

Wo stammt die Kartoffel eigentlich her? Welche Nährstoffe sind in ihr enthalten, damit sie als Grundnahrungsmittel so geeignet ist? Und wie werden Klöße hergestellt?

1 Sonntagsbraten mit Klößen und Rotkohl

GRUNDLAGEN: Geschichte der Kartoffel

Als die Kartoffel zu uns kam Die Heimat der Kartoffelpflanze sind die Gebirgsländer Südamerikas. Schon die Vorfahren der Inka pflanzten dort vor etwa 2000 Jahren Kartoffeln an. Durch spanische Seeleute gelangten die Pflanzen Anfang des 16. Jahrhunderts nach Europa. Da die Früchte giftig sind, glaubten die Menschen, alle anderen Teile der Pflanze seien es auch. So blieben die unterirdischen Knollen unbeachtet.

Der preußische König FRIEDRICH DER GROSSE (1712 bis 1786) erkannte die große Bedeutung der Kartoffelknolle als Lebensmittel. Deshalb lud er seine Hofbeamten zum Kartoffelessen ein und überwachte den Kartoffelanbau bei den Bauern. Im Siebenjährigen Krieg (1756 bis 1763) wurde die Kartoffel eine bedeutende Hilfe für die hungernde Bevölkerung. Von da an nahm ihr Anbau auch in unserem Land zu. Heute ist sie ein wichtiges Grundnahrungsmittel sowie ein vielfach verwendeter Rohstoff.

2 Die Früchte der Kartoffel sind giftig.

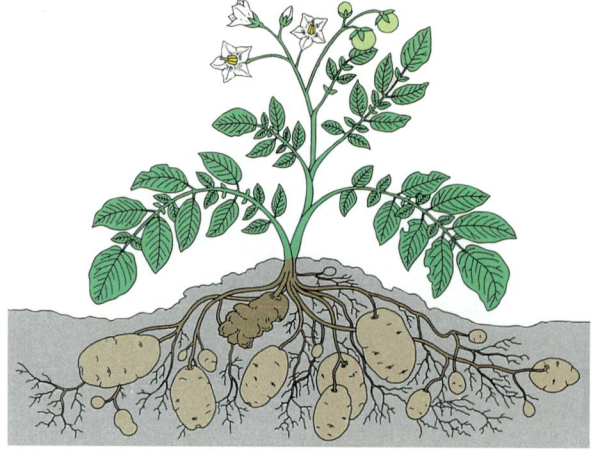

3 Kartoffelpflanze

4 Der „Alte Fritz" kontrolliert den Kartoffelanbau.

GRUNDLAGEN: Nutzpflanze Kartoffel

Merkmale der Kartoffel Die Kartoffel gehört zu unseren wichtigsten Nahrungsmitteln. Sie enthält viele Nährstoffe, vor allem Stärke. ↑5

Die Kartoffelpflanze ist einjährig. Blätter und Stängel der Pflanze sind giftig. Aus den Blüten entwickeln sich grüne, ebenfalls giftige Früchte. ↑2
Nach drei bis vier Monaten sterben alle oberirdischen Teile ab.

Bei der Kartoffelpflanze wächst der sonst grüne Spross unter der Erde weiter. Er bleibt farblos und bildet Ausläufer. Im Frühsommer verdicken sich die Enden dieser Ausläufer und werden zu Sprossknollen, den Kartoffeln.

Die Vertiefungen in der Kartoffelknolle nennt man „Augen". Das sind die Knospen, aus denen neue Triebe wachsen können. ↑6, 7

Die Kartoffel ist nicht nur ein Grundnahrungsmittel, das man z. B. zur Herstellung der Thüringer Klöße verwendet. Sie wird auch in der Industrie vielseitig eingesetzt. ↑8

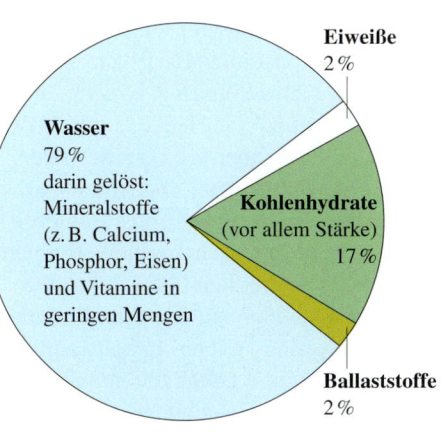

Eiweiße 2 %

Wasser 79 % darin gelöst: Mineralstoffe (z. B. Calcium, Phosphor, Eisen) und Vitamine in geringen Mengen

Kohlenhydrate (vor allem Stärke) 17 %

Ballaststoffe 2 %

5 Nährstoffe in Kartoffeln

6 Knolle

7 Keimende Knolle

Stärke-Industrie	Spiritus-Industrie	Trocknungsindustrie
Kartoffelmehl	Liköre	Kartoffelflocken und -schnitzel
Sago	Essig	Püreepulver
Sirup	Treibstoff	Kartoffelchips
Stärke	Kosmetikerzeugnisse	Pommes frites
Puddingmehl	Brennspiritus	Backhilfsmittel
Textilstärke	diverse chemische Produkte	Kartoffelkloßmehl

8 Die Kartoffel als Rohstoff

Schon gewusst?

Thüringer Klöße

Das Wort „Klöße" kommt aus dem Althochdeutschen und bedeutet so viel wie Kugel, Klumpen oder Knollen.
Ein Rezept für Thüringer Klöße besagt, dass sie zu $2/3$ aus rohen und zu $1/3$ aus zerkochten Kartoffeln hergestellt werden. Vor allem zum Sonntagsbraten werden sie mit Rotkohl oder Sauerkraut serviert.
Regional sind die Rezepte der Kloßherstellung sehr unterschiedlich. Heute werden auch fertige, tiefgefrorene Klöße oder Kloßmasse, die nur noch zu Klößen geformt werden muss, angeboten. Eine bekannte Kloßmanufaktur in Thüringen befindet sich in Heichelheim.

Arbeitsaufträge

1 In der 5. Klasse hast du den Stärkenachweis kennengelernt. Beschreibe ihn.

2 Frage deine Eltern oder Großeltern nach ihrem Kloßrezept und schreibe es auf.

3 Welche Inhaltsstoffe sind in der Kartoffelknolle gespeichert? ↑5

4 Nenne weitere Nutzungsmöglichkeiten der Kartoffel. ↑8

5 Betrachte eine Kartoffelknolle mit der Lupe. Sicherlich wirst du kleine Vertiefungen, die „Augen", erkennen. Was entsteht daraus?

6 Zeichne eine Kartoffelknolle und beschrifte sie.

7 Kartoffeln gehören zur Pflanzenfamilie der Nachtschattengewächse. Nenne weitere Vertreter dieser Familie.

Überblick

Lebensräume

Überall in unserer Umgebung gibt es Lebensräume für Pflanzen und Tiere. Das können z. B. sein: ein alter Baum, eine Hecke, ein Feld oder ein Wald, aber auch ein See oder ein Teich. Jeder Lebensraum ist durch bestimmte Umweltfaktoren wie Bodenbeschaffenheit, Temperatur, Feuchtigkeit und Lichtstärke gekennzeichnet. Die Pflanzen und Tiere sind an ihren Lebensraum angepasst und gehen untereinander vielfältige Beziehungen ein.

1 Die Hecke ist ein Lebensraum.

Nahrungsketten und Nahrungsnetze

Pflanzen und Tiere in einem Lebensraum bilden eine Lebensgemeinschaft. Zwischen ihnen gibt es vielfältige Nahrungsbeziehungen. Diese lassen sich durch Nahrungsketten darstellen. ↑2
Am Anfang jeder Nahrungskette stehen Pflanzen. Diese werden von Pflanzenfressern (z. B. Raupen) vertilgt. Die Pflanzenfresser werden von anderen Tieren gefressen (Fleischfresser), Raupen z. B. von Kohlmeisen. Diese wiederum werden Beute von größeren Fleischfressern (z. B. Sperber). Da die meisten Tiere mehrere Nahrungsquellen haben, überschneiden sich die Nahrungsketten. So entsteht ein vielteiliges Nahrungsnetz.
Die Lebensgemeinschaft und der Lebensraum mit seinen Umweltfaktoren bilden zusammen ein Ökosystem.

Im Wechsel der Jahreszeiten

Alle Lebewesen benötigen zum Leben unter anderem Wasser, Sauerstoff und Mineralstoffe. Pflanzen brauchen neben Wasser vor allem Kohlenstoffdioxid und Sonnenlicht. Aber auch eine bestimmte Umgebungstemperatur ist zur Aufrechterhaltung der Lebensprozesse notwendig. Deshalb gehen im Winter viele Tiere Ruhephasen ein oder schützen sich durch ein dickes Fell. Eichhörnchen halten Winterruhe.

3 Einige Heim- und Nutztiere

Von Zeit zu Zeit wachen sie auf und suchen ihre Vorräte, die im Herbst versteckt wurden. Igel sind Winterschläfer und zehren von ihrer dicken Fettschicht. Alle wechselwarmen Tiere verfallen in Kältestarre. Auch Pflanzen sind auf unterschiedliche Art und Weise an die mit den Jahreszeiten wechselnden Umweltbedingungen angepasst.

Menschen halten Tiere und nutzen Pflanzen

Der Mensch hat einige wild lebende Tiere zunächst durch Zähmung und dann durch Züchtung zu Haustieren gemacht, z. B. Hund, Katze, Rind, Schwein und Pferd. ↑3
Tiere, die wir nutzen, um z. B. Fleisch, Milch, Eier, Leder oder Wolle zu gewinnen, nennt man Nutztiere. Hund, Katze, Meerschweinchen und Wellensittich gehören zu den Heimtieren. Sie wohnen meist gemeinsam mit uns in der Wohnung. Wenn wir sie zu uns aufnehmen, übernehmen wir große Verantwortung. Heim- und Nutztiere haben Anspruch auf eine artgerechte Haltung, bei der so weit wie möglich auf ihre Lebensbedürfnisse Rücksicht genommen werden sollte.
Alle Nutzpflanzen sind aus Wildpflanzen hervorgegangen. Der Mensch nutzt sie für seine Ernährung, als Tierfutter, für medizinische Zwecke oder z. B. zur Herstellung von Biodiesel. Nutzpflanzen sind unter anderem Weizen, Roggen, Hafer, Gerste, Raps, Luzerne, Erbsen und Kohl.

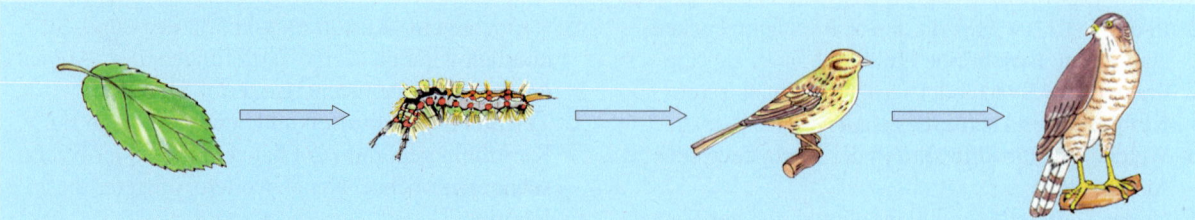

2 Beispiel für eine Nahrungskette

1 Nenne einige Lebensräume für Pflanzen und Tiere in deiner näheren Umgebung.

2 In den jeweiligen Lebensräumen herrschen ganz unterschiedliche Umweltfaktoren.

a Beschreibe die Umweltfaktoren für einen bestimmten Lebensraum.

b Nenne einige Pflanzen und Tiere, die in diesem Lebensraum vorkommen.

c Erläutere, wie die Pflanzen und Tiere an den Lebensraum angepasst sind.

3 Nahrungsbeziehungen können durch Nahrungsketten dargestellt werden. Stelle eine viergliedrige Nahrungskette in einer Hecke bzw. einem Gewässer auf.

4 Erläutere, wie Eichhörnchen, Reh, Igel bzw. Erdkröte den Winter überstehen.

5 Viele Pflanzen und Tiere sind gefährdet oder vom Aussterben bedroht.

a Zähle einige gefährdete Tier- und Pflanzenarten deiner Umgebung auf und nenne Gefährdungsursachen.

b Gib an, was du selbst für den Schutz von Lebensräumen, Pflanzen und Tieren tun kannst.

6 Seit langer Zeit züchtet der Mensch Pflanzen und Tiere. Nenne jeweils vier Nutzpflanzen und Nutztiere. Beschreibe, wofür der Mensch sie nutzt.

2 Nutzung des Rindes

Fleischkonsum je Einwohner in Deutschland 1960–2005				
Jahr	Gesamt	Schwein	Rind	Geflügel
1960	52,8 kg	29,4 kg	19,2 kg	4,2 kg
1970	70,8 kg	38,4 kg	24,0 kg	8,4 kg
1980	83,3 kg	50,2 kg	23,3 kg	9,8 kg
1990	94,6 kg	60,1 kg	22,1 kg	12,4 kg
2000	84,2 kg	54,2 kg	14,0 kg	16,0 kg
2005	84,5 kg	54,5 kg	12,3 kg	17,7 kg

1 Fleischkonsum

7 Betrachte die Tabelle. ↑4

a Werte sie aus.

b Stelle die Angaben in Form eines Säulendiagramms dar.

8 Erläutere mithilfe der Abbildung die vielseitige Nutzung des Rindes. ↑5

9 Vergleiche die Massentierhaltung und die artgerechte Haltung von Schweinen. Wähle geeignete Vergleichskriterien.

10 Du willst ein Aquarium einrichten. Nenne mindestens fünf Kriterien, die du bei der Haltung und Pflege von Warmwasserfischen beachten solltest.

11 Was verstehst du unter einem Regelkreis? Erläutere dies an einem praktischen Beispiel.

12 Anhand ihrer Merkmale kann man die Getreidearten unterscheiden. ↑6 Ordne die Namen den Abbildungen A–E zu: Weizen, Hafer, Gerste, Mais, Roggen.

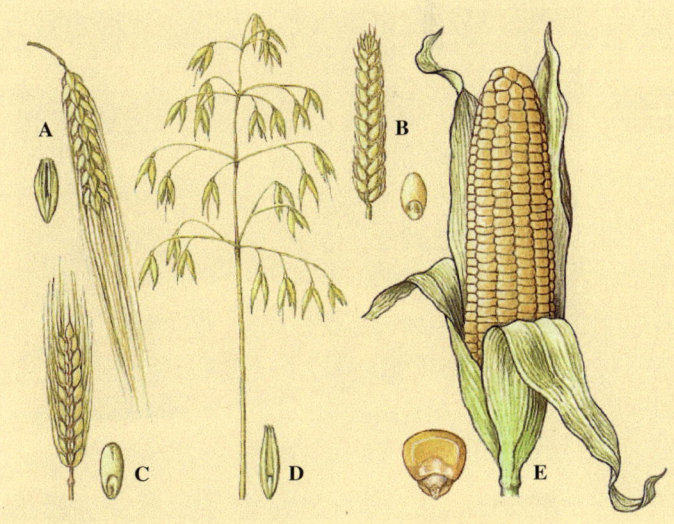

3 Getreidearten

Bionik – Ideen aus der Natur

Die belebte Natur präsentiert sich den Technikern und Ingenieuren als ein riesiger Schatz voller Anregungen. Sie liefert Ideen für technische Produkte, die unseren Alltag erleichtern und bereichern.

1 Wie baut man Gebäude nach dem Vorbild der Natur?
(Schwimmblatt der Riesenseerose und Crystal Palace in London)

2 Wie kann man in einem Auto viel transportieren und trotzdem Benzin sparen?
(Kofferfisch und Bionic Car von Mercedes-Benz)

4 Haben wir bereits alles
von Vögeln gelernt?
(Weißstorch und Flug-
zeug im Flug)

3 Wie baut man ein Schiff, das noch schneller ist?
(Delfinschnauze und Wulstbug eines Schiffes)

5 Was haben Gräser und hohe Türme gemeinsam?
(Bambus und Turm Taipei 101)

Was ist Bionik?

Seit die ersten Menschen auf der Erde leben, haben sie sich an der Natur orientiert und von ihr gelernt. Sie nutzten zunächst wenig veränderte Materialien wie Holz oder Stein als Werkzeuge. So konnten sie ihre Lebensbedingungen verbessern und z. B. besser jagen.
Auch heute lernen wir von der Natur. So hat z. B. OTTO LILIENTHAL (1848 bis 1896) den Flug der Störche beobachtet, erforscht und auf dieser Grundlage seinen ersten Gleitflieger gebaut. ↑1
Vor allem der gewölbten Flügelform kam dabei eine große Bedeutung zu. Später wurde Lilienthals Gleitflieger zum Flugzeug weiterentwickelt.

1 Otto Lilienthal bei Flugversuchen

2 Geräte von LEONARDO DA VINCI

GRUNDLAGEN: **Lernen von der Natur**

Vorbild Natur Menschen, die die Natur sehr aufmerksam beobachten, können oft erstaunliche Dinge bemerken und bewirken. So ist den meisten Menschen LEONARDO DA VINCI (1452 bis 1519) als Maler und Bildhauer bekannt. Er war jedoch auch ein genialer Erfinder und Baumeister. So entwarf er nach Vorbildern in der Natur erste Flugmodelle wie Flugzeuge, die mit Flügeln schlagen, Helikopter und Fallschirme. ↑2
Der Botaniker und Architekt SIR JOSEPH PAXTON baute anlässlich der Weltausstellung 1851 den ersten Glaspalast. Diese neuartige Stahl-Glas-Konstruktion kam ohne tragendes Mauerwerk aus und war sehr materialsparend. Paxtons Vorbild beim Bau war die Riesenseerose. ↑1 S.156
Auch der Stacheldraht, der Klettverschluss, selbstreinigende Fassadenfarben, Kletterroboter, der Eiffelturm oder das zweithöchste Gebäude der Erde (Taipei 101: 508 Meter hoch) sind technische Erfindungen und Entwicklungen, die aus Naturbeobachtungen hervorgegangen sind. Sogar die Wellpappe, das Wellblech oder die Faltstruktur der Sonnensegel der Raumstation ISS sind der Natur abgeschaut.
Manchmal hat der Mensch auch Dinge erfunden, deren Prinzipien in der Natur schon lange vorkamen. So erfand man den Kompass, bevor man wusste, dass sich Tiere wie Wale und Tauben auf ihren Wanderungen an den Erdmagnetpolen orientieren. Und noch heute unübertroffen ist das Frühwarnsystem der Tiere bei herannahenden Naturkatastrophen. Der Australische Feuerkäfer beispielsweise besitzt Infrarotsensoren, mit deren Hilfe er die Wärme eines Feuers über viele Kilometer wahrnimmt. Infrarotsensoren sind auch Bestandteil von Wärmebildkameras.

Bionik Die lebende Natur war schon immer Vorbild für die Lösung technischer Probleme.↑4 Heute versuchen Wissenschaftler und Ingenieure jedoch gezielt, durch Beobachtung und Untersuchung von Lebewesen Lösungen für technische Probleme zu gewinnen. Daraus hat sich ein neuer Wissenschaftszweig entwickelt, die Bionik. Das Wort „Bionik" setzt sich aus den Worten „*Bio*logie" und „Tech*nik*" zusammen.

Die Bionik lässt sich in viele Teilgebiete gliedern, z. B.:
– *die Baubionik:* Sie sucht nach Anregungen in der Natur für den Bau von Gebäuden, deren Klimatisierung und Reinigung usw.
– *die Bewegungsbionik:* Sie erarbeitet Lösungen für bessere, z. B. schnellere oder energiesparendere Fahrzeuge.
– *die Verfahrensbionik:* Sie entwickelt nach dem Vorbild der Natur neue Herstellungsverfahren für Werkstoffe oder Werkstoffrecycling.
– *die Anthropobionik:* Sie versucht, menschliche Organe mit technischen Hilfsmitteln nachzubauen oder Roboter zu entwickeln, die bestimmte menschliche Funktionen haben.↑5

Bionik ist keine Kopie der Natur Die Natur kann jedoch nicht einfach kopiert werden. Vielmehr versucht man, bestimmte Prinzipien zu erforschen und diese mit technischen Möglichkeiten umzusetzen.

So hat sich z. B. herausgestellt, dass Schlagflügel, wie sie bei Vögeln vorkommen, für Flugzeuge nicht geeignet sind. Was man aber z. B. entwickeln konnte, waren treibstoffsparende Winglets nach dem Vorbild der Flügelenden bei Vögeln. Große Luftwirbel an den Flügelenden von Flugzeugen bremsen nämlich und erhöhen so den Treibstoffbedarf. Viele Vögel vermeiden solche Luftwirbel, indem sie ihre Flügelenden auseinanderspreizen. Bei Flugzeugen kann man mit fächerförmigen Kanten an den Flügelenden, den Winglets, eine ähnliche Wirkung erzielen.↑3

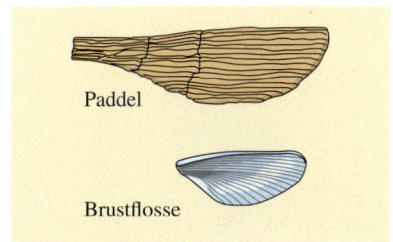

4 Steinzeitliches Paddel und Vorbild Fischflosse

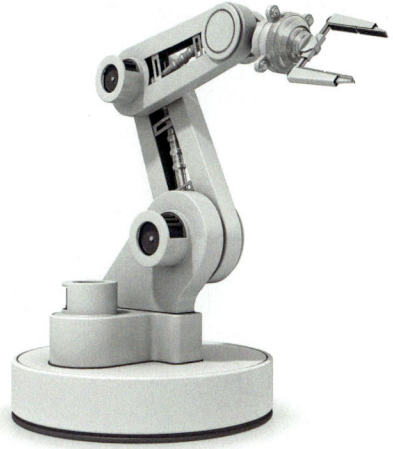

5 Robotergreifarm

3 Roter Milan und Flugzeug mit Winglets

Kurz und knapp **Die Bionik ist ein Wissenschaftszweig, der versucht, Lösungen und Anregungen aus der lebenden Natur auf technische Probleme zu übertragen. Dabei wird die Natur nicht einfach kopiert, sondern das von der Natur erfundene Prinzip genutzt.**

6 Eiffelturm

Arbeitsaufträge

1 Suche nach Beispielen zur Bionik im Internet, in Zeitungen oder in deiner Umgebung.

2 Diskutiert an einem Beispiel die Aussage: „In der Bionik wird die Natur nachgebaut."

EXKURS: **Zwischen Teilchen bestehen Anziehungskräfte**

Hast du im Schwimmbad schon einmal einen „Bauchklatscher" gemacht? Dann weißt du: Das kann sehr wehtun. Nimmst du dagegen Wasser in die Hand, fließt es weich durch deine Finger.
Wie sind diese widersprüchlichen Eigenschaften zu erklären?

Anziehungskräfte zwischen den Wasserteilchen Wie du weißt, bestehen alle Stoffe, also auch Wasser, aus Teilchen. Die Wasserteilchen können sich bewegen, d. h., sie sind gegeneinander verschiebbar. Zwischen ihnen herrschen aber auch Anziehungskräfte. Diese Anziehungskräfte sind so groß, dass sich am Wasserhahn Wassertropfen bilden können. ↑3,4
Die Anziehungskräfte der Teilchen an der Wasseroberfläche bezeichnet man als Oberflächenspannung. Taucht ein Körper in Wasser ein, muss er diese Oberflächenspannung überwinden. Hat ein Körper eine große Oberfläche, muss er folglich die Anziehungskräfte vieler Wasserteilchen überwinden. Deshalb tut es weh, wenn du mit dem Bauch statt mit dem Kopf voran auf der Wasseroberfläche aufkommst.
Die Oberflächenspannung ist z. B. auch die Ursache dafür, dass einige Insekten über das Wasser laufen können oder eine Rasierklinge auf Wasser schwimmt. ↑4 S. 115

1 Gekonnt mit dem Kopf voran!

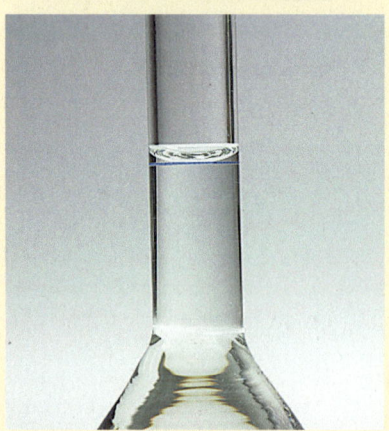

2 Wasser steigt am Glasrand auf.

3 Hängender Wassertropfen am Wasserhahn

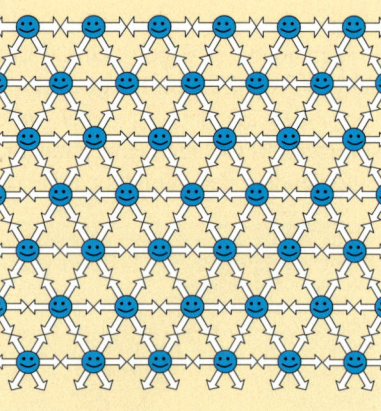

4 Modellvorstellung zu den Anziehungskräften zwischen Wasserteilchen

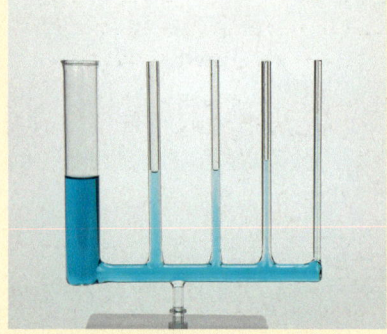

5 Experimentelle Darstellung der Kapillarität in verbundenen Gefäßen

Anziehungskräfte zwischen Teilchen verschiedener Stoffe Nicht nur die Wasserteilchen ziehen einander an. Zu den Teilchen anderer Stoffe, z. B. Luft oder Glas, bestehen ebenfalls Anziehungskräfte.
Sind die Anziehungskräfte zwischen den Wasserteilchen größer als zu den Teilchen anderer Stoffe der Umgebung, bildet Wasser Tropfen. In einem Glasgefäß aber sind die Anziehungskräfte zwischen Glas- und Wasserteilchen größer. Wasser steigt am Glasrand auf. Das kann beim Ablesen in einem Messzylinder zu Ablesefehlern führen. Man liest deshalb immer am unteren Wasserspiegel ab. ↑2
Sowohl die Anziehungskräfte zwischen den Wasserteilchen als auch die Anziehungskräfte zwischen Wasserteilchen und anderen Teilchen sind die Ursache dafür, dass Wasser in engen Röhren oder Hohlräumen aufsteigt. ↑5
Diese Erscheinung bezeichnet man als Kapillarität.

Exkurs

Beobachten Untersuchen **Experimentieren**

1 Kann Wasser klettern?

a Fülle ein flaches Glasgefäß ca. 2 cm hoch mit Wasser, das mit Lebensmittelfarbe gefärbt wurde. Stelle jetzt zwei Glasscheiben senkrecht und parallel zueinander in das Gefäß. Führe die beiden Scheiben am unteren Ende im spitzen Winkel zusammen und klemme am oberen Ende ein Streichholz längs zwischen die Scheiben. ↑6
Beschreibe deine Beobachtungen.

b Was passiert, wenn du den Winkel der Scheiben zueinander veränderst?

c Gib nun einen Tropfen Spülmittel hinzu. Was ist jetzt zu beobachten?

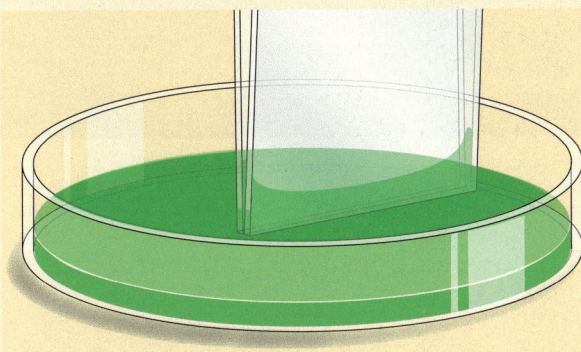

6 Kannst du das auch beobachten?

2 Können Wachs und Öl schwimmen?

a Gib in ein mit Wasser gefülltes Glas einige Tropfen Wachs einer brennenden Kerze.
Beobachte.

b Entferne das Wachs und gib einige Tropfen Öl in das Wasserglas. Füge anschließend einen Tropfen Spülmittel hinzu.
Beschreibe deine Beobachtungen.

3 Die schwimmende Rasierklinge

a Versuche mit einer Pinzette eine Rasierklinge (aus Metall) auf einer Wasseroberfläche abzulegen. Mit etwas Geduld kann das gelingen. Halte die Rasierklinge so, dass sie das eine Mal senkrecht und das andere Mal waagerecht auf die Wasseroberfläche auftrifft. ↑7
Was kannst du beobachten?

b Reibe die Rasierklinge von beiden Seiten mit etwas Spülmittel ein und lege sie wieder waagerecht auf das Wasser.
Beobachte eine Weile. Suche nach Erklärungen für deine Beobachtungen.

4 Der bestechliche Korken

a Fülle ein Wasserglas randvoll mit Wasser, das mit Lebensmittelfarbe gefärbt wurde. Schneide von einem Korken eine Scheibe von ca. 3 mm Dicke ab und lege sie genau in der Mitte des Glases auf der Wasseroberfläche ab.
Beobachte eine Weile.
Schaffst du es, den Korken genau in der Mitte zu halten, ohne ihn mit einem Gegenstand oder den Fingern zu berühren?
Betrachte das Wasserglas ganz genau von der Seite.

b Jetzt sollst du den Korken bestechen! ↑8 Gib nach und nach und sehr vorsichtig an der dem Korken abgewandten Glasseite mehrere Münzen in das Wasser. Vermeide jede Erschütterung!
Was beobachtest du?
Betrachte das Wasserglas noch einmal von der Seite. Versuche nun deine Beobachtungen zu erklären.

7 Schwimmt die Rasierklinge?

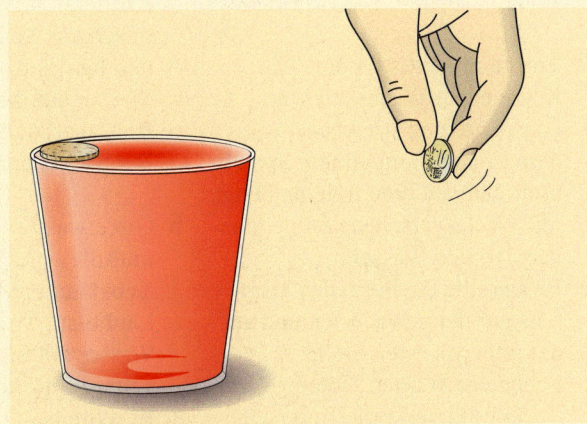

8 Was passiert?

Der Lotus-Effekt*

Die Lotuspflanze kommt hauptsächlich in Asien vor. Sie wächst dort in Sümpfen und wird von den Menschen seit über 2 000 Jahren als Symbol der Reinheit verehrt. Obwohl ihre Blätter aus dem schlammigen Sumpf wachsen und sich entfalten, haftet an ihnen kein Schmutz. Selbst Klebstoff und Honig perlen von den Blättern ab.

1 Indische Lotusblume

* Der Begriff Lotus-Effekt® ist markenrechtlich geschützt. Er wird hier zur Beschreibung selbstreinigender, Wasser abweisender Oberflächen verwendet.

Beobachten Untersuchen Experimentieren

1 Oberflächen können hydrophil oder hydrophob sein. Das Wort „hydrophil" bedeutet Wasser liebend, das Wort „hydrophob" Wasser abweisend.
Gib je einen Tropfen Wasser auf eine Kopierfolie, einen Buchumschlag, auf Schreibpapier, Filterpapier und Holz.
Beobachte. Welche Oberflächen sind hydrophil bzw. hydrophob?

2 Tropfe mit einer brennenden Kerze etwas Wachs auf eine Glasplatte und streiche es vor dem Erstarren mit einem Spatel breit. Gib auf eine freie und eine mit Wachs versehene Stelle je einen Tropfen Wasser.
a Beschreibe die Form des Tropfens auf der gewachsten und auf der ungewachsten Stelle.
b Schnee ist Wasser. Überlege, warum Skifahrer die Unterseite ihrer Skier wachsen.

3 Besorge dir Laubblätter der folgenden Pflanzen: Kohlrabi, Gartenkresse, Buntnessel und Zimmerlinde. Gib jeweils einige Tropfen Wasser auf die Blätter. Ordne die Blätter nach hydrophiler bzw. hydrophober Oberfläche.

4 Bestreiche ein hydrophobes Laubblatt mit einem 1:1-Gemisch aus Spülmittel und Wasser und lass es trocknen. Tropfe nun Wasser auf die so behandelte Blattoberfläche.
Beobachte und beschreibe.

5 Gib etwas Kakaopulver (z. B. mithilfe eines feinen Küchensiebs) auf ein hydrophobes Laubblatt. Tropfe jetzt etwas Wasser auf die Blattfläche und halte das Blatt schräg.
a Beschreibe deine Beobachtungen.

b Wiederhole den Versuch mit einem hydrophilen Laubblatt. Beschreibe.

6 Besorge dir aus dem Baumarkt eine Oberflächenvergütung für Autoscheiben oder Duschabtrennungen.
a Beschichte eine saubere, vorher gereinigte Scheibe zur Hälfte mit dieser Substanz. Tropfe dann Wasser auf die beschichtete und die unbeschichtete Hälfte. Halte die Scheibe schräg oder richte den Luftstrahl eines Föhns schräg auf die Oberfläche. Beschreibe deine Beobachtungen.
b Wiederhole den Versuch mit etwas Kakaopulver auf der Scheibe. Beschreibe.
c In welche Richtung fließt das Regenwasser bei einem schnell fahrenden Auto mit einer derart beschichteten Scheibe?

GRUNDLAGEN: Lotus-Effekt – Reinigung von Oberflächen

Hydrophob und hydrophil Gibt man Wasser auf glatte Flächen, z.B. auf eine Folie, bildet es fast kugelrunde Tropfen. Auf unbehandeltem Holz oder manchen Papiersorten hingegen verläuft es zu einem flachen Fleck. Das liegt an der Anziehungskraft der Teilchen. ↑S. 160/161
Entweder ziehen die Wasserteilchen einander stärker an. Die Anziehung zwischen den Wasserteilchen und den Teilchen anderer Stoffe (z.B. der Folie) ist viel schwächer. Diese Stoffe sind Wasser abweisend oder hydrophob. Oder die Anziehung zwischen den Wasserteilchen und den Teilchen anderer Stoffe (z.B. von Holz) ist größer als die Anziehung zwischen den Wasserteilchen. Diese Wasser liebenden Stoffe bezeichnet man als hydrophil.

Der Selbstreinigungseffekt Dass die Blätter der Lotuspflanze stets sauber sind, wird verständlich, wenn man ihre Oberfläche vergrößert betrachtet. Die ganze Blattfläche ist mit kleinen Wachskristallen überzogen. Diese sind Wasser abweisend (hydrophob). Das Wasser bildet kugelförmige Tropfen.
Außerdem ist die Blattoberfläche so gestaltet, dass die Zellen kleine Hügel oder Noppen bilden, die sehr dicht beieinanderstehen. ↑3 So berühren Regentropfen oder Schmutzpartikel die Blattoberfläche nur an den Noppenspitzen. Ihre Haftung ist dadurch sehr gering. Hält man das Blatt schräg, rollen die Wassertropfen scheinbar reibungslos vom Blatt ab. Auch Schmutzteilchen haften stärker an den Wassertropfen als am Blatt und werden so von den Wassertropfen mitgenommen. ↑4,5 Das Blatt reinigt sich bei jedem Regen selbst. Diese Art der Reinigung wird als Lotus-Effekt bezeichnet.

Bedeutung und Anwendung des Lotus-Effekts Schmutzteilchen auf den Laubblättern können die Sonneneinstrahlung und damit die Fotosynthese behindern oder zu einer stärkeren Erhitzung der Blätter führen. Eine große Gefahr geht auch von Bakterien, Pilzen oder Algen aus. Sie besiedeln das Blatt und schädigen es. Durch den Lotus-Effekt wird dies verhindert.
Aber auch in der Technik müssen Oberflächen vor Verschmutzung geschützt werden. So hat man z.B. selbstreinigende Fassadenfarbe mit Lotus-Effekt entwickelt. Autoscheiben werden mit einer Substanz beschichtet, die ein Verschmutzen erschwert und den Regen ohne Benutzung der Scheibenwischer abperlen lässt.

2 Selbstreinigung bei Regen

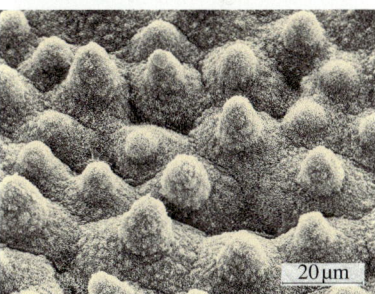

3 Oberseite eines Lotusblattes mit Noppen und Wachskristallen (REM-Bild)

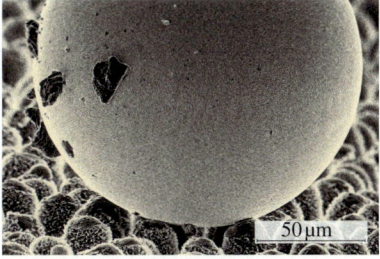

4 Schmutzteilchen an einem Wassertropfen

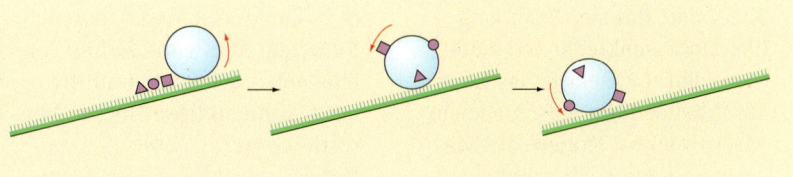

5 Lotus-Effekt: Ein Wassertropfen nimmt beim Abrollen die lose auf dem Blatt liegenden Schmutzteilchen auf.

Kletten, Haften, Kleben

Immer wieder ärgerte sich der Schweizer Ingenieur GEORGES DE MESTRAL nach Jagdausflügen, dass im Fell seines Hundes unzählige Klettfrüchte hafteten.

Unter dem Mikroskop stellte er fest, dass die Klettfrüchte biegsame Widerhaken bilden. Diese verhaken sich in Haaren oder Kleidern und lassen sich, ohne abzubrechen, wieder lösen. Mit Kunststofffasern baute er das Prinzip nach und erhielt 1951 das Patent für den Klettverschluss. ↑1, 2

Heute sind Klettverschlüsse weit verbreitet. Auch andere Mittel zum Kleben und Haften hat sich der Mensch von der Natur abgeschaut.

1 Klettfrucht

2 Klettverschluss

Beobachten Untersuchen *Experimentieren*

Haft- und Abzugskraft

Will man zwei miteinander verbundene Körper trennen, so kann man die Kräfte parallel oder nicht parallel zueinander wirken lassen. Die dafür nötigen Kräfte heißen Haftkraft bzw. Abzugskraft. ↑3

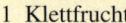

3 Unterschied zwischen Haftkraft (links, Mitte) und Abzugskraft (rechts)

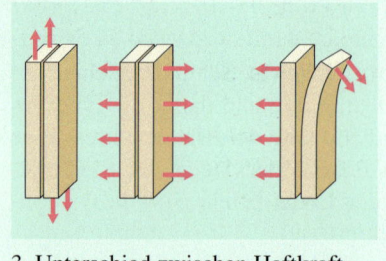

4 Versuch zur Ermittlung der Haftkraft

1 Haft- und Abzugskraft eines Klettbandes

a Ermittle die Haftkraft eines Klettbandes.
Hänge dazu ein ca. 6 cm langes Klettband, das sich 5 cm lang überlappt, senkrecht an einem Stativ auf. ↑4 Belaste das Band anschließend mit verschiedenen Massestücken. Notiere die Masse, die gerade noch gehalten wird.

b Ermittle die Abzugskraft eines Klettbandes.
Baue die Versuchsanordnung nach. ↑5 Klebe auf die Unterseite des Winkels ebenfalls ein ca. 6 cm langes Klettband, das sich 5 cm lang überlappt. Bringe am überstehenden Ende mithilfe eines Gardinenklipses kleine Massestücke an.
Bei welcher Masse öffnet sich das Klettband?

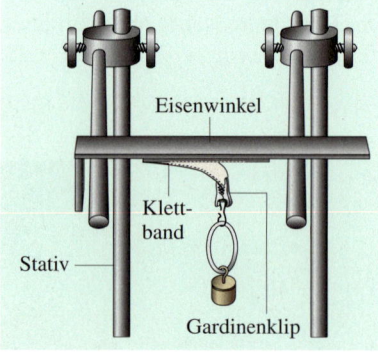

5 Versuch zur Ermittlung der Abzugskraft

c Vergleiche deine Ergebnisse von Aufgabe a und b: Was kannst du aus diesem Versuch über das Öffnen eines Klettbandes lernen?

2 Klebestreifen als Gecko-Modell

Welche Kräfte nutzt der Gecko beim Laufen an der Decke bzw. an der Wand? Das kannst du mithilfe von Klebestreifen als Modell selbst herausfinden.

a Ermittle die maximale Haftkraft eines Klebestreifens
Verwende einen ca. 3 cm langen Klebestreifen. Klebe die Enden des Streifens so zusammen, dass ein 1 cm langes, klebendes Ende übrig bleibt. Befestige es senkrecht an einer glatten Fläche (z. B. stabiles Lineal). Hänge nun am freien unteren Ende mithilfe eines Gardinenklipses Massestücke an. Welche Masse wird gerade noch gehalten?

b Ermittle die Abzugskraft eines Klebestreifens.
Befestige dazu denselben Klebestreifen wie bei Aufgabe a auf der Unterseite einer glatten, waagerechten Fläche. Belaste das freie Ende mit Massestücken zunehmender Masse.

c Überlege: Welche Kraft hält den Gecko an der Wand? Wie muss der Gecko vorgehen, um seinen Fuß vom Untergrund zu lösen?

GRUNDLAGEN: Von Haaren und Saugnäpfen

Kopfüber an der Decke laufen Fliegen und Spinnen können an der Decke laufen. Aber auch Tiere, die viel schwerer sind, z. B. Geckos, können das. Ihr Geheimnis wird unter dem Elektronenmikroskop sichtbar. ↑7
Die verbreiterten Zehen eines Geckos sind mit Millionen feinster und biegsamer Härchen bedeckt. An den Enden dieser Härchen sind kleine Haftlappen erkennbar, die sich eng an den Untergrund anschmiegen. Je größer und schwerer das Tier ist, umso feiner sind die Härchen und umso größer ihre Anzahl. Wie aber kann man mit Haaren an der Wand kleben? Zwischen den Teilchen gibt es Anziehungskräfte. ↑S. 160/161 Diese sind umso größer, je näher sich die Teilchen sind. Damit der Gecko an der Decke laufen kann, müssen sich sehr viele Teilchen sehr nahe kommen. Das wird durch die vielen Haare und Haftlappen erreicht. Durch sie entsteht letztlich eine Kraft, die ausreicht, einen Gecko an der Wand zu halten.
Um seinen Fuß von der Wand zu lösen, rollt der Gecko die Zehen seitlich hoch. So werden nach und nach immer nur wenige Härchen vom Untergrund gelöst, bis letztlich der ganze Fuß gelöst ist. Das ist mit dem Ablösen eines Klebestreifens vergleichbar.

6 Geckos können an Decken laufen.

Rutschsicher durch Saugnäpfe Der Gemeine Krake ist ein räuberisch lebendes Meerestier. Mithilfe der Saugnäpfe an seinen acht Armen erzeugt er einen großen Unterdruck. Dieser saugt die Beutetiere an und hält sie fest. Auch Saugnäpfe z. B. an Haken arbeiten nach diesem Prinzip. ↑9

7 Zehen eines Geckos mit Haaren und Haftlappen

8 Roboterfuß: dem Geckofuß nachempfunden

9 Saugnäpfe: Vorbild und technische Anwendung

Leicht, aber stabil

Die Blätter einer Palme am Strand sind häufig sehr groß und sehr dünn. Sie widerstehen starken Stürmen, ohne zerstört zu werden. Auch Grashalme sind lang und dünn. Sie sind sehr biegsam, brechen aber nicht im Wind. Bambus – das größte Gras unserer Erde – wird sogar benutzt, um Baugerüste für Hochhäuser zu erstellen. Er ist stabiler und gleichzeitig leichter als Holz oder Stahl gleicher Stärke. ↑1,2

Bei der Umsetzung des Prinzips „leicht, aber stabil" hat die Natur verschiedene Möglichkeiten „erfunden". Diese nutzt man in der Technik.

1   Gräser halten großen Belastungen stand.

GRUNDLAGEN: Minimaler Materialaufwand bei maximaler Stabilität

In der Natur gibt es sehr viele Beispiele für die Umsetzung des Prinzips „leicht, aber stabil". Die Lebewesen haben davon einen deutlichen Vorteil: Sie verbrauchen weniger Material und damit Energie – etwas, was auch die Technik anstrebt.

Falten, Wellen, Rippen Schaust du dir ein Palmblatt genauer an, so kannst du Faltungen erkennen. Durch das Faltprinzip werden die Blätter widerstandsfähiger gegen Belastungen wie z. B. Wind oder heftigen Regen. Durch Falten wird gewissermaßen das Bauteil verdickt, ohne dass mehr Material verwendet werden muss. ↑2

Das trifft auch auf wellige Strukturen oder Rippen zu. So sind die Gehäuse von Muscheln dünn und dadurch leicht, bieten aber dem Tier besten Schutz. Auf ihnen kannst du Rippen erkennen. ↑3

2   Palmblatt mit Faltungen

3   Gehäuse einer Herzmuschel

4   Wellpappe – der Natur abgeschaut

Schichtenaufbau Wird ein Bambushalm vom Wind gebogen, muss sich das Gewebe auf der einen Seite dehnen, während es auf der anderen Seite gestaucht wird. Bambus muss diesen verschiedenen Belastungen (Zug- bzw. Druckbelastungen) standhalten. Wie macht er das?

Schaust du dir einen Bambushalm im Querschnitt an, kannst du den Aufbau des Halms aus mehreren Schichten gut erkennen. ↑7 Wie alle Gräser sind Bambushalme innen hohl und dadurch besonders leicht und materialsparend. Zwischen Hohlraum und Außenschicht befindet sich eine weitere Schicht mit Festigungsgewebe. Dieses ist in Längsrichtung von Fasern durchzogen, die den Bambus so stabil machen. Zur Halmaußenseite steigt der Anteil an Festigungsgewebe. Dadurch ist Bambus außen hart und innen weich – im Gegensatz zu Bäumen. So hält Bambus sowohl Zug- als auch Druckbelastungen besonders gut stand.

Das Prinzip des Schichtenaufbaus hat man auf technische Produkte übertragen. Möbelplatten aus Sperrholz oder Verbundplatten sind Beispiele dafür. Auch Ski sind nach dem Schichtenprinzip aufgebaut. ↑6

5 Das ist durch Verstärkung möglich.

6 Möbelplatten aus Sperrholz

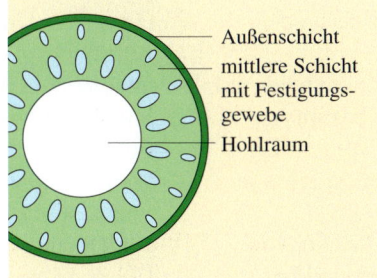

Außenschicht
mittlere Schicht mit Festigungsgewebe
Hohlraum

7 Bambushalm im Querschnitt

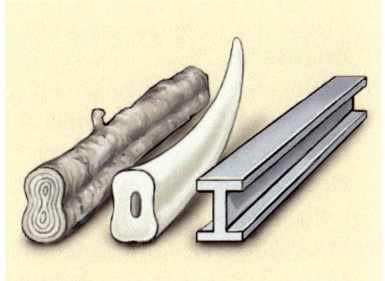

8 Ast, Hauer und Doppel-T-Träger im Querschnitt

Verstärkungsprinzip Durch den Schichtenaufbau sind Halme sehr stabil. Die Stabilität nimmt jedoch mit zunehmender Länge ab. Bei starken Belastungen verformt sich der Halm und wird in der Mitte flacher. An besonders belasteten Stellen würde er brechen. Deshalb befinden sich an diesen Stellen zusätzliche Verdickungen, die Knoten. Sie verhindern die Verformung und damit das Brechen des Halmes unter Belastung. Dieses Prinzip spielt auch beim Bau hoher Gebäude eine Rolle. ↑5 S. 157

Das Verstärkungsprinzip findet man auch an Astgabeln von Bäumen. Da die gesamte Last eines Astes an der Gabelung getragen wird, ist hier zusätzliches Material angelagert. Die Astgabel ist verstärkt. ↑5

Auch die Äste selbst sind nach diesem Prinzip aufgebaut. Sie zeigen im Querschnitt häufig die Form einer „8". Durch den Wind werden die Äste auf und nieder bewegt und sind dadurch starken Belastungen ausgesetzt. Besonders stark werden die Äste auf der Ober- bzw. Unterseite belastet. Zur Mitte der Äste hin nehmen die Belastungen ab. Hier ist daher weniger Material nötig. Auch die Eckzähne von Wildschweinen oder Warzenschweinen (Hauer) sind im Querschnitt wie eine „8" aufgebaut. Bauteile wie T- bzw. Doppel-T-Träger sind diesem Aufbau nachempfunden. ↑8

Bäume können in nassen Böden keine tief reichenden Wurzeln bilden. Deshalb haben viele Bäume im tropischen Regenwald weit ausladende Brettwurzeln entwickelt, die ihre Stabilität erhöhen. Auch hier ist das Verstärkungsprinzip sichtbar. In der Technik findet es Anwendung beim Bau von hohen Türmen. ↑9

9 Fernsehturm auf dem Brocken und Brettwurzeln eines Urwaldriesen

Beobachten Untersuchen **Experimentieren**

1 Sprossachsen verschiedener Pflanzen

a Sammle Halme verschiedener Gräser (z. B. Weizen, Roggen, Bambus) und Sprossachsen weiterer Pflanzen (z. B. Sumpfsegge, Wiesenkerbel oder Schilfrohr). Schneide sie längs und quer auf. Skizziere und beschreibe ihren Bau.

b Betrachte den Querschnitt eines Grashalmes (z. B. Schilfrohr) mit der Lupe oder dem Mikroskop. Was kannst du erkennen?

2 Die Bedeutung der Knoten

a Biege einen sehr langen Trinkhalm vorsichtig, bis er bricht. (Als Ersatz können auch drei normale Trinkhalme am Ende erwärmt und ineinandergesteckt werden.)
Beobachte die Verformung des Materials an der Bruchstelle.

b Nimm zwei sehr lange Trinkhalme. Kürze beide auf 45 cm. Umklebe einen Trinkhalm jeweils im Abstand von 5 cm mit drei Lagen Klebestreifen. Umklebe den anderen Trinkhalm mit Klebestreifen jeweils im Abstand von 1 cm.
Stecke die Enden der Trinkhalme im Winkel von 45° ca. 3 cm tief in vorgebohrte Löcher und belaste die freien Enden mit Gegenständen gleicher Masse. ↑1
Ermittle die Abweichung der Trinkhalme bei gleicher Belastung. Welcher Trinkhalm hält größeren Belastungen stand?
Überlege, warum das so ist.

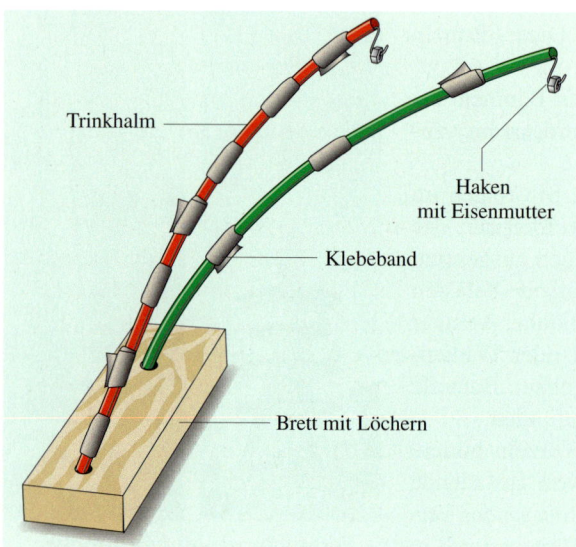

Trinkhalm

Haken mit Eisenmutter

Klebeband

Brett mit Löchern

1 Versuchsaufbau

3 Die Bedeutung der Falten und ihrer Anzahl

a Vergleiche die Tragfähigkeit von Faltenpapier und ungefaltetem Papier.
So stellst du das Faltenpapier her:
Nimm 4 DIN-A4-Blätter zur Hand. Unterteile jedes Blatt mithilfe von Lineal und Bleistift längs in Streifen unterschiedlicher Breite:

Blatt A: 7 cm   Blatt B: 4,2 cm
Blatt C: 2,1 cm   Blatt D: 1,6 cm

Wenn du an den Linien faltest, erhältst du Blätter mit 2, 4, 9 bzw. 12 Falten.
Lege diese Blätter über zwei Holzklötze und quer darüber ein Brett. ↑2
Ermittle nun für jedes Blatt die maximale Tragfähigkeit. Stelle dazu Massestücke auf das Brett (oder ein großes Uhrglas und füge Eisenspäne o. Ä. als Belastungsmaterial hinzu). Gehe ebenso mit einem ungefalteten Blatt Papier vor. Was stellst du fest?

b Stelle die Ergebnisse deines Belastungstests in Form eines Säulendiagramms dar.

c Wenn das Faltenpapier seine Belastungsgrenze erreicht, strecken sich die Falten und gleiten auseinander. Dadurch nimmt die maximale Tragfähigkeit ab. Überlege, wie du das Strecken der Falten an der Belastungsgrenze verhindern könntest.

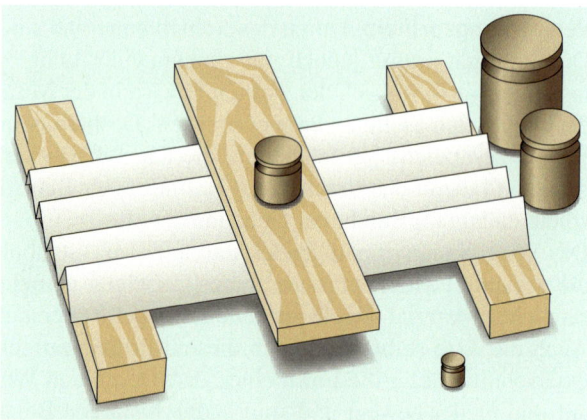

2 Wie stabil ist Faltenpapier?

4 Experimente mit Wellpappe

a Stelle aus Wellpappe 2 Karten von einer Kantenlänge 10 cm · 10 cm her. Führe mit ihnen Belastungstests durch, indem du sie quer bzw. längs über zwei Holzklötze legst. ↑3

b Versuche jetzt, durch Aufkleben von Papierschichten die Belastbarkeit der Karten zu erhöhen. Wie gehst du vor?

5 Wer baut den höchsten und stabilsten Turm?

Du sollst einen möglichst hohen Turm aus Papier bauen. Dieser soll auf einem eigenen Fundament (ebenfalls aus Papier) möglichst stabil stehen. Der Turm soll auch bei Wind (bzw. eingeschaltetem Föhn aus ca. 1–1,5 m Entfernung) nicht umfallen.
Dir stehen zur Verfügung: 5 Blatt Zeichenkarton (DIN A4), Schere, Lineal, Bleistift und Kleber.

6 Auf die Bauweise kommt es an!

a Stelle verschiedene Papierröhren her:
Schneide 1 DIN-A4-Blatt der Länge nach durch und klebe die beiden Hälften zu Röhren mit ca. 3 cm Durchmesser zusammen.
Schneide 1 DIN-A4-Blatt quer durch. Die eine Hälfte wird in 6 Streifen von jeweils 2,5 cm Breite zerschnitten. Klebe aus den 6 Streifen 6 kleine Ringe von ca. 3 cm Durchmesser.

b Führe folgende Belastungstests durch:
A: Lege die langen Röhren nebeneinander unter eine Glasplatte. Teste, welche Last sie tragen können, ohne sich zu verformen. ↑4
B: Stelle die 6 Ringe nebeneinander und lege eine Glasplatte darauf. Prüfe die Belastbarkeit der Ringe. ↑4
C: Prüfe jetzt die Belastbarkeit eines Ringes.

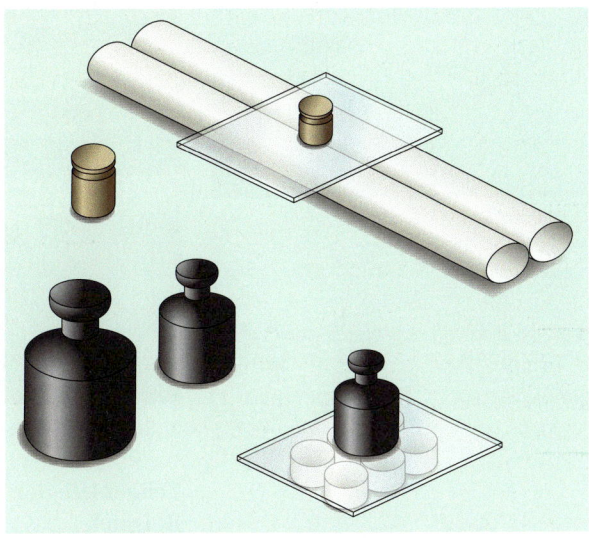

4 Versuchsdurchführung

c Du sollst eine belastbare, aber leichte Tischplatte von 10 cm · 20 cm Größe aus Papier herstellen. Welches Bauprinzip würdest du benutzen?
Stelle die Platte her, ermittle ihr Gewicht und führe Belastungstests durch.
Als Material stehen dir zur Verfügung: 5 Blatt Papier, Kleber, Bleistift, Lineal und Schere.

7 Projekt: Wer baut den stabilsten Stuhl?

Baut aus Wellpappe einen Stuhl oder Hocker von ca. 40 cm Höhe (Sitzfläche).
Schaut euch den Aufbau eines Stuhls oder Hockers genau an. Überlegt, wie ihr einen Stuhl (Hocker) bauen könnt, der einen Schüler trägt.
Als Material stehen euch zur Verfügung: 3 große Kartons aus Wellpappe, Lineal, Bleistift, Kleber, Schere oder Cutter.

8 Projekt: Wir bauen eine Nudelbrücke.

Material je Gruppe (3–5 Schüler): 1 Packung Makkaroni (500 g), 1 Heißklebepistole (vom Kunstlehrer), 2 Meter lange Schnur, 2 Holzklötze
Schaut euch verschiedene Brücken an. Alle sind nach dem Leichtbauprinzip (minimaler Materialaufwand bei maximaler Stabilität) gebaut.
Baut eine Brücke aus Makkaroni, die mindestens 5 cm breit ist, mindestens 40 cm überspannt und eine Tragfähigkeit von mindestens 200 g besitzt.
Sieger ist die Gruppe mit der Brücke größter Tragfähigkeit.

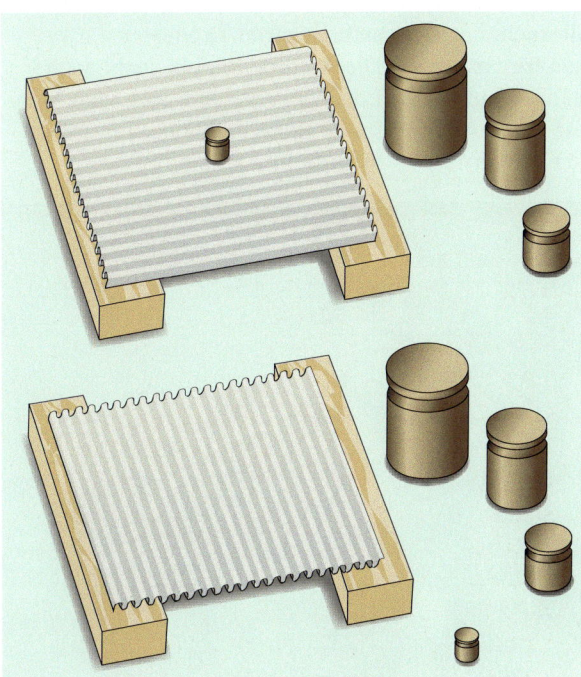

3 unterschiedliche Belastbarkeit von Wellpappe

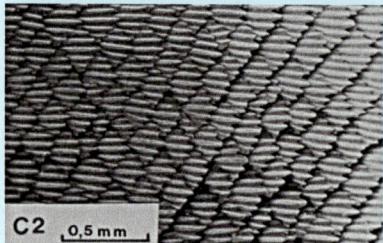

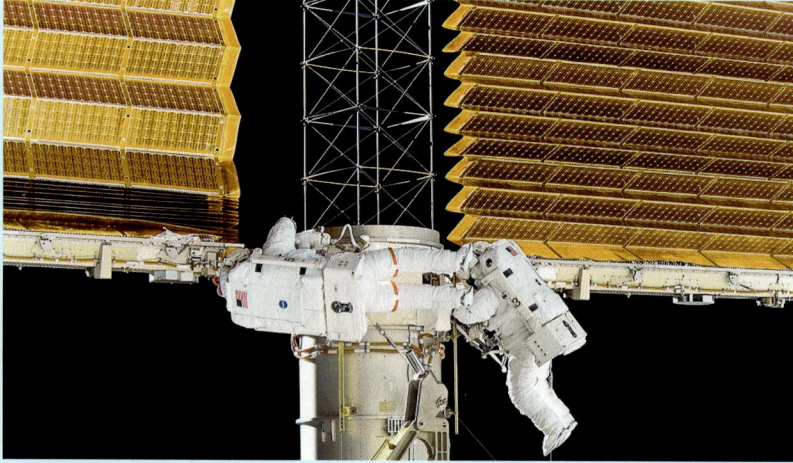

2 Sonnensegel der Raumstation ISS

1 Flugzeug mit „Haihaut"

Bionik

Die Bionik ist ein Wissenschaftszweig, der versucht, durch Beobachtung und Untersuchung von Lebewesen Lösungen für technische
Probleme zu gewinnen. Dabei wird
die Natur nicht einfach kopiert,
sondern das von der Natur erfundene Prinzip mit anderen Materialien
realisiert.

Teilgebiete der Bionik und Beispiele

Die Bionik kann in verschiedene
Teilgebiete unterteilt werden.
Die Baubionik sucht nach Anregungen in der Natur für den Bau
von Gebäuden. So wird z. B. das in
der Natur weit verbreitete Prinzip
„leicht, aber stabil" auf vielfältige
Weise technisch umgesetzt. Strukturen mit Falten, Wellen oder Rippen sind Beispiele dafür. ↑2
Die Bewegungsbionik sucht nach
verbesserten Lösungen für Fahrzeuge. So führte z. B. die Untersuchung der Haihaut zur Entdeckung
der Rillenschuppen. Diese verrin-
gern den Reibungswiderstand. In-
zwischen hat man Folien entwickelt, deren Oberfläche der
Haihaut ähnelt. Damit beklebte
Schiffe und Flugzeuge werden
schneller und verbrauchen weniger
Treibstoff. ↑1
Die Verfahrensbionik erarbeitet
neue Lösungen zur Herstellung
und Bearbeitung von Werkstoffen
und Maschinen. So waren z. B. die
Nagezähne von Ratten Vorbild für
selbstschärfende Messer. ↑3
Die Anthropobionik sucht nach
Lösungen, die entweder vom Menschen abgeschaut oder für diesen
hergestellt werden. ↑4

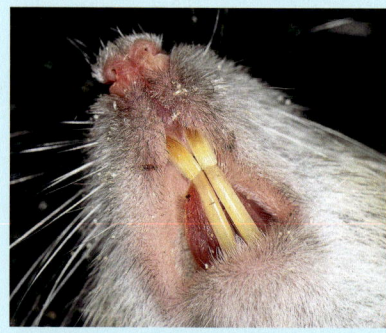

3 Ratten: selbstschärfende Zähne
durch Abnutzung

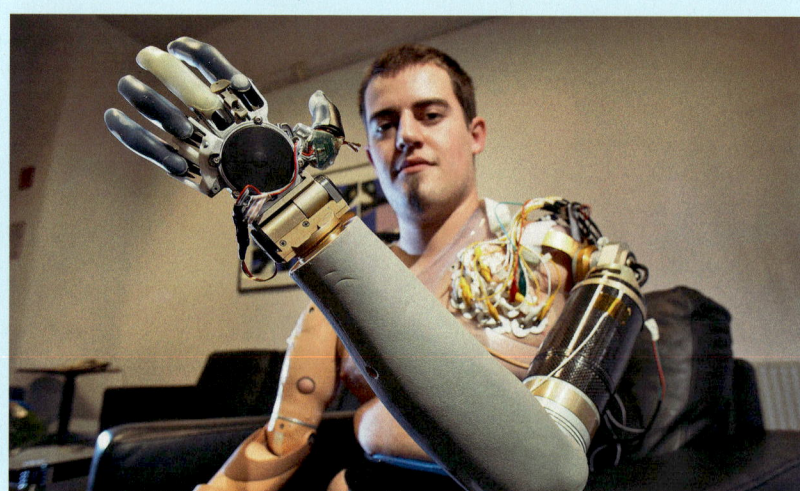

4 bionische Prothese

1 Du hast nun viel über Bionik erfahren.

a Erläutere, was man darunter versteht.

b Gestalte ein Plakat über Beispiele aus der Bionik.

2 Suche nach Gebrauchsgegenständen im Haushalt, die Vorbilder in der Natur haben könnten.

3 Suche nach Gründen, weshalb die Natur nicht einfach nachgebaut werden kann.

4 Die Natur liefert Ideen und Anregungen für viele technische Produkte.

a Bilde aus den folgenden Begriffen Wortpaare, die dieses Prinzip der Bionik darstellen:
Auto, Klette, Bambus, Haihaut, Wulstbug eines Schiffes, Vogelflügel, Saugnäpfe eines Oktopus, Delfinkopf, menschliche Hand, Flugzeug, Schwimmanzug, Klettverschluss, Feuerkäfer, Seifenhalterung mit Saugnäpfen, Flammenmelder, Hochhaus, Kofferfisch, Robotergreifarm.
Übernimm dazu die Tabelle in dein Heft und ergänze sie.

Vorbild aus der Natur	Technische Umsetzung
Lotuspflanze	selbstreinigende Fassadenfarbe
…	…

b Ordne jedes Wortpaar jeweils einem Bereich der Bionik zu.

5 Stegverbundplatten aus durchsichtigem Kunststoff benutzt man für Gewächshäuser oder Terrassendächer. Unter ihnen ist es meist wärmer als in der Umgebung.
Betrachte die Abbildung ↑5. Welche Prinzipien der Bionik fanden hier Anwendung?

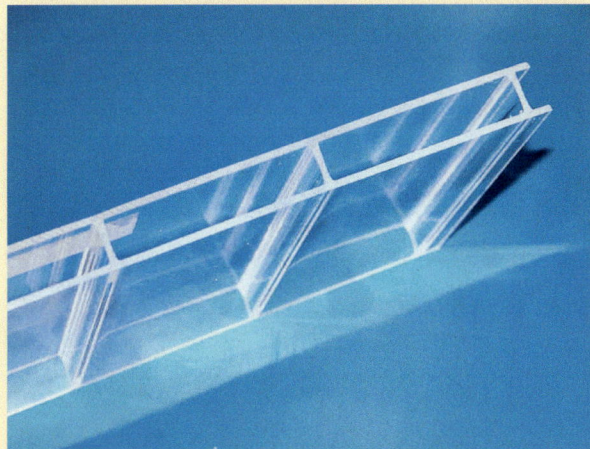

5 Makroaufnahme einer Stegverbundplatte

6 Viele Insekten und auch Geckos können an glatten Wänden oder an der Decke laufen.

a Werte das Diagramm in Abbildung ↑6 aus.

b Beschreibe das Prinzip, das ein Laufen an der Decke ermöglicht.

c Werte nun das Diagramm in Abbildung ↑7 aus. Formuliere einen Zusammenhang zwischen den beiden Diagrammen.

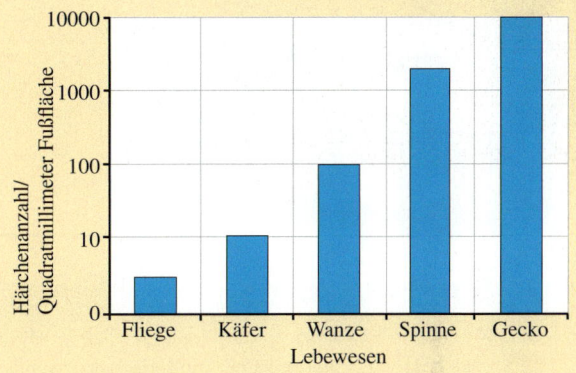

6 Anzahl der Härchen an Füßen verschiedener Lebewesen

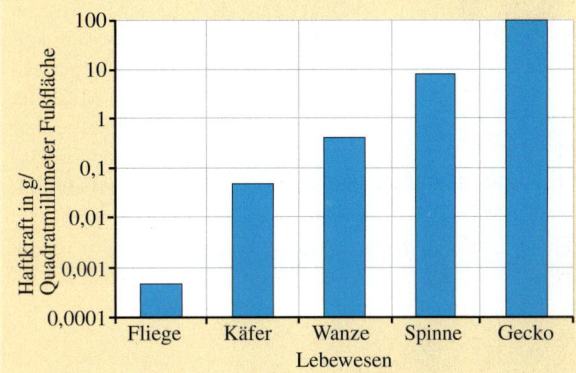

7 Haftkraft bei verschiedenen Lebewesen

7 Einige Stoffe sind hydrophob, andere Stoffe sind hydrophil.

a Beschreibe, was man darunter versteht, und nenne je ein Beispiel.

b Erläutere, welche Bedeutung dies für den Lotus-Effekt hat.

c Überlege, was das Laufen an der Decke und der Lotus-Effekt gemeinsam haben.

8 Auch das Fliegen ist der Natur abgeschaut.

a Welche Prinzipien nutzt der Mensch, um mit Flugzeugen fliegen zu können?

b Erläutere am Beispiel des Vogelflügels, dass der Mensch die Natur nicht einfach nachbauen kann.

Struktur und Funktion

Der Bau (die Struktur) der Lebewesen und ihrer Organe hängt eng damit zusammen, welche Funktion sie erfüllen.

Mit ihrem kahnförmigen Körper, ihren Schwimmhäuten an den Füßen und ihrem Seihschnabel sind Stockenten gut an das Leben im Wasser angepasst.
↑S. 38, 65, 114

Entwicklung

Alle Lebewesen entwickeln sich mit der Zeit.

Die Entwicklung vom Kind zum Erwachsenen ist mit vielen Veränderungen verbunden
↑S. 71, 80 f., 82 f.

System

Jedes Lebewesen ist ein biologisches System, in dem mehrere Organe zusammenwirken.

Die Organe des Menschen arbeiten zusammen und sind in ihrer Tätigkeit aufeinander abgestimmt: Bei Bewegungen sind unter anderem Muskeln, Knochen und Gelenke, aber auch Sinnesorgane und das Gehirn beteiligt.
↑S. 15, 37 f.

Naturwissenschaften verstehen mit Basiskonzepten

Stoff- und Energieumwandlung (Chemische Reaktion)

Stoffe können miteinander reagieren. Dabei bleiben die Teilchen erhalten, werden aber neu zusammengefügt. So entstehen neue Stoffe. Dabei wird auch Energie umgewandelt.

In unseren Muskelzellen werden die Bausteine der Nährstoffe mithilfe von Sauerstoff verbrannt. Es entstehen neue Stoffe (Kohlenstoffdioxid und Wasser). Gleichzeitig wird die chemische Energie der Nährstoffe in mechanische Energie (Bewegung) und Wärmeenergie umgewandelt.
↑S. 69

Energie

Es gibt verschiedene Energie-
träger und Energieformen.
Energie kann nicht verloren-
gehen. Sie kann aber von einer
in die andere Form umgewandelt
werden.

Unsere Brennstoffe wie Holz, Kohle oder
Erdgas speichern Energie der Sonne in Form
von chemischer Energie. Wenn sie verbrennen,
wird Energie unter anderem in Form von Wärme frei.
↑S. 59

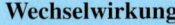

Wechselwirkung

Wenn Körper aufeinander einwirken, kommt es zu
Wechselwirkungen.

Der Mensch nutzt diese Wechselwirkungen aus, um Kraft
zu sparen. So können zwei unterschiedlich schwere
Personen gemeinsam wippen, wenn sie das Hebelgesetz
beachten.
↑S. 28 f.

In den Naturwissenschaften wird
versucht, ganz unterschiedliche
Vorgänge in Natur und Technik
dadurch zu verstehen, dass nach
Gemeinsamkeiten und Zusammenhängen zwischen ihnen ge-
sucht wird. Diese so genannten
Basiskonzepte können dabei
helfen, die Naturwissenschaften
besser zu verstehen und leichter
zu lernen.

Materie

Alle Körper, also auch Lebewesen, bestehen aus Stoffen.

Alle Lebewesen bestehen aus Zellen.
Diese enthalten verschiedene
Zellbestandteile, die wiederum
aus verschiedenen Stoffen
bestehen.
↑S. 8 f.

Stoffe und Teilchen

Stoffe bestehen aus Teilchen. Reine Stoffe
bestehen aus gleichen Teilchen, die alle die
gleichen Eigenschaften besitzen. Stoffgemische
bestehen aus verschiedenen Teilchen. Die Stoffe
eines Stoffgemischs können voneinander
getrennt werden.

Auch die Luft ist ein Stoffgemisch. Sie
besteht zu 21 % aus Sauerstoff und zu
0,03 % aus Kohlenstoffdioxid. Etwa
78 % der Luft bestehen aus Stickstoff.
↑S. 49

Register

Der Stern (*) verweist auf eine Abbildung;
f. nach der Seitenzahl bedeutet „und folgende Seite",
ff. „und folgende Seiten".